#홈스쿨링
#혼자공부하기

우등생
사회

Chunjae
Makes
Chunjae

▼

우등생 사회 4-2

기획총괄	박상남
편집개발	조미연, 김민경
디자인총괄	김희정
표지디자인	윤순미, 김효민
내지디자인	박희춘
본문 사진 제공	게티이미지, 국가기록원, 뉴스뱅크, 연합뉴스
제작	황성진, 조규영

발행일	2023년 6월 1일 2판 2023년 6월 1일 1쇄
발행인	(주)천재교육
주소	서울시 금천구 가산로9길 54
신고번호	제2001-000018호
고객센터	1577-0902

스마트폰으로 QR코드를 스캔해 주세요

우등생 온라인 학습 활용법

01 학년, 학기 선택

02 과목 선택

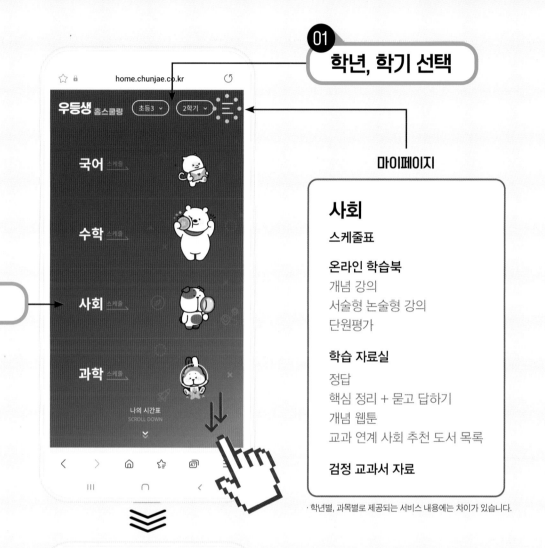

마이페이지

사회

스케줄표

온라인 학습북
개념 강의
서술형 논술형 강의
단원평가

학습 자료실
정답
핵심 정리 + 묻고 답하기
개념 웹툰
교과 연계 사회 추천 도서 목록

검정 교과서 자료

· 학년별, 과목별로 제공되는 서비스 내용에는 차이가 있습니다.

마이페이지에서 첫 화면에 보일
스케줄표의 종류를 선택할 수 있어요.

통합 스케줄표
우등생 국어, 수학, 사회, 과학 과목이 함께 있는 12주 스케줄표

꼼꼼 스케줄표
과목별 진도를 회차에 따라 나눈 스케줄표

스피드 스케줄표
온라인 학습북 전용 스케줄표

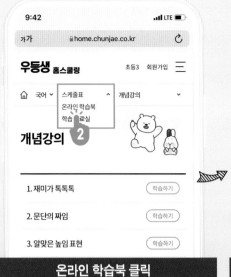

| 과목 클릭 | 온라인 학습북 클릭 | 개념강의 / 서술형 논술형 강의 / 단원평가 |

❶ 개념 강의

*온라인 학습북 단원별 주요 개념 강의

❷ 서술형 논술형 강의

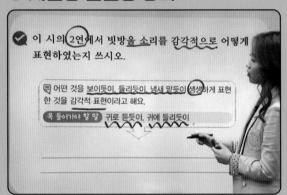

*온라인 학습북 서술형 논술형 강의

❸ 단원평가

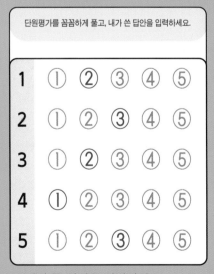

① 내가 푼 답안을 입력하면

② 채점과 분석이 한번에

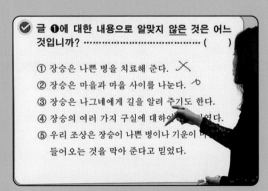

③ 틀린 문제는 동영상으로 꼼꼼히 확인하기!

· 스마트폰의 동영상 구동이 느릴 경우, 기본으로 설정된 비디오 재생 프로그램을 다른 앱으로 교체해 보세요.

· 사용자 사용 환경에 따라 서비스가 원활하지 않을 시에는 컴퓨터를 통한 접속을 권장합니다. 우등생 홈스쿨링 홈페이지(https://home.chunjae.co.kr)로 접속하거나 검색 엔진에서 우등생 홈스쿨링을 입력하여 접속해 주세요.

홈스쿨링 꼼꼼 스케줄표(24회)
우등생 사회 4-2

우등생 홈스쿨링 홈페이지에는 다양한 스케줄표가 있어요!

꼼꼼 스케줄표는 교과서 진도북과 온라인 학습북을
24회로 나누어 꼼꼼하게 공부하는 학습 진도표입니다.

● 교과서 진도북   ● 온라인 학습북

1. 촌락과 도시의 생활 모습

1회	교과서 진도북 8~15쪽	**2**회	교과서 진도북 16~19쪽	**3**회	온라인 학습북 4~9쪽
	월 일		월 일		월 일

1. 촌락과 도시의 생활 모습

4회	교과서 진도북 20~27쪽	**5**회	교과서 진도북 28~31쪽	**6**회	온라인 학습북 10~15쪽
	월 일		월 일		월 일

1. 촌락과 도시의 생활 모습 · 2. 필요한 것의 생산과 교환

7회	교과서 진도북 32~35쪽	**8**회	온라인 학습북 16~19쪽	**9**회	교과서 진도북 38~45쪽
	월 일		월 일		월 일

2. 필요한 것의 생산과 교환 · 중간 범위

10회	교과서 진도북 46~49쪽	**11**회	온라인 학습북 20~25쪽	**12**회	온라인 학습북 26~29쪽
	월 일		월 일		월 일

절취선

어떤 교과서를 쓰더라도 ALWAYS **우등생**

꼼꼼하게 공부하는 24회 **꼼꼼 스케줄표**　# 전과목 시간표인 **통합 스케줄표**
빠르게 공부하는 10회 **스피드 스케줄표**　# 자유롭게 내가 만드는 스케줄표

홈스쿨링 24회
꼼꼼 스케줄표

● 교과서 진도북　● 온라인 학습북

2. 필요한 것의 생산과 교환

13회 교과서 진도북 50~57쪽	**14**회 교과서 진도북 58~61쪽	**15**회 온라인 학습북 30~35쪽
월　　일	월　　일	월　　일

2. 필요한 것의 생산과 교환 ／ 3. 사회 변화와 문화 다양성

16회 교과서 진도북 62~65쪽	**17**회 온라인 학습북 36~39쪽	**18**회 교과서 진도북 68~75쪽
월　　일	월　　일	월　　일

3. 사회 변화와 문화 다양성

19회 교과서 진도북 76~79쪽	**20**회 온라인 학습북 40~45쪽	**21**회 교과서 진도북 80~87쪽
월　　일	월　　일	월　　일

3. 사회 변화와 문화 다양성 ／ 기말 범위

22회 교과서 진도북 88~95쪽	**23**회 온라인 학습북 46~50쪽	**24**회 온라인 학습북 51~56쪽
월　　일	월　　일	월　　일

절취선

QR로 학습 스케줄을 편하게 관리!

공부하고 나서 날개에 있는 QR 코드를 스캔하면
온라인 스케줄표에 학습 완료 자동 체크!

학습
완료!

사회
1. ① 지도로 본...

온라인 학습북 4~9쪽

개념강의　　　　⊙
서술형 평가 강의　⊙

※ 스케줄표에 따라 해당 페이지 날개에
[진도 완료 체크] QR 코드가 있어요!

1
단원

진도 완료
체크

동영상 강의
개념 / 서술형 · 논술형 평가 / 단원평가

온라인 채점과 성적 피드백
정답을 입력하면 채점과 성적 분석이 자동으로

온라인 학습 스케줄 관리
나에게 맞는 내 스케줄표로 꼼꼼히 체크하기

우등생 온라인 학습

구성과 특징

교과서 진도북

1 쉽고 재미있게 개념을 익히고 다지기

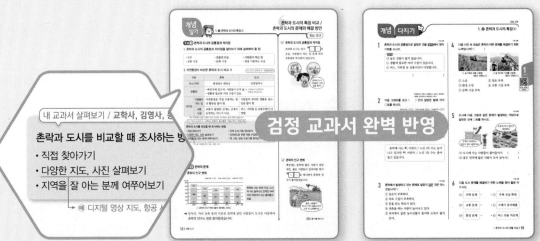

내 교과서 살펴보기 / 교학사, 김영사,

촌락과 도시를 비교할 때 조사하는 방

• 직접 찾아가기
• 다양한 지도, 사진 살펴보기
• 지역을 잘 아는 분께 여쭈어보기

➡ 예 디지털 영상 지도, 항공 사

검정 교과서 완벽 반영

2 Step ❶, ❷, ❸단계로 단원 실력 쌓기

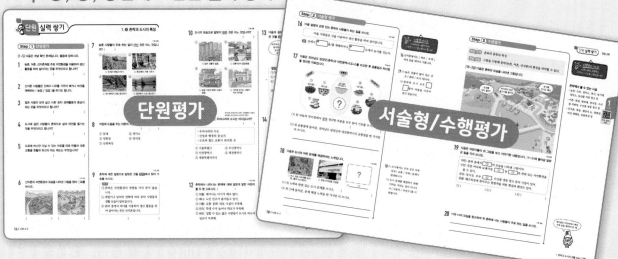

단원평가

서술형/수행평가

3 대단원 평가로 단원 마무리하기

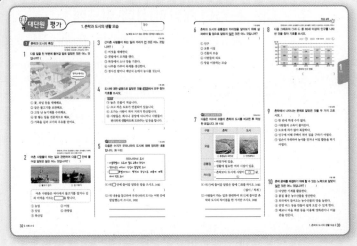

온라인 학습북

1 온라인 개념 강의

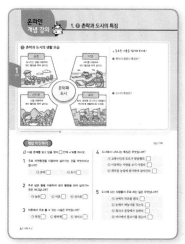

2 실력 평가

3 온라인 서술형·논술형 강의

4 단원평가 온라인 피드백

✓ 채점과 성적 분석이 한번에!

틀린 문제

85점
100점

1 문제 풀고 QR 코드 스캔

2 온라인으로 정답 입력

3 제출하기 클릭

차례

◁ 회사나 공장이 많은 도시의 모습
[출처: 게티이미지]

경제활동이 이루어지는 시장 ▷

3 사회 변화와 문화 다양성

◀ 신입생이 9명인 초등학교 입학식
[출처: 뉴스뱅크]

등장인물 소개

에드

여행 전문가이지만
심각한 길치라
톰의 도움이
필요할 때가 많다.

톰

에드 아저씨와 함께
세계를 여행하며
배우는 것에 보람을
느끼는 소년이다.

연두

따뜻한 마음을 지닌
농촌 소녀이지만,
솔직한 표현으로
상처를 줄 때도 있다.

곰이

연두가 키우고 있는
고양이로,
에드가 맹수로 오해할
정도로 몸집이 크다.

🌸 연관 학습 안내

초등 4학년	초등 5학년	중학교

초등 4학년
도시의 특징
도시의 특징을 살펴보고 촌락과 비교해 봐요.

초등 5학년
도시의 발달 과정
우리나라 도시 발달 과정에서 나타난 특징을 살펴볼 거예요.

중학교
도시화와 도시 문제
도시화 과정을 비교하고 여러 지역의 도시 문제를 배울 거예요.

만화로 단원 미리보기

촌락과 도시의
생활 모습

1

🌸 **단원 안내**

① 촌락과 도시의 특징
② 함께 발전하는 촌락과 도시

이어서
개념 웹툰

개념 ① 촌락의 특징

1. 촌락의 의미와 종류

 의미 ⟶ 사람들이 주로 들, 바다, 산과 같은 자연환경을 이용하여 생산 활동을 하며 살아가는 곳 └─ 우리 생활에 필요한 물건을 만들어 내는 활동

 종류

넓은 들
- 넓은 들판
- 하천

바다
- 바다 · 갯벌
- 모래사장

산
- 높은 산
- 울창한 숲

⬇ 농촌   ⬇ 어촌   ⬇ 산지촌

2. 촌락과 자연환경: 촌락은 자연환경의 영향을 많이 받으므로 계절과 날씨의 변화에 따라 촌락 사람들의 생활 모습도 달라집니다.
└─ 촌락마다 자연환경이 달라서 자연환경을 이용한 생산 활동이 다릅니다.

중요 개념 ② 촌락 – 들을 이용하여 살아가는 곳, 농촌

1. 농촌의 의미: 농사짓는 땅을 이용하여 생산 활동을 하며 살아가는 곳
2. 농촌 사람들이 하는 일: 곡식, 채소, 가축을 기르는 농업을 주로 합니다.
└─ 농촌 체험 활동을 할 수 있게 관광 사업을 하기도 합니다.

비닐하우스에서 다양한 ▶ 작물을 재배함.

◬ 논과 밭에서 곡식, 채소 등을 기름. [출처: 연합뉴스]

◬ 과수원에서 과일을 생산함.

◬ 축사에서 소, 돼지, 닭 등을 기름. [출처: 연합뉴스]

3. 농촌에서 볼 수 있는 시설

수로	농사지을 때 필요한 물을 대기 위한 시설
정미소	쌀 찧는 일을 전문적으로 하는 곳
농기계 정비소	농기계를 수리하는 시설
농산물 저장 창고	생산한 농산물을 안전하게 저장하는 시설

개념 체크

✓ **촌락의 의미와 종류**

촌락은 주로 ❶ ⬚ᴈ ⬚ㅇ 환경을 이용하여 살아가는 곳으로 농촌, 어촌, 산지촌으로 구분할 수 있습니다.

촌락은 자연환경과 사람들이 주로 하는 일에 따라 구분할 수 있어.
그럼 여긴 어촌?

✓ **농촌**

농촌에서는 ❷(농업 / 어업)을 주로 하며, 농사를 짓는 데 도움을 주는 시설들을 볼 수 있습니다.

기계를 이용해 벼농사를 짓는구나.

정답 ❶ 자연 ❷ 농업

내 교과서 살펴보기 / 천재교과서

저수지
- 농사에 필요한 물을 대기 위한 시설로, 농업과 관련 있습니다.
- 가뭄에 대비하여 물을 저장하고 필요할 때 이용합니다.

개념③ 촌락 - 바다를 이용하여 살아가는 곳, 어촌

1. **어촌의 의미**: 바다를 이용하여 생산 활동을 하며 살아가는 곳
2. **어촌 사람들이 하는 일**: 바다에서 물고기를 잡거나 김과 미역 등을 기르는 어업을 주로 합니다. → 작은 규모로 농사를 짓거나 해수욕장에 온 관광객에게 숙박 장소를 빌려주기도 합니다.

△ 바다에서 물고기를 잡음.

△ 양식장에서 김, 미역 등을 기름. [출처: 연합뉴스]

△ 갯벌에서 조개를 캠.

3. **어촌에서 볼 수 있는 시설**

부두	배를 대어 사람과 짐이 육지로 오르내릴 수 있게 만든 곳
방파제	바다의 센 물결을 막아서 부두 등을 보호하기 위해 쌓은 둑
수산물 직판장	물고기, 조개 등을 팔기 위한 시설

└→ 등대, 양식장, 수산물 냉동 창고, 수산물 건조장, 염전, 횟집, 펜션 등도 있습니다.

개념④ 촌락 - 산을 이용하여 살아가는 곳, 산지촌

1. **산지촌의 의미**: 산을 이용하여 생산 활동을 하며 살아가는 곳
2. **산지촌 사람들이 하는 일**
① 소나 양 등의 가축을 기릅니다.
② 경사진 밭이나 계단식 논에서 농사를 짓습니다.
③ 산에서 나무를 가꾸어 베거나 버섯을 재배합니다(임업). → 산에서 나물이나 약초를 캡니다.

> **내 교과서 살펴보기 / 아이스크림 미디어**
>
> **고랭지 농업**
> • 해발 고도가 높으면 여름에도 기온이 낮습니다.
> • 산지촌의 주민들은 여름철 서늘한 기후를 이용하여 배추, 무, 감자 등을 재배하는 고랭지 농업 활동을 하기도 합니다.
>
>

3. **산지촌에서 볼 수 있는 시설**

• 가축을 기르기 위한 목장
• 목재를 얻기 위한 벌목장
• 휴식을 취할 수 있는 삼림욕장
• 벌을 길러 꿀을 얻기 위한 양봉장
• 버섯을 재배하기 위한 버섯 재배장
• 가축의 먹이를 저장하기 위한 창고

☑ **어촌**

어촌에서는 주로 ③ ㅂ ㄷ 를 이용하여 생산 활동을 하며, 어업에 도움을 주는 시설들을 볼 수 있습니다.

> 등대 덕분에 밤에 어선들이 안전하게 들어올 수 있단다.

☑ **산지촌**

산지촌 사람들은 ④(어업 / 임업)을 하거나 목장에서 가축을 기르는 일 등을 합니다.

> 넓은 초원에 가축을 풀어놓고 기르네.

정답 ❸ 바다 ❹ 임업

용어 사전

● **직판장**(直 곧을 직 販 팔 판 場 마당 장)
생산자가 소비자에게 직접 판매하는 장소
● **해발 고도**
평균 해수면(바닷물의 표면)을 기준으로 하여 잰 어떤 지점의 높이

개념 알기

개념 ⑤ 도시의 특징

1. 도시의 의미: 많은 사람이 모여 살고 사회·정치·경제활동의 중심이 되는 곳

중요 2. 도시의 모습 → 물건이나 음식을 파는 상점 등도 많습니다.

- 회사, 공장, 아파트 단지 등이 많음.
- 도시에 높은 건물과 아파트가 많고 건물이 밀집해 있는 까닭: 정해진 땅에 많은 인구가 모여 살아서

- 크고 작은 도로가 연결되어 있고, 교통수단이 발달했음.
- 도시에 교통이 발달한 까닭: 많은 사람이 쉽고 빠르게 원하는 곳으로 이동하도록 하기 위해

- 여러 공공 기관과 문화·편의 시설이 있음.
- 도시에 주요 공공 기관이 있는 까닭: 도시에 많은 사람이 살고 있고, 교통이 편리해 이용하기 쉬워서

[출처: 연합뉴스]

3. 도시 사람들이 하는 일

① 대부분 회사나 공장에 다니거나 사람들이 편리하게 생활하도록 도와주는 일을 합니다.
② 공공 기관이나 문화 시설 등에서 일을 합니다.

4. 도시가 위치하는 곳

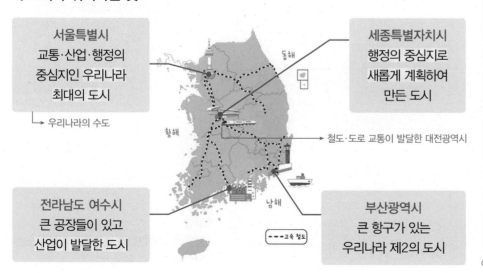

서울특별시
교통·산업·행정의 중심지인 우리나라 최대의 도시
└→ 우리나라의 수도

세종특별자치시
행정의 중심지로 새롭게 계획하여 만든 도시

→ 철도·도로 교통이 발달한 대전광역시

전라남도 여수시
큰 공장들이 있고 산업이 발달한 도시

부산광역시
큰 항구가 있는 우리나라 제2의 도시

동해
황해
남해
--- 고속 철도

개념 체크

☑ **도시의 모습**

높은 건물이 ❺(많고 / 적고) 다양한 회사와 공장, 시설 등이 있습니다.

사람들이 많이 모여 살아서 아파트가 많아.

☑ **도시의 위치**

도시는 교통이 편리하고 일자리가 많은 곳에 발달했으며, ❻ ㄱ ㅎ 하여 만들어지기도 합니다.

서울은 도로와 철도 교통이 편리하구나.

정답 ❺ 많고 ❻ 계획

내 교과서 살펴보기 / 천재교과서

우리나라의 도시 예

교통이 발달한 도시
• 인천광역시(인천 국제공항) • 부산광역시(부산항)
공업이 발달한 도시
울산광역시(울산 미포 국가 산업 단지)

개념 다지기 🌸

천재교육, 교학사, 금성출판사, 김영사, 동아출판, 미래엔, 비상교과서, 비상교육, 아이스크림 미디어

1 11종 공통

다음 ㉠과 ㉡에 들어갈 알맞은 말을 각각 쓰시오.

> 사람들이 주로 산, 들, 바다와 같은 자연환경을 이용하여 살아가는 곳을 ㉠ 이라고 합니다. ㉠ 은 크게 농촌, ㉡ , 산지촌으로 구분할 수 있습니다.

㉠ (   )

㉡ (   )

4 임업과 관련 있는 일로 알맞은 것은 어느 것입니까?

(   )

① 논에서 벼농사를 짓는 일
② 밭에서 채소를 기르는 일
③ 바다에서 미역을 기르는 일
④ 바다에서 물고기를 잡는 일
⑤ 산에서 나무를 가꾸어 베는 일

2 11종 공통

농촌과 가장 관련 있는 자연환경으로 알맞은 것은 어느 것입니까? (   )

① 갯벌   ② 바다
③ 모래사장   ④ 넓은 들판
⑤ 높고 깊은 산

5 11종 공통

도시의 특징으로 알맞은 것을 보기 에서 모두 찾아 기호를 쓰시오.

> **보기**
> ㉠ 높은 건물을 보기 어렵습니다.
> ㉡ 다양한 회사와 공장이 있습니다.
> ㉢ 편의 시설과 문화 시설이 발달했습니다.
> ㉣ 교통수단이 발달하지 않아 이동하는 데 불편합니다.

(,   )

3 천재교육, 천재교과서, 교학사, 김영사, 동아출판, 미래엔, 비상교과서, 비상교육, 아이스크림 미디어, 지학사

다음 ☐ 안에 들어갈 시설로 알맞은 것은 어느 것입니까? (   )

> 물고기, 김 등을 기르기 위한 ☐

▲ 어촌의 모습

① 등대   ② 부두
③ 양식장   ④ 방파제
⑤ 수산물 직판장

6 11종 공통

다음에서 설명하는 도시를 알맞게 적은 어린이를 찾아 ○표를 하시오.

> 행정의 중심지로 새롭게 계획하여 만든 도시입니다.

(1) 전라남도 여수시

(2) 세종특별자치시

(   )   (   )

개념 알기

1. ❶ 촌락과 도시의 특징(2)

개념 체크

개념 ❶ 촌락과 도시의 공통점과 차이점

1. 촌락과 도시의 공통점과 차이점을 알아보기 위해 살펴봐야 할 점

- 인구
- 교통 시설
- 건물의 모습
- 문화 시설
- 사람들이 하는 일
- 땅을 이용하는 모습

2. 자연환경이 비슷한 촌락과 도시 비교 예

> 내 교과서 살펴보기 / 천재교과서

구분		촌락	도시
조사 지역		충청남도 태안군	인천광역시
공통점		• 바닷가에 있으며, 사람들이 모여 삶. → 사람들이 자연환경과 더불어 살아갑니다. • 생활에 필요한 여러 시설이 있음.	
차이점	사람들이 하는 일	자연환경을 직접 이용하는 생산 활동을 많이 함.	사람들의 편리한 생활을 돕는 일을 많이 함.
	교통 시설	교통이 불편한 곳에는 군에서 운영하는 버스가 다님.	버스, 지하철 등 교통수단이 다양함.

→ 촌락에는 높은 건물이 많지 않지만, 도시에는 높은 건물이 많습니다.

> 내 교과서 살펴보기 / 교학사, 김영사, 동아출판, 비상교과서, 비상교육

촌락과 도시를 비교할 때 조사하는 방법

- 직접 찾아가기
- 다양한 지도, 사진 살펴보기
- 지역을 잘 아는 분께 여쭈어보기
- 지역 소개 자료 찾아보기
- 인터넷으로 관련 자료 수집하기
- 책, 신문, 방송 프로그램 찾아보기

→ 예 디지털 영상 지도, 항공 사진

개념 ❷ 촌락의 문제

1. 촌락의 인구 변화

(만 명)	65세 이상	15세~64세	14세 이하
2000	101 / 368 / 91		
2005	116 / 296 / 66		
2010	125 / 271 / 52		
2015	127 / 307 / 43		
2019	134 / 297 / 38		

◎ 촌락의 인구 변화 [출처: 통계청, 2020.]

> 촌락에 사는 65세 이상 노인의 수는 늘어나고 있지만, 14세 이하 어린이의 수는 줄어들고 있음.

➡ 일자리, 자녀 교육 등의 이유로 촌락에 살던 사람들이 도시로 이동하여 촌락의 인구는 점점 줄어들었습니다.

☑ **촌락과 도시의 공통점과 차이점**

촌락과 도시는 인구, ❶ ㄱ ㅁ 의 모습, 사람들이 하는 일 등에 따라 공통점과 차이점이 있습니다.

촌락과 도시 사람들은 어떤 일을 할까?

☑ **촌락의 인구 변화**

옛날에는 촌락에 많은 사람이 살았지만, 젊은 사람들이 일자리를 찾아 ❷ ㄷ ㅅ 로 떠나면서 촌락의 인구가 줄어들었습니다.

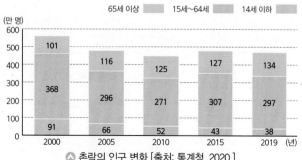

젊은 사람들이 떠나니 아이 울음소리가 그친 지 오래됐어요.

정답 ❶ 건물 ❷ 도시

2. 촌락에서 나타나는 문제

일손 부족	소득 감소
일할 수 있는 젊은 사람들이 도시로 떠나 일손이 부족함.	애써 길러도 제값을 받지 못해요. 외국에서 값싼 농수산물이 들어와 소득이 줄어듦.

시설 부족	
가까운 곳에 병원이 없어서 멀리까지 가야 해요. 교통·문화·의료 시설 등이 부족함.	

> 내 교과서 살펴보기 / 교학사, 금성출판사, 김영사, 비상교과서, 지학사
>
> **폐교**
> 학생 수가 줄어들어 문을 닫는 학교가 생기고, 학생들은 멀리 있는 학교까지 다녀야 합니다.

3. 촌락 문제가 발생하는 근본적인 원인: 촌락에 사는 사람들이 줄어들었기

때문입니다. → 촌락의 인구 감소로 생활하는 데 필요한 시설들이 문을 닫아
촌락 사람들의 생활이 더욱 불편해집니다.

개념 ③ 촌락 문제를 해결하려는 다양한 노력

일손 부족 문제를 해결하려는 노력	• 다양한 기술과 기계를 활용하여 일손 부족 문제를 해결하고 생산량도 늘림. • 바쁜 시기에는 공공 기관에서 일손을 지원하거나 일할 수 있는 사람들을 연결해 줌.
소득을 올리기 위한 노력	• 품질 좋은 농수산물, 친환경 농산물 등을 생산함. • 새로운 품종의 농산물을 개발하여 재배함. • 인터넷을 이용하여 판매처를 전국으로 다양화함. • 촌락의 환경을 이용해 축제를 열거나 관광 상품을 만듦.
다양한 시설을 만들기 위한 노력	• 폐교, 마을 회관 등을 이용하여 영화관, 미술관 등의 문화 시설을 만듦. • 공영 버스 등을 운행하여 쉽게 오갈 수 있게 함.
인구를 늘리기 위한 노력	• 귀촌 박람회 개최, 귀농 자금 지원, 귀농 학교 운영 등 귀촌하려는 사람들을 적극적으로 지원함.

→ 하던 일을 그만두고 농사를 지으려고 농촌으로 돌아가는 것

촌락에서는 일손 부족, 시설 부족, 소득 ❸(증가 / 감소) 등의 문제가 나타나고 있습니다.

버스는 언제 와요?

버스가 자주 다니지 않아서 오래 기다려야 한단다.

다양한 ❹ ㄱ ㄱ 이용, 품질 좋은 농수산물 생산, 시설 확충 등의 방법으로 촌락의 문제를 해결합니다.

딸기가 달걀보다 더 커요.

킹스베리를 재배해 소득을 올리고 있단다.

정답 ❸ 감소 ❹ 기계

용어 사전

• 귀촌(歸 돌아갈 귀 村 마을 촌)
도시에 살던 사람들이 촌락으로 삶의 터전을 옮기는 것

1
단원

개념④ 도시 문제를 해결하려는 다양한 노력

1. 도시 문제의 원인

> 우리나라는 전체 인구 가운데 도시에 사는 인구가 매우 많음.

⬇

> 좁은 면적에 많은 사람이 모여 살면서 도시에 주택 문제, 환경 문제, 교통 문제 등 다양한 문제가 나타나고 있음.

촌락 인구 약 425만 명

2019년 도시 인구 약 4,760만 명

🔼 촌락과 도시의 인구
[출처: 한국토지주택공사, 2020.]

📋 개념 체크

☑ 도시 문제

도시에 많은 사람이 모여 살면서 도시에는 **⑤[ㅈ ㅌ]** 문제, 환경 문제, 교통 문제 등이 발생합니다.

집값이 비싸고 집을 구하기 어려워요.

2. 도시 문제를 해결하려는 노력

주택 문제를 해결하려는 노력	• 집을 많이 지어 사람들이 쉽게 집을 구할 수 있게 함. • 낡은 주택 단지의 환경을 정비함. • 경제적으로 어려운 사람들에게 주택을 싼값에 빌려줌.
환경 문제를 해결하려는 노력	• 쓰레기 분리배출 시설을 설치함. • 친환경 전기 자동차의 보급을 늘림. → 배기가스를 줄이기 위해 • 하수 처리 시설 등 오염을 정화하는 시설을 설치함.
교통 문제를 해결하려는 노력	• 버스 전용 차로제, 승용차 요일제, 차량 2부제 등을 실시함. • 거주자 우선 주차 제도 실시, 공영 주차장 건설 등으로 주차 문제를 해결함.

→ 교통 혼잡, 주차 공간 부족 등

> 📖 내 교과서 살펴보기 / **천재교과서, 비상교과서, 아이스크림 미디어**
>
> **소음 문제를 해결하려는 노력**
> • 바닥에 소음 방지 매트를 깔며, 뛰지 않고 사뿐사뿐 걷습니다.
> • 층간 소음, 공사장 소음 등 여러 소음의 기준을 정하고 그 기준을 지키도록 합니다.

☑ 도시 문제의 해결 방안

도시 문제를 해결하려고 주택 공급, 쓰레기 **⑥[ㅂ ㄹ ㅂ ㅊ]**, 버스 전용 차로제 등의 노력을 하고 있습니다.

도시의 교통 문제 해결을 위해 자전거나 대중교통을 이용하자.

정답 ⑤ 주택 ⑥ 분리배출

3. 도시 문제 해결을 위해 우리가 할 수 있는 일
→ 포스터를 만들어 캠페인을 벌일 수도 있습니다.

🔼 급식 남기지 않기

🔼 쓰레기 분리배출하기

🔼 생활 소음 줄이기

📕 용어 사전

• 버스 전용 차로제
도로에 버스만 다닐 수 있는 차로를 따로 만들어 대중교통을 원활히 하려는 제도

• 거주자 우선 주차 제도
주택가에 주차 구획을 만들어 주민들이 주차할 수 있게 한 제도

개념 다지기

11종 공통

1 촌락과 도시의 공통점으로 알맞은 것을 보기 에서 찾아 기호를 쓰시오.

보기
ⓐ 높은 건물이 많지 않습니다.
ⓑ 생활에 필요한 여러 시설이 있습니다.
ⓒ 버스, 지하철 등 교통수단이 다양합니다.

( )

천재교과서, 교학사, 금성출판사, 김영사, 동아출판,
미래엔, 비상교과서, 비상교육, 지학사

2 다음 그래프를 보고 ( ) 안의 알맞은 말에 각각 ○표를 하시오.

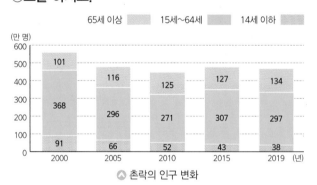

■ 65세 이상 ■ 15세~64세 ■ 14세 이하

(만 명)

2000	2005	2010	2015	2019 (년)
101	116	125	127	134
368	296	271	307	297
91	66	52	43	38

⬆ 촌락의 인구 변화

촌락에 사는 ❶(어린이 / 노인)의 수는 늘어나고 있지만 ❷(어린이 / 노인)의 수는 줄어들고 있습니다.

11종 공통

3 촌락에서 발생하고 있는 문제로 알맞지 <u>않은</u> 것은 어느 것입니까? ( )

① 일손이 부족하다.
② 의료 시설이 부족하다.
③ 문을 닫는 학교가 있다.
④ 귀촌을 하는 사람이 늘어나고 있다.
⑤ 외국에서 값싼 농수산물이 들어와 소득이 줄어든다.

11종 공통

4 다음 사진 속 모습은 촌락의 어떤 문제를 해결하기 위한 노력입니까? ( )

⬆ 농기계로 벼를 수확함. ⬆ 굴 양식에 기계를 사용함.
[출처: 연합뉴스] [출처: 연합뉴스]

① 소음
② 일손 부족
③ 환경 오염
④ 교통 시설 부족
⑤ 문화 시설 부족

1 단원

진도 완료 체크

11종 공통

5 도시에 다음 그림과 같은 문제가 발생하는 까닭으로 알맞은 것에 ○표를 하시오.

주택이 부족하고 집값이 많이 올랐어요.

도로에 차가 많아서 복잡해요.

(1) 도시에 사는 사람들이 줄어들어서 ( )
(2) 좁은 면적에 많은 사람이 모여 살아서 ( )

11종 공통

6 다음 도시 문제를 해결하기 위한 노력을 찾아 줄로 이으시오.

(1) 주택 문제 • • ⓐ 주택 건설 확대

(2) 교통 문제 • • ⓑ 쓰레기 분리배출

(3) 환경 문제 • • ⓒ 버스 전용 차로제

Step 1 단원평가

[1~5] 다음은 개념 확인 문제입니다. 물음에 답하시오.

1 농촌, 어촌, 산지촌처럼 주로 자연환경을 이용하여 생산 활동을 하며 살아가는 곳을 무엇이라고 합니까?

(   )

2 산지촌 사람들은 산에서 나무를 가꾸어 베거나 버섯을 재배하는 (농업 / 임업)을 하기도 합니다.

3 많은 사람이 모여 살고 사회·정치·경제활동의 중심이 되는 곳을 무엇이라고 합니까?

(   )

4 도시에 살던 사람들이 촌락으로 삶의 터전을 옮기는 것을 무엇이라고 합니까?

(   )

5 도로에 버스만 다닐 수 있는 차로를 따로 만들어 대중 교통을 원활히 하고자 하는 제도는 무엇입니까?

(   )

11종 공통

6 산지촌의 자연환경과 모습을 나타낸 그림을 찾아 ○표를 하시오.

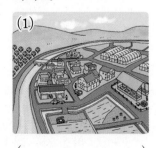 
(1)   (2)

(   )   (   )

11종 공통

7 농촌 사람들이 주로 하는 일이 <u>아닌</u> 것은 어느 것입니까? (   )

①
△ 논에서 벼농사 짓기

②
△ 축사에서 가축 기르기

③
△ 과수원에서 과일 생산하기

④
△ 염전에서 소금 생산하기

11종 공통

8 어업에 도움을 주는 어촌의 시설을 두 가지 고르시오.
(,   )

① 등대   ② 정미소
③ 양봉장   ④ 양식장
⑤ 삼림욕장

11종 공통

9 촌락에 대한 설명으로 알맞은 것을 보기 에서 찾아 기호를 쓰시오.

보기
㉠ 촌락은 자연환경의 영향을 거의 받지 않습니다.
㉡ 계절이나 날씨의 변화에 따라 촌락 사람들의 생활 모습이 달라집니다.
㉢ 촌락 중에서 바다를 이용하여 생산 활동을 하며 살아가는 곳은 산지촌입니다.

(   )

10 도시의 모습으로 알맞지 <u>않은</u> 것은 어느 것입니까?
( )

①
▲ 높은 건물이 많음.

②
▲ 교통수단이 발달했음.

③
▲ 공공 기관과 문화 시설이 많음.

④
▲ 거리에 오가는 사람이 적어 한적함.

천재교육, 천재교과서, 교학사, 금성출판사, 김영사,
동아출판, 비상교과서, 비상교육, 지학사

11 다음에서 설명하는 우리나라의 도시는 어디입니까?
( )

- 우리나라의 수도
- 산업과 행정의 중심지
- 도로와 철도 교통이 편리한 곳

① 서울특별시 　　② 부산광역시
③ 인천광역시 　　④ 대전광역시
⑤ 세종특별자치시

12 촌락에서 나타나는 문제에 대해 알맞게 말한 어린이를 두 명 고르시오. (,)

① 하율: 태어나는 아기가 매우 많아.
② 예나: 노인 인구가 줄어들고 있어.
③ 지환: 교통·문화·의료 시설이 부족해.
④ 찬의: 학생 수가 늘어나 학교가 부족해.
⑤ 해민: 일할 수 있는 젊은 사람들이 도시로 떠나서 일손이 부족해.

13 다음과 같은 촌락 문제를 해결하려는 노력으로 알맞은 것을 보기 에서 찾아 기호를 쓰시오.

외국에서 값싼 농산물이 들어와서 애써 기른 농산물이 제값을 받지 못해요.

보기
㉠ 일할 수 있는 사람들을 연결해 줍니다.
㉡ 새로운 품종의 농산물을 개발하여 재배합니다.
㉢ 귀촌 박람회를 열어 필요한 정보를 제공합니다.
㉣ 폐교, 마을 회관 등을 이용하여 문화 시설을 만듭니다.

( )

천재교육, 천재교과서, 교학사, 금성출판사,
김영사, 동아출판, 비상교과서, 비상교육

14 다음 그래프의 ㉠과 ㉡ 중 도시 인구를 나타낸 것을 찾아 기호를 쓰시오.

㉠
약 425만 명
2019년
㉡
약 4,760만 명

▲ 촌락과 도시의 인구

( )

15 도시 문제를 해결하기 위한 노력으로 알맞지 <u>않은</u> 것은 어느 것입니까? ( )

① 승용차 요일제를 실시한다.
② 더 이상 주택을 짓지 않는다.
③ 쓰레기 분리배출 시설을 설치한다.
④ 친환경 전기 자동차의 보급을 늘린다.
⑤ 소음 기준을 마련하여 사람들이 그 기준을 지키도록 한다.

16 다음 설명과 관련 있는 촌락의 사람들이 하는 일을 쓰시오.

11종 공통

> 마을 사람들은 산을 이용하여 생산 활동을 하며 살아갑니다.

답 산에서 ❶ [   ]을/를 재배하거나 ❷ [   ] 논에서 농사를 짓는다.

천재교육

17 다음은 전라남도 담양군(촌락)과 대전광역시(도시)를 비교한 후 공통점과 차이점을 정리한 자료입니다.

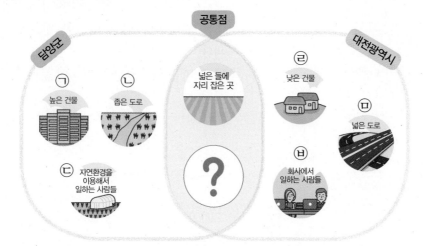

(1) 위 자료의 차이점에서 잘못 정리한 부분을 모두 찾아 기호를 쓰시오.

(,   )

(2) 위 공통점에 들어갈, 전라남도 담양군과 대전광역시의 공통점을 한 가지만 더 쓰시오.

_____

_____

18 다음은 도시의 어떤 문제를 해결하려는 노력입니다.

11종 공통

🔼 버스 전용 차로제를 실시함. [출처: 뉴스뱅크]

🔼 공영 주차장을 건설함.

🔼 ___㉠___

(1) 위 노력과 관련 있는 도시 문제를 쓰시오. (   )

(2) 위 ㉠에 들어갈, 문제 해결 노력을 한 가지만 더 쓰시오.

_____

_____

💡 **서술형 가이드**
어려워하는 서술형 문제!
서술형 가이드를 이용하여 풀어 봐!

16 산지촌에서는 (약초 / 조개), 버섯 등을 캐거나 기릅니다.

17 (1) 높은 건물이 많이 있는 곳은 (촌락 / 도시)입니다.
(2) 촌락과 도시 모두 [   ][   ]들이 마을을 이루어 살고 있습니다.

18 (1) 도시에서는 주차 공간 부족 등의 (교통 / 주택) 문제가 발생합니다.
(2) 도시 문제를 해결하기 위해 가까운 거리는 걸어 다니거나 (자동차 / 자전거)를 이용합니다.

단원 실력 쌓기 정답 2쪽

수행평가 가이드
다양한 유형의 수행평가!
수행평가 가이드를 이용해 풀어 봐!

학습 주제 촌락의 종류와 특징

학습 목표 그림을 이용해 촌락(농촌, 어촌, 산지촌)의 특징을 파악할 수 있다.

[19~20] 다음은 촌락의 모습을 나타낸 그림입니다.

조개를 잡아 볼까?

바다에서 잡은 물고기를 팔아요.

농사를 짓기도 해요.

(가)

(나)

11종 공통

촌락에서 볼 수 있는 시설
- 농촌: 수로, 정미소, 축사, 농기계 정비소, 농산물 저장 창고 등
- 어촌: 등대, 방파제, 양식장, 수산 물 직판장, 수산물 냉동 창고 등
- 산지촌: 목장, 계단식 논, 양봉장, 버섯 재배장, 삼림욕장 등

1
단원

진도 완료 체크

19 다음은 어린이들이 위 그림을 보고 이야기한 내용입니다. ㉠~㉢에 들어갈 알맞은 말을 각각 쓰시오.

여진: 촌락 중에서 ㉠ 의 모습을 나타낸 그림이야.
수빈: 푸른 바다와 모래사장, ㉡ 등 ㉠ 과 관련 있는 자연환경을 볼 수 있어.
온유: 양식장, 부두, ㉢ , 수산불 냉동 창고 등의 시설이 있어.
준용: 해수욕장에 찾아오는 관광객을 위한 횟집과 펜션도 있어.

㉠ (   ) ㉡ (   ) ㉢ (   )

11종 공통

20 (가)와 (나)의 모습을 참고하여 위 촌락에 사는 사람들이 주로 하는 일을 쓰시오.

해녀들은 바닷속에서 해삼, 전복 등을 채취하기도 해.

개념 ① 교류의 모습과 의미

1. 다양한 교류의 모습 → 사람들은 문화를 알리려고 다른 지역을 오가기도 하고, 공부나 일을 하려고 다른 지역으로 가기도 합니다.

교류 모습

○○○에서 온 귤이에요.

□□시에서 온 사물놀이 패입니다.

인근 지역과의 농업 기술 교류로 맛이 좋은 딸기를 생산했어요.

주고받은 것

| 과일 | 문화 공연 | 농업 기술 |

2. 교류의 의미: 사람들이 오고 가거나 물건, 문화, 기술, 서비스 등을 서로 주고받는 것

개념 ② 교류의 필요성

1. 지역 간 교류

① 각 지역에서 생산하는 물건

내 교과서 살펴보기 / 천재교육

농촌 쌀, 과일 등

산지촌 버섯, 우유 등

어촌 물고기, 미역 등

도시 세탁기 등

농촌은 농산물, 산지촌은 °임산물, 어촌은 수산물, 도시는 °공산품을 생산하는 등 지역마다 생산되는 물건이 다름.

② 각 지역이 교류하지 못할 때 생기는 일: 필요한 물건을 구할 수 없어 불편을 겪게 됩니다. → 촌락은 공산품을, 도시는 농수산물을 구하는 데 어려움을 겪습니다.

☑ **개념 체크**

☑ **교류의 의미**

사람들이 오고 가거나 물건, 문화,
❶ [ㄱ][ㅅ] 등을 서로 주고받는 것을 교류라고 합니다.

목장에 가서 다양한 체험을 하며 재미있게 놀았어요.

☑ **지역 간 교류**

우리 지역에서 생산된 것들이 다른 지역에서 ❷(팔리고 / 안 팔리고), 다른 지역에서 생산된 것들이 우리 지역에서 팔립니다.

△△에서 막 잡아 온 싱싱한 생선이에요.
수산

정답 ❶ 기술 ❷ 팔리고

용어 사전

● **임산물**
(林 수풀 임 産 낳을 산 物 물건 물)
산과 숲에서 나는 물품

● **공산품**
(工 장인 공 産 낳을 산 品 물건 품)
공장에서 기계에 의해 생산되는 물품

2. 교류가 이루어지는 까닭

→ 지역에 따라 자연환경과 인문환경이 다르기 때문입니다.

지역마다 생산되는 물건이 달라서
지역마다 발달한 기술과 문화가 달라서

➡ 지역 간 교류가 이루어짐.

3. 촌락과 도시 사람들이 교류하는 까닭

촌락

• 생산물, 기술, 문화가 서로 달라서
• 필요한 것을 교류를 통해 얻을 수 있어서
• 교류를 통해 상호 의존 하면서 서로 부족한 것을 채울 수 있어서

도시

개념③ 도시 사람들이 촌락에 가는 까닭

→ 소비자 가까이에서 생산된 농수산물

신선한 농수산물 이용	• 촌락에서는 우리에게 꼭 필요한 먹을거리를 생산함. • 도시 사람들은 로컬 푸드 매장 등에서 농수산물을 삼.
지역 축제 참여	• 촌락에는 자연환경과 특산물을 활용한 지역 축제가 많음. • 도시 사람들은 지역 축제에 참여해 촌락의 전통과 문화를 체험하고 여가를 즐겁고 보람 있게 보냄.
자연환경 이용	• 촌락에는 깨끗한 자연이 보전된 곳이 많음. • 도시 사람들은 촌락에 가서 등산, 낚시, 물놀이, 야영, 산림욕 등 자연환경을 이용한 여가 생활을 함.
전통문화 체험	• 촌락은 우리의 전통과 문화를 잘 간직하고 있음. • 도시 사람들은 촌락에 가서 전통문화를 이용한 체험 프로그램 등에 참여함(예 전통 예절과 한복 입는 법 배우기).
촌락 생활 체험	도시 사람들은 체험 마을에 가서 딸기 따기, 고구마 캐기, 소금 만들기 등 촌락 생활을 체험함.

내 교과서 살펴보기 / 교학사, 금성출판사, 김영사, 동아출판, 미래엔, 비상교과서, 비상교육, 아이스크림 미디어, 지학사

봉사 활동을 하기 위해 촌락을 찾는 도시 사람들
도시의 기업, 학교 등에서는 촌락의 마을과 자매결연을 하여 일손 돕기나 의료 봉사 활동을 하기도 합니다.

일손 돕기 봉사 활동 ▶
[출처: 연합뉴스]

☑ **교류가 필요한 까닭**

지역마다 생산물, 기술, 문화 등이
❸(같기 / 다르기) 때문에 교류가 이루어집니다.

교류 덕분에 필요한 물건을 구할 수 있어.

☑ **도시 사람들이 촌락에 가는 까닭**

도시 사람들은 지역 생산물 구입이나 지역 ❹[축 제] 참여, 전통문화 체험 등을 위해 촌락에 갑니다.

임실 N 치즈 축제

쭈~욱

다양한 체험을 할 수 있어 좋아.

정답 ❸ 다르기 ❹ 축제

용어 사전

• 상호 의존(相 서로 상 互 서로 호 依 의지할 의 存 있을 존)
서로 돕고 교류하며 의지하는 것
• 특산물
(特 특별할 특 産 낳을 산 物 물건 물)
어떤 지역에서 특별히 생산되는 물건

개념④ 촌락에서의 교류로 촌락과 도시가 주고받는 도움

1. 교류를 통해 주고받는 도움

촌락 사람들에게 좋은 점	교류	도시 사람들에게 좋은 점
중간 상인을 거치지 않아 농수산물을 제값에 팔 수 있음.	로컬 푸드 매장 이용	신선한 농수산물을 싼 가격에 살 수 있음.
• 소득이 늘어남. • 자연환경이나 전통문화를 널리 알릴 수 있음.	촌락의 지역 축제 참여	촌락의 특색 있는 전통문화를 경험하고, 다양한 체험 활동을 할 수 있음.
음식을 팔거나 숙박 등을 제공하면서 소득을 올릴 수 있음.	촌락의 자연환경 이용	깨끗한 자연환경 속에서 여가 생활을 즐길 수 있음.
서비스를 제공하면서 소득을 올릴 수 있음.	잘 보존된 전통문화 체험	촌락의 전통문화를 체험할 수 있음.

지역의 특산품을 살 수도 있습니다.

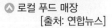
△ 로컬 푸드 매장 [출처: 연합뉴스]

△ 진도 신비의 바닷길 축제 [출처: 뉴스뱅크]

△ 전통 가옥 체험 [출처: 게티이미지]

→ 지역 축제에서 촌락의 자연환경을 즐길 수 있습니다.

내 교과서 살펴보기 / 미래엔, 아이스크림 미디어

촌락 유학을 통한 교류
• 도시 학생들이 촌락으로 가서 한 학기 이상 촌락의 학교에 다니기도 합니다(농산어촌 유학).
• 교류의 좋은 점

촌락	촌락 사람들의 소득이 높아지고, 폐교를 막을 수 있음.
도시	유학을 온 도시 학생들은 깨끗한 자연 속에서 다양한 교육을 받을 수 있음.

2. 도시 사람들이 촌락을 방문할 때 촌락이 거둘 수 있는 효과
① 지역을 홍보하고 생산물을 판매할 수 있습니다. → 지역 주민들의 애향심을 높일 수도 있습니다.
② 도시 사람들이 식당, 상점, 숙박 시설 등을 이용하기 때문에 촌락의 경제에 도움을 줍니다.

☑ **촌락에서의 교류로 촌락 사람들이 받는 도움**
지역을 널리 알리고, ❺ ㅅ ㄷ 을 올릴 수 있습니다.

갓 수확한 농산물의 신선함을 느껴 보세요.

☑ **촌락에서의 교류로 도시 사람들이 받는 도움**
신선한 농수산물을 저렴하게 살 수 있으며, 다양한 ❻ ㅊ ㅎ 활동을 할 수 있습니다.

촌락의 자연환경을 감상하며 야영을 하니 정말 좋구나!

정답 ❺ 소득 ❻ 체험

개념 다지기

1 다음 교류의 모습을 참고하여 □ 안에 들어갈 알맞은 말을 한 가지만 쓰시오.

> 사람들이 오고 가거나 □□□, 기술 등을 서로 주고받는 것을 교류라고 합니다.

(   )

[2~3] 지역 간 교류가 이루어지는 다음 그림을 보고, 물음에 답하시오.

2 위 그림 속 지역에서 생산하는 물건이 알맞게 짝 지어지지 않은 것을 보기 에서 찾아 기호를 쓰시오.

> **보기**
> ㉠ 농촌 – 쌀　　㉡ 산지촌 – 버섯
> ㉢ 어촌 – 목재　　㉣ 도시 – 세탁기

(   )

3 만약 앞 그림에 있는 지역들이 교류하지 못할 때 발생할 수 있는 일에 ○표를 하시오.

(1) 촌락은 공산품을, 도시는 농수산물을 구하는 데 어려움을 겪습니다. (   )

(2) 자신의 지역에서 생산된 물건을 마음껏 쓸 수 있어 더 편리해집니다. (   )

4 지역 간 교류가 이루어지는 까닭으로 알맞은 것을 두 가지 고르시오. (,   )

① 지역마다 문화가 달라서
② 지역마다 생산물이 달라서
③ 지역마다 자연환경이 같아서
④ 지역마다 발달한 산업이 같아서
⑤ 지역마다 발달한 기술이 같아서

5 도시 사람들이 촌락에 가는 까닭으로 알맞지 <u>않은</u> 것은 어느 것입니까? (   )

① 신선한 농수산물을 사려고
② 잘 보존된 전통문화를 체험하려고
③ 대형 종합 병원에서 검사를 받으려고
④ 촌락에서 열리는 지역 축제에 참여하려고
⑤ 깨끗한 자연환경을 이용해 여가를 보내려고

6 로컬 푸드 매장에서 농산물을 산 도시 사람과 농산물을 판 촌락 사람 중 알맞게 말한 사람을 쓰시오.

> 도시 사람: 신선한 농산물을 살 수 있어요.
> 촌락 사람: 중간 상인을 여러 번 거친 후에 농산물을 팔아서 소득이 줄어들어요.

(   ) 사람

개념 ① 도시에서의 교류

1. 도시에 있는 여러 시설 → 사람들은 다양한 시설에서 건강, 여가, 교육 등의 서비스를 받습니다.

도시에서 볼 수 있는 시설	시청, 교육청, 놀이공원, 박물관, 공연장, 백화점, 대형 상가, 종합 병원, 대학교 등
시설이 주로 도시에 있는 까닭	도시에는 인구가 많아서 여러 시설을 이용하는 사람이 많기 때문에

2. 촌락 사람들이 도시에 가는 까닭

문화 시설 이용
영화, 전시회, 음악회, 운동 경기 등을 관람하려고 도시에 감.

상업 시설 이용
백화점, 대형 할인점 등에서 필요한 물건을 사려고 도시에 감.

의료 시설 이용
첨단 의료 시설을 갖춘 도시의 대형 종합 병원에서 검사와 치료를 받으려고 도시에 감. → 촌락에는 의료 시설이 부족합니다.

공공 기관 이용
시청, 도청, 법원, 교육청 등 도시에 있는 공공 기관에서 일을 처리하려고 도시에 감.

내 교과서 살펴보기 / 교학사, 미래엔, 아이스크림 미디어, 지학사

이외에 촌락 사람들이 도시를 방문하는 경우

• 도시에서 열리는 축제에 참여하려고 도시에 갑니다.
• 촌락에서 생산한 농수산물을 도시에 공급하거나 도시에서 열리는 직거래 장터에서 농수산물을 팔려고 도시에 갑니다.

3. 촌락 사람들이 도시를 방문할 때의 좋은 점

촌락 사람들은 도시의 시설을 이용하면서 주변의 숙박 시설과 상점도 이용함.

도시의 경제활동이 더욱 활발해짐.
도시 사람들의 소득이 늘어남.

개념② 상호 의존 하는 촌락과 도시

1. 촌락과 도시의 교류 모습

① 촌락과 도시 사람들은 농수산물*직거래 장터, 지역 축제,*자매결연 등을 통해 다양한 교류를 하며 살아갑니다. → 자연재해가 났거나 일손이 부족할 때 봉사 활동을 하여 돕기도 합니다.

② 교류를 하면서 서로의 부족한 점을 채워 주며 함께 발전할 수 있습니다.

2. 교류하면서 상호 의존 하는 사례

① 농수산물 직거래 장터

촌락 사람들	도시 사람들
중간 상인을 거치지 않아서 더 높은 가격에 팔 수 있음.	싱싱한 농수산물을 저렴한 가격에 살 수 있음.

② 주말농장 〈 내 교과서 살펴보기 / **천재교과서, 아이스크림 미디어** 〉

촌락 사람들	도시 사람들
사용하지 않는 땅을 도시 사람들에게 빌려줌.	채소, 과일 등을 직접 길러 먹을 수 있음.

개념③ 촌락과 도시의 교류 모습을 조사하는 방법

→ 지방 자치 단체(도청, 시·군청) 직원, 지역 문화원 직원 등

면담	지역 교류에 대해 잘 아는 분께 여쭈어봄.
문헌 조사	기록물, 지역 홍보 책자, 지역 신문 등을 찾아봄.
현장 조사(답사)	현장에 가서 지역 교류가 일어나는 모습을 살펴봄.
인터넷 조사	지역의 교류 사례를 검색함. 생생한 자료를 얻을 수 있습니다.

• 지역의 시·군·구청 누리집에 들어가서 '교류', '자매결연' 등을 검색하거나 소식란을 살펴보며 자료를 찾음.

• 인터넷 검색 누리집에 검색어(예 농수산물 직거래 장터)를 쓰고, 교류 모습이 나타난 신문 기사나 뉴스 영상을 찾음.

촌락과 도시는 ❸ ㄱ ㄹ 하면서 상호 의존 하고 있습니다.

우리는 직접 채소를 기르고, 촌락 사람들은 소득을 올리고… 서로 도움이 되는 거야.

☑ **촌락과 도시의 교류 모습을 조사하는 방법**

촌락과 도시가 교류하는 모습은 인터넷 조사, ❹ ㅁ ㄷ 등 다양한 방법으로 조사할 수 있습니다.

우리 지역이 자매결연을 하고 있는 곳은 어디예요?

정답 ❸ 교류 ❹ 면담

용어 사전

*직거래(直 곧을 직 去 갈 거 來 올 래)
중간 상인을 거치지 아니하고 살 사람과 팔 사람이 직접 거래하는 것

*자매결연(姊 윗누이 자 妹 누이 매 結 맺을 결 緣 인연 연)
서로 돕거나 교류하기 위해 다른 지역이나 단체와 관계를 맺는 일

개념 ④ 교류 모습을 조사하고 보고서 쓰기

1. 조사 보고서를 쓰는 까닭

① 보고서를 쓰면서 조사하여 알게 된 내용을 체계적으로 정리할 수 있기 때문입니다.

② 다른 사람에게 조사한 내용을 발표하여 알리기 위해서입니다.

2. 조사 보고서에 들어갈 항목

- 조사 주제
- 조사 방법
- 조사 자료
- 교류의 좋은 점
- 조사하며 알게 된 점이나 느낀 점

↳ 조사 결과에 교류하는 것, 교류하는 까닭, 교류의 좋은 점 등을 적기도 합니다.

3. 조사 보고서 예

내 교과서 살펴보기 / 천재교육

조사 보고서

조사 주제	농수산물 직거래 장터에서 촌락과 도시가 교류하는 모습
조사 방법	인터넷에서 신문 기사 검색하기
조사 자료	**자매결연 마을 농산물 직거래 장터 운영** 강원도 영월군 김삿갓면 주민들은 자매결연을 한 경기도 의정부시 신곡1동에서 감자, 옥수수 등을 파는 농산물 직거래 장터를 열었다. 김삿갓면 주민은 "중간 상인을 거치지 않고 직접 농산물을 팔게 되어 높은 소득을 올릴 수 있는 데다가 지역의 특산품을 홍보할 수 있어서 좋다."라고 말했다. 장터를 찾아온 신곡1동의 주민들도 "값싸고 질 좋은 농산물을 살 수 있는 직거래 장터가 자주 열렸으면 좋겠다."라고 말했다. —《○○ 신문》, 20△△. △△. △△.—
교류의 좋은 점	• 촌락: 촌락 사람들은 생산물을 제값에 팔게 되어 더 높은 소득을 올릴 수 있다. • 도시: 도시 사람들은 신선한 농산물을 집 근처에서 저렴하게 살 수 있다.
알게 된 점	• 촌락과 도시 사람들은 서로에게 보탬이 되는 사이이다. • 농수산물 직거래 장터는 촌락과 도시 사람들 모두에게 도움이 된다.

↳ 촌락과 도시는 상호 의존 하고 있습니다.

개념 체크

☑ **교류 모습을 조사하고 보고서 쓰기**

촌락과 도시의 교류 모습을 조사한 후 쓰는 보고서에는 조사 주제, 조사 ❺ |ㅂ|ㅂ|, 조사하며 알게 된 점 등이 들어갑니다.

치즈 축제에서 나타난 교류 모습을 보고서로 작성하자.

조사 주제 예

- 지역 축제에서 촌락과 도시가 교류하는 모습
- 자매결연을 한 촌락과 도시의 학교가 교류하는 모습
- 체험 학습을 통해 촌락과 도시가 교류하는 모습

↳ 최근 촌락에서는 도시 사람들이 촌락 생활을 체험할 수 있는 체험 마을이 늘어나고 있습니다.

정답 ❺ 방법

개념 다지기

1 11종 공통
도시에서 주로 볼 수 있는 시설로 알맞지 <u>않은</u> 것은 어느 것입니까? (   )
① 공연장   ② 백화점
③ 정미소   ④ 대형 상가
⑤ 종합 병원

2 11종 공통
촌락 사람들이 공공 기관을 이용하려고 도시에 가는 까닭에 대해 알맞게 말한 어린이를 쓰시오.

> 준서: 촌락에는 백화점, 대형 할인점 등이 부족
> 해서 도시로 가는 거야.
> 이안: 도시에 있는 시청, 도청, 법원, 교육청 등
> 에서 일을 처리하기 위해서야.
> 하율: 사람이 많은 촌락에서는 공공 기관을 이
> 용하려면 오래 기다려야 하기 때문이야.

(   )

3 11종 공통
촌락과 도시의 교류에 대한 설명으로 알맞은 것을 보기 에서 찾아 기호를 쓰시오.

> **보기**
> ㉠ 주말농장을 통해 교류를 하면 도시 사람들에
> 게만 도움이 됩니다.
> ㉡ 촌락과 도시는 교류를 하면서 서로의 부족한
> 점을 채울 수 없습니다.
> ㉢ 촌락과 도시 사람들은 서로 필요한 것을 교
> 류하면서 상호 의존 하고 있습니다.

(   )

4 천재교과서, 아이스크림 미디어
지역의 교류 모습을 조사하는 방법 중 면담에 해당하는 것은 어느 것입니까? (   )

①
지역의 교류 사례를 검색함.

②
기록물, 홍보 책자 등을 찾아봄.

③
현장에 가서 교류 모습을 살펴봄.

④
지역 교류에 대해 잘 아는 분께 여쭈어봄.

진도 완료 체크

5 천재교육, 지학사
다음 조사 보고서에서 ☐ 안에 공통으로 들어갈 말로 가장 알맞은 것은 어느 것입니까? (   )

조사 보고서

조사 주제	☐에서 촌락과 도시가 교류하는 모습
교류의 좋은 점	• 촌락: 생산물을 제값에 팔게 되어 더 높은 소득을 올릴 수 있다. • 도시: 신선한 농수산물을 집 근처에서 싸게 살 수 있다.
알게 된 점	☐은/는 촌락과 도시 사람들 모두에게 도움이 된다.

① 주말농장
② 지역 축제
③ 문화 공연
④ 일손 돕기 봉사 활동
⑤ 농수산물 직거래 장터

Step 1 단원평가

[1~5] 다음은 개념 확인 문제입니다. 물음에 답하시오.

1 사람들이 오고 가거나 물건, 문화, 기술 등을 서로 주고받는 것을 무엇이라고 합니까?

(   )

2 서로 돕고 교류하며 의지하는 것을 무엇이라고 합니까?

(   )

3 서로 돕거나 교류하기 위해 다른 지역이나 단체와 관계를 맺는 일을 무엇이라고 합니까?

(   )

4 지역 홍보 책자나 기록물 등을 찾아 촌락과 도시의 교류 모습을 조사하는 방법은 (문헌 / 인터넷) 조사입니다.

5 조사 (계획서 / 보고서)에는 조사 주제, 조사 방법, 조사 결과, 조사하며 알게 된 점 등이 들어갑니다.

11종 공통

6 교류에 해당하는 모습을 찾아 ○표를 하시오.

(1)
다른 지역에 가지 않고 이 외딴섬에 혼자 살고 있어요.

(   )

(2)
인근 지역과 기술을 주고받아 맛이 좋은 딸기를 생산했어요.

(   )

11종 공통

7 교류와 관련하여 알맞게 말한 어린이를 쓰시오.

> 다윤: 사람들이 주고받는 것에는 물건만 있어.
> 이현: 교류를 통해 다른 지역의 문화를 접할 수 있어.
> 지민: 우리가 필요로 하는 것들은 한 지역에서 다 얻을 수 있기 때문에 교류할 필요가 없어.

(   )

11종 공통

8 촌락과 도시 사람들이 교류하는 까닭으로 알맞지 <u>않은</u> 것은 어느 것입니까? (   )

① 촌락과 도시에서 발달한 기술이 달라서
② 촌락과 도시에서 생산하는 물건이 달라서
③ 더 이상 귀촌하는 사람이 생기지 않게 하려고
④ 서로 필요한 것을 교류를 통해 얻을 수 있어서
⑤ 촌락과 도시가 교류를 통해 상호 의존 할 수 있어서

11종 공통

9 촌락의 특징으로 알맞은 것을 두 가지 고르시오.

(,   )

① 음악회, 전시회 등이 자주 열린다.
② 백화점 등의 대형 상업 시설이 많다.
③ 우리의 전통과 문화를 잘 간직하고 있다.
④ 자연환경이 깨끗하게 보전된 곳이 거의 없다.
⑤ 자연환경과 특산물을 활용한 지역 축제가 많다.

천재교육, 미래엔, 지학사

10 다음 사진과 같이 촌락 사람들이 로컬 푸드 매장을 열 때 일어나는 일에 ○표를 하시오.

(1) 촌락 사람들은 생산한 농수산물을 제값을 받고 팔 수 있습니다. ( )

(2) 도시 사람들이 농수산물을 사기까지 많은 중간 상인을 거치게 됩니다. ( )

(3) 로컬 푸드 매장을 이용하는 도시 사람들은 품질이 좋은 농수산물을 사기 어려워집니다. ( )

11종 공통

11 도시 사람들이 촌락에서 열리는 지역 축제에 참여할 때 도시 사람들에게 좋은 점으로 알맞지 <u>않은</u> 것은 어느 것입니까? ( )

① 소득을 늘릴 수 있다.

② 다양한 체험 활동을 할 수 있다.

③ 방문한 곳의 특산품을 살 수 있다.

④ 아름다운 촌락의 자연환경을 즐길 수 있다.

⑤ 촌락의 특색 있는 전통문화를 경험할 수 있다.

11종 공통

12 다음 밑줄 친 부분에 들어갈 내용으로 알맞은 것을 두 가지 고르시오. (,)

> 촌락 사람들은 _____ 도시를 찾습니다.

① 귀농을 하려고

② 문화 공연을 보려고

③ 도시의 일손 부족 문제를 해결하려고

④ 대형 할인점에서 필요한 물건을 사려고

⑤ 의료 시설이 적은 도시에서 의료 봉사를 하려고

11종 공통

13 다음 밑줄 친 부분에 해당하는 내용으로 알맞은 것을 보기 에서 찾아 기호를 쓰시오.

> 촌락 사람들이 도시를 방문하고 있습니다. 이때 도시가 거둘 수 있는 <u>효과</u>에 대해 알아보았습니다.

보기
㉠ 촌락과 교류하지 않아도 됩니다.
㉡ 도시 사람들의 소득이 줄어듭니다.
㉢ 도시의 경제활동이 더욱 활발해집니다.

( )

천재교과서, 아이스크림 미디어

14 촌락과 도시가 주말농장을 통해 교류하며 상호 의존 할 때의 특징을 찾아 줄로 이으시오.

(1) 촌락 사람들 · · ㉠ 채소를 직접 길러 먹음.

(2) 도시 사람들 · · ㉡ 사용하지 않는 땅을 빌려줌.

천재교육, 천재교과서, 교학사, 김영사, 비상교과서, 비상교육, 아이스크림 미디어, 지학사

15 촌락과 도시의 교류 모습을 조사하는 방법 중 다음 그림과 관련 있는 것은 어느 것입니까? ( )

> 우리 고장이 어느 곳과 자매결연했는지 알 수 있구나.

① 도서관에서 책을 찾아본다.

② 우리 고장 홍보 책자를 찾아본다.

③ 지역 교류에 대해 잘 아는 분께 여쭈어본다.

④ 현장에 가서 지역 교류가 일어나는 모습을 살펴본다.

⑤ 지역의 시·군·구청 누리집에 들어가서 자료를 찾는다.

16 다음과 같은 교류가 이루어지는 까닭을 쓰시오.

11종 공통

> • 우리 지역에서 생산된 것들이 다른 지역에서 팔리고, 다른 지역에서 생산된 것들이 우리 지역에서 팔립니다.
> • 사람들은 공부나 일을 하려고 다른 지역으로 가거나, 문화를 알리려고 다른 지역을 오가기도 합니다.

답 지역마다 생산물, 기술, ❶ [   ] 등이 ❷ [   ] 때문이다.

17 다음은 도시 사람들이 촌락에 가는 까닭을 나타낸 그림입니다.

11종 공통

⬆ 지역 축제에 참여하려고 촌락에 감.

⬆ 전통문화를 체험하려고 촌락에 감.

⬆ _____ 촌락에 감.

(1) 위 밑줄 친 부분에 들어갈 내용으로 알맞은 것을 **보기** 에서 찾아 기호를 쓰시오.

> **보기**
> ㉠ 시청이나 도청에서 민원을 처리하려고
> ㉡ 촌락의 깨끗한 자연환경을 이용하여 여가를 보내려고
> ㉢ 첨단 의료 시설을 갖춘 대형 종합 병원에서 치료를 받으려고

(   )

(2) 위와 같은 이유로 도시 사람들이 촌락을 방문할 때 촌락이 거둘 수 있는 효과를 한 가지만 쓰시오.

_____

_____

11종 공통

18 촌락과 도시가 다음 신문 기사와 같이 교류하며 어떤 관계를 맺고 있는지 쓰시오.

> □□ 신문
> △△시는 ○○군과 자매결연하여 친선 관계를 맺고, 농산물 직거래 장터를 열기로 했다.

> □□ 신문
> △△시는 ○○군에 자연재해가 났거나 일손이 부족할 때 봉사 활동을 가며 교류하고 있다.

서술형 가이드
어려워하는 서술형 문제!
서술형 가이드를 이용하여 풀어 봐!

16 지역마다 자연환경과 인문환경이 (같아서 / 달라서) 서로 필요한 것을 교류를 통해 얻습니다.

17 (1) 도시 사람들은 낚시, 등산, 야영 등의 [ ][ ] 생활을 하려고 촌락에 가기도 합니다.
(2) 촌락을 방문한 도시 사람들은 주변 식당 등을 이용하므로 촌락 사람들의 소득이 (증가 / 감소)하게 됩니다.

18 촌락과 도시는 직거래 장터, 자매결연 등을 통해 상호 의존 하며 (갈등 / 협력)하는 관계를 맺고 있습니다.

단원 **실력 쌓기** 정답 4쪽

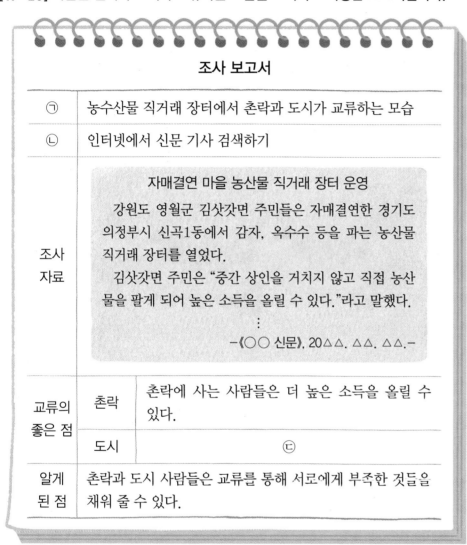

학습 주제 촌락과 도시의 교류 모습 조사

학습 목표 촌락과 도시가 교류하는 모습을 조사하고 보고서로 정리할 수 있다.

[19~20] 다음은 촌락과 도시가 교류하는 모습을 조사하고 작성한 보고서입니다.

조사 보고서

㉠	농수산물 직거래 장터에서 촌락과 도시가 교류하는 모습	
㉡	인터넷에서 신문 기사 검색하기	
조사 자료	**자매결연 마을 농산물 직거래 장터 운영** 강원도 영월군 김삿갓면 주민들은 자매결연한 경기도 의정부시 신곡1동에서 감자, 옥수수 등을 파는 농산물 직거래 장터를 열었다. 김삿갓면 주민은 "중간 상인을 거치지 않고 직접 농산물을 팔게 되어 높은 소득을 올릴 수 있다."라고 말했다. 　　　　　　　⋮ 　　　　　　　-《○○ 신문》, 20△△. △△. △△.-	
교류의 좋은 점	촌락	촌락에 사는 사람들은 더 높은 소득을 올릴 수 있다.
	도시	㉢
알게 된 점	촌락과 도시 사람들은 교류를 통해 서로에게 부족한 것들을 채워 줄 수 있다.	

촌락과 도시가 교류하는 사례
- 자매결연
- 주말농장
- 지역 축제
- 농수산물 직거래 장터

1 단원

진도 완료 체크

19 위 ㉠과 ㉡에 들어갈 알맞은 말을 보기 에서 찾아 각각 쓰시오. 천재교육

보기
- 조사 날짜 　　 • 조사 방법 　　 • 조사 장소 　　 • 조사 주제

㉠ (　　　　　　　) ㉡ (　　　　　　　)

11종 공통

20 위 ㉢에 들어갈 내용으로, 농수산물 직거래 장터를 통해 교류를 하면 도시 사람들에게 어떤 좋은 점이 있는지 쓰시오.

도시 사람들은 직거래 장터 외에 촌락의 생산자가 직접 운영하는 판매 누리집에 접속해서 신선한 농수산물을 사기도 해.

Q 배점 표시가 없는 문제는 문제당 4점입니다.

11종 공통

1 촌락과 도시의 특징

천재교육, 천재교과서, 교학사, 금성출판사,
동아출판, 비상교과서, 비상교육, 지학사

1 다음 밑줄 친 부분에 들어갈 말로 알맞은 것은 어느 것입니까? (   )

정미소에서는

① 꽃, 과일 등을 재배해요.
② 잡은 물고기를 보관해요.
③ 고장 난 농기계를 수리해요.
④ 쌀 찧는 일을 전문적으로 해요.
⑤ 가축을 길러 고기와 우유를 얻어요.

천재교육, 교학사, 금성출판사, 김영사, 동아출판, 미래엔,
비상교과서, 비상교육, 아이스크림 미디어

2 어촌 사람들이 하는 일과 관련하여 다음 ☐ 안에 들어갈 알맞은 말은 어느 것입니까? (   )

△ 물고기 잡기   △ 김 기르기

> 어촌 사람들은 바다에서 물고기를 잡거나 김과 미역을 기르는 ☐ 을 합니다.

① 농업   ② 어업
③ 임업   ④ 관광업
⑤ 축산업

3 산지촌 사람들이 하는 일과 거리가 <u>먼</u> 것은 어느 것입니까? (   )

① 버섯을 재배한다.
② 갯벌에서 조개를 캔다.
③ 목장에서 소나 양을 기른다.
④ 나무를 가꾸어 목재를 생산한다.
⑤ 경사진 밭이나 계단식 논에서 농사를 짓는다.

11종 공통

4 도시에 대한 설명으로 알맞은 것을 보기 에서 모두 찾아 기호를 쓰시오.

> **보기**
> ㉠ 높은 건물이 적습니다.
> ㉡ 크고 작은 도로가 연결되어 있습니다.
> ㉢ 오가는 사람이 적어 거리가 한산합니다.
> ㉣ 사람들은 회사나 공장에 다니거나 사람들이 편리하게 생활하도록 도와주는 일 등을 합니다.

(,   )

🖊 서술형·논술형 문제

11종 공통

5 다음은 수지가 우리나라의 도시에 대해 정리한 내용입니다. [총 10점]

> **우리나라의 도시**
> • 서울특별시: 도로와 철도 교통의 중심지
> • 전라남도 여수시: 산업이 발달한 도시
> • ☐☐특별자치시: 행정의 중심지로 새롭게 계획하여 만든 도시

(1) 위 ☐ 안에 들어갈 알맞은 말을 쓰시오. [4점]

(   )

(2) 위 내용을 참고하여 우리나라의 도시는 어떤 곳에 발달했는지 쓰시오. [6점]

_____

_____

6 촌락과 도시의 공통점과 차이점을 알아보기 위해 살펴봐야 할 점으로 알맞지 <u>않은</u> 것은 어느 것입니까?
( )

① 인구
② 교통 시설
③ 건물의 모습
④ 사람들의 외모
⑤ 땅을 이용하는 모습

🏫 서술형·논술형 문제

천재교과서

7 다음은 이수네 모둠이 촌락과 도시를 비교한 후 작성한 표입니다. [총 10점]

구분	촌락	도시
모습	🔺 충청남도 태안군	🔺 인천광역시
공통점	• 바닷가에 있음. • 생활에 필요한 여러 시설이 있음.	
차이점	• 촌락보다 도시에 사람이 ㉠ 삶. • ㉡	

(1) 위 ㉠에 들어갈 알맞은 말에 ○표를 하시오. [4점]
(많이 / 적게)

(2) 사람들이 하는 일과 관련하여 위 ㉡에 들어갈 촌락과 도시의 차이점을 한 가지만 쓰시오. [6점]

_____

_____

천재교과서, 교학사, 금성출판사, 김영사, 동아출판, 미래엔, 비상교과서, 비상교육, 지학사

8 다음 그래프의 ㉠과 ㉡ 중 65세 이상의 인구를 나타낸 것을 찾아 기호를 쓰시오.

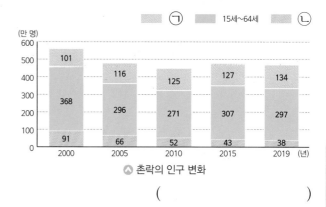

◼ ㉠ ◼ 15세~64세 ◼ ㉡

🔺 촌락의 인구 변화

( )

11종 공통

9 촌락에서 나타나는 문제로 알맞은 것을 두 가지 고르시오. (,)
① 한 반에 학생 수가 많다.
② 사람들의 소득이 줄어든다.
③ 도로에 차가 많아 복잡하다.
④ 인구에 비해 주택이 적어 집을 구하기 어렵다.
⑤ 일손이 부족하여 농사를 짓거나 어업 활동을 하기 어렵다.

11종 공통

10 촌락 문제를 해결하기 위해 할 수 있는 노력으로 알맞지 <u>않은</u> 것은 어느 것입니까? ( )
① 다양한 기계를 활용한다.
② 품질 좋은 농수산물을 생산한다.
③ 외국에서 들여오는 농수산물의 양을 늘린다.
④ 공영 버스 등을 만들어 쉽게 오갈 수 있게 한다.
⑤ 폐교나 마을 회관 등을 이용해 영화관이나 미술관을 만든다.

11종 공통

11 다음 그래프와 같은 인구 구성으로 인해 도시에서 나타나고 있는 문제를 두 가지 고르시오. [6점]

(,)

촌락 인구
약 425만 명

2019년

도시 인구
약 4,760만 명

⚠ 촌락과 도시의 인구 [출처: 한국토지주택공사, 2020.]

① 집값이 떨어진다.
② 주차할 공간이 부족하다.
③ 사람들이 버리는 쓰레기를 처리할 곳이 부족하다.
④ 폐교가 늘어나 학생들은 멀리 있는 학교까지 다녀야 한다.
⑤ 상점이 장사가 잘되지 않아 문을 닫게 되어 사람들의 생활이 불편해진다.

11종 공통

12 다음과 같은 도시 문제를 해결하기 위한 노력으로 알맞은 것을 보기 에서 찾아 기호를 쓰시오.

△△ 신문	△△ 신문
자동차나 공장에서 나오는 매연 때문에 미세 먼지 심해	수도권 쓰레기 한도 초과, 더 묻을 곳도 없어

보기
㉠ 일회용품의 사용을 늘립니다.
㉡ 쓰레기 분리배출 시설을 설치합니다.
㉢ 도시 사람들이 버린 쓰레기를 촌락에서 처리하도록 합니다.
㉣ 친환경 전기 자동차를 이용하는 사람에게 과태료를 내게 합니다.

( )

2 함께 발전하는 촌락과 도시

[13~14] 다음 이야기를 읽고, 물음에 답하시오.

 우리 지역에 야구장이 없어서 다른 지역에 있는 야구장에 다녀왔어요.

다른 지역에서 생산된 쌀을 사 왔어요.

 다른 지역의 사물놀이 패가 공연을 하러 와서 보고 왔단다.

11종 공통

13 위 사람들의 이야기와 가장 관련 있는 것은 어느 것입니까? ( )

① 교류   ② 교환   ③ 귀촌
④ 답사   ⑤ 봉사

11종 공통

14 위 **13**번 답이 필요한 까닭으로 알맞은 것에 ○표를 하시오.

(1) 지역마다 생산하는 물건이 다르기 때문입니다.
( )
(2) 모든 지역의 자연환경과 인문환경이 같기 때문입니다.
( )

11종 공통

15 도시 사람들이 촌락의 자연환경을 이용하여 즐기는 여가 생활로 알맞은 것은 어느 것입니까? ( )

① 영화관에서 영화를 본다.
② 놀이공원에서 놀이 기구를 탄다.
③ 경기장에서 운동 경기를 관람한다.
④ 자연 휴양림에서 산림욕을 즐긴다.
⑤ 가상 현실 체험관에서 가상 현실을 체험한다.

16 촌락에서 열리는 지역 축제에 대한 설명으로 알맞지 않은 것은 어느 것입니까? (   )

① 자연환경과 특산물을 활용한 축제가 많다.

② 촌락이 가진 자연환경 등을 널리 알릴 수 있다.

③ 축제에 참여한 도시 사람들은 촌락의 전통과 문화를 체험할 수 있다.

④ 축제 기간 동안 촌락에 있는 식당, 상점 등은 손님이 없어 어려움을 겪는다.

⑤ 도시 사람들은 축제를 통해 도시에서 접하기 어려운 다양한 체험 활동을 할 수 있다.

서술형·논술형 문제

11종 공통

17 다음은 도시와 촌락 사람들이 교류를 하는 모습입니다. [총 10점]

농수산물 □ 덕분에 집 근처에서 신선한 농수산물을 싸게 살 수 있어요.

(1) 위 □ 안에 공통으로 들어갈 알맞은 말을 쓰시오. [4점]

(   )

(2) 위와 같은 교류에 참여하는 촌락의 사람들에게 어떤 좋은 점이 있는지 쓰시오. [6점]

_____

_____

18 다음 밑줄 친 부분과 관련 있는 것을 두 가지 고르시오.
(,   )

촌락 사람들은 <u>다양한 시설과 공공 기관</u>을 이용하려고 도시를 찾습니다.

① 시청   ② 축사

③ 양식장   ④ 벌목장

⑤ 백화점

19 촌락과 도시의 교류에 대해 알맞게 말한 어린이를 모두 쓰시오.

영리: 촌락과 도시는 교류하면서 상호 의존 하고 있어.

다솔: 촌락과 도시는 환경이 같아서 교류할 필요가 없어.

재원: 교류를 해도 촌락 사람들은 도시 사람들의 부족한 점을 채워 주지 못해.

지우: 촌락과 도시 사람들은 지역 축제, 자매결연 등을 통해 다양한 교류를 하며 살아가.

(,   )

천재교육, 천재교과서, 교학사, 김영사, 비상교과서,
비상교육, 아이스크림 미디어, 지학사

20 촌락과 도시의 교류 모습을 조사하는 방법으로 알맞지 않은 것은 어느 것입니까? (   )

① 지역 신문의 기사를 찾아본다.

② 지역의 홍보 책자를 찾아본다.

③ 지구본에서 촌락과 도시를 찾아본다.

④ 지방 자치 단체 직원에게 여쭈어본다.

⑤ 지역의 시·군·구청 누리집에 들어가서 자료를 찾는다.

연관 학습 안내

초등 4학년	초등 6학년	중학교
선택의 문제 사람들이 선택의 문제에 부딪히게 되는 까닭을 살펴봐요.	**합리적 선택 방법** 가계, 기업 등 경제 주체의 합리적 선택 방법을 살펴볼 거예요.	**경제생활과 선택** 경제 문제를 해결하기 위한 경제 체제의 특징을 배울 거예요.

필요한 것의 생산과 교환

2

🌼 단원 안내

① 경제활동과 현명한 선택
② 교류하며 발전하는 우리 지역

이어서

개념 웹툰

개념❶ 경제활동

의미	사람들이 생활하는 데 필요한 여러 가지 것을 만들고 이용하는 것과 관련된 모든 활동
모습 (예)	• 시장에서 필요한 물건을 구입함. • 과수원에서 사과를 수확하여 판매함.

개념❷ 선택의 문제

1. 일상생활에서 겪는 선택의 문제 예

◎ 빵집에서 어떤 빵을 고를지 고민함.

◎ 버스를 탈지 택시를 탈지 고민함.

◎ 여가 시간에 무엇을 보며 시간을 보낼지 고민함.

2. 경제활동과 선택의 문제

① 사람들은 경제활동을 하면서 여러 가지 선택의 문제를 겪게 됩니다.

② 선택의 문제는 경제활동을 하는 모든 사람에게 일어나지만, 사람마다 선택하는 것이 다를 수 있습니다.

└→ 사람마다 중요하게 생각하는 것이 다르기 때문입니다.

개념❸ 경제활동에서 선택의 문제가 일어나는 까닭

1. 희소성

└→ 매우 드물고 적다는 뜻입니다.

의미	사람들이 원하는 것은 많지만 주어진 자원은 한정되어 있어 원하는 것을 모두 가질 수 없는 상태
선택의 문제와의 관계	사람들의 욕구는 끝이 없는 데 비해 가진 돈이나 시간은 부족하여 원하는 것 중에서 일부만 얻을 수밖에 없음. ➡ 경제활동에서 선택의 문제가 일어나는 까닭은 희소성 때문임.

내 교과서 살펴보기 / 아이스크림 미디어

한정판 상품

희소성이 높은 물건은 사람들이 그 물건을 사고 싶어 하는 욕구를 부추깁니다. 한정판 상품은 이러한 사람들의 마음을 이용하여 판매 수량을 제한한 상품입니다.

---

6 선택의 문제 / 현명한 선택

개념 체크

☑ 경제활동의 의미

사람들이 생활하는 데 ❶ⓟⓞ 한 것을 만들고 사용하는 것과 관련된 모든 활동을 경제활동이라고 합니다.

이 간식을 사는 것도 경제활동이죠?

☑ 희소성의 의미

희소성은 원하는 것은 많지만, 모두 갖기에는 돈이나 자원이 ❷(부족 / 풍부)한 상태를 의미합니다.

떡볶이와 김밥 둘 다 먹고 싶어.

2,000원밖에 없어서 하나만 선택해야 해.

정답 ❶ 필요 ❷ 부족

용어사전

• 자원(資 재물 자 源 근원 원)
사람들의 생활에 필요한 것을 만드는 데 사용되는 모든 것

• 욕구(慾 욕심 욕 求 구할 구)
무엇을 얻거나 무슨 일을 하고자 바라는 일

2. 상황에 따라 달라지는 자원의 희소성

→ 시대와 환경 등에 따라 달라집니다.

옛날에는 깨끗한 물을 마음껏 마실 수 있어 물이 희소하지 않았음.	오늘날에는 물이 오염되어 깨끗한 물의 희소성이 커져 물을 팔거나 삼.

추운 지역에서는 에어컨을 원하는 사람이 적어 에어컨이 희소하지 않음.	더운 지역에서는 에어컨을 원하는 사람이 많아 에어컨이 희소함.

→ 희소성은 상대적인 개념입니다.

➡ 희소성은 단순히 자원의 양이 많고 적음에 따라 결정되지 않습니다. 자원의 양이 적어도 그것을 가지고 싶어 하는 사람이 없으면 희소하지 않습니다.

☑ 희소성의 특징

경제활동에 필요한 자원의 종류와 양은 ❸ [ㅅ][ㅎ] 에 따라 달라서 자원의 희소성도 이에 따라 달라집니다.

개념④ 현명한 선택이 필요한 까닭

1. 현명하지 못한 선택

사례	• 시계가 예뻐서 샀는데 금방 고장이 남. • 연필을 샀는데 옆 문구점에서 훨씬 싸게 팔고 있었음. • 가까운 식당을 갔지만, 음식이 맛없고 직원이 불친절했음.
결과	돈이나 자원을 낭비하고 후회하게 됨.

2. 현명한 선택

의미	여러 가지를 신중히 고려하여, 돈과 자원을 낭비하지 않고 가장 큰 만족감을 얻을 수 있는 선택
필요한 까닭	현명한 선택을 하면 돈과 자원을 절약할 수 있기 때문에
현명한 선택을 위해 고려할 점	• 선택한 물건이 나에게 꼭 필요한 것인지 생각해야 함. • 선택으로 얻을 수 있는 편리함이나 즐거움은 무엇인지 생각해야 함.

현명한 선택을 하면 같은 돈을 쓰더라도 더 큰 만족감을 얻을 수 있습니다.

☑ 현명한 선택이 필요한 까닭

현명한 선택을 하면 자원을 ❹(낭비 / 절약)할 수 있고, 큰 만족감을 얻을 수 있기 때문입니다.

속담에 숨어 있는 경제 이야기

바다는 메워도 사람의 욕심은 못 메운다	사람의 욕심은 끝이 없다는 뜻임.
싼 게 비지떡	비지떡은 보잘것없는 음식을 의미하는데, 값싼 물건은 그만큼 품질이 떨어진다는 뜻임. 현명한 선택을 하려면 가격, 품질, 모양 등 여러 기준을 따져야 함.

정답 ❸ 상황 ❹ 절약

개념 ⑤ 현명한 선택을 하는 방법 〈 내 교과서 살펴보기 / 천재교육 〉

1 사고 싶은 물건 생각해 보기

2 가진 돈 파악하기

3 정보 모으기: 사려고 하는 물건의 가격, 디자인, 품질, 특징 등 정보를 수
집하고 분석합니다.
  └→ 상품 포장지에서도 총내용량, 유통 기한,
   품질 인증 등의 정보를 얻을 수 있습니다.

4 선택 기준을 정해 물건 평가하기

- 사고 싶은 물건 가운데 하나를 선택하기 위한 기준을 정하고 평가표를
만듭니다.
- 수집한 정보를 바탕으로 평가표의 선택 기준별로 점수를 매깁니다.

(예)

선택 기준 \ 물건	실내화	필통	가방
내가 가지고 있는 돈으로 살 수 있는가?	○	○	○
물건의 디자인은 예쁜가?	△	△	○
편리하게 사용할 수 있는가?	○	△	X
총점	8점	7점	7점

* ○: 그렇다(3점), △: 보통이다(2점), X: 아니다(1점)

5 선택하기: 평가표에서 점수가 가장 높은 물건을 선택합니다.
  └→ 정해진 답이 있는 것이 아니라 선택하는 사람의 선택 기준과 상황 등에 따라 달라질 수 있습니다.

☑ 현명한 선택을 하는 방법

선택 기준을 정하고 ⑤ ▢ ▢

▢ 를 만들어 비교하면 현명한 선
택을 할 수 있습니다.

가격, 기능, 디자인
외에도 안전성을
고려하도록 해.

개념 ⑥ 물건의 정보를 얻는 방법 〈 내 교과서 살펴보기 / 천재교육, 천재교과서, 교학사, 김영사, 동아출판, 미래엔, 비상교과서, 지학사 〉

인터넷 검색하기	광고 보기
여러 물건의 가격을 한눈에 비교할 수 있고, 물건을 산 다른 사람들의 의견도 알 수 있음.	신문이나 텔레비전 광고에서 물건의 특징에 관한 여러 가지 정보를 얻을 수 있음.
상점 방문하기	주변 사람에게 물어보기
판매원에게 궁금한 점을 물어볼 수 있고, 여러 물건을 직접 보고 비교할 수도 있음.	물건을 사용해 본 주변 사람에게 물어보면 물건의 품질, 장단점 등을 자세히 알 수 있음.

➡ 정보를 활용하면 품질이 좋은 물건을 값싸게 살 수 있으며, 필요한 물건을
현명하게 선택할 수 있습니다.
  └→ 정보를 활용할 때는 믿을 만한 정보인지 출처를 확인하고, 필요한 정보인지 충분히 살펴야 합니다.

☑ 물건의 정보를 얻는 방법

인터넷 검색하기, 상점 ⑥ ▢ ▢

하기, 주변 사람에게 물어보기 등의
방법으로 물건의 정보를 알 수 있습
니다.

이 신발 어때?

그 신발을
산 적이 있었는데
튼튼하지 않았어.

정답 ⑤ 평가표 ⑥ 방문

개념 다지기

11종 공통

1 다음에서 설명하는 활동으로 알맞은 것은 어느 것입니까? (　　　　)

> 사람들이 생활하는 데 필요한 것을 만들고 이용하는 것과 관련된 모든 활동을 말합니다.

① 문화활동　　　　② 정치활동
③ 종교활동　　　　④ 경제활동
⑤ 봉사 활동

11종 공통

2 다음 사람들이 공통으로 겪고 있는 문제를 쓰시오.

（　　　　　　　　　）의 문제

11종 공통

3 경제활동에서 선택의 문제가 일어나는 까닭으로 알맞은 것을 다음 보기 에서 찾아 기호를 쓰시오.

보기
㉠ 돈과 자원이 풍부해서
㉡ 사람들이 원하는 것이 적어서
㉢ 사람들이 원하는 것은 많지만 그것을 모두 가질 수 없어서

（　　　　　　　　　）

천재교육, 천재교과서, 교학사, 금성출판사, 김영사,
동아출판, 미래엔, 비상교과서, 비상교육

4 현명한 선택을 한 사례로 알맞은 것을 두 가지 고르시오. (　　，　　)

① 시계가 예뻐서 샀는데 금방 고장이 났다.
② 모양과 품질을 모두 고려해 가방을 샀다.
③ 가까운 식당을 갔지만 음식의 맛이 없었다.
④ 연필을 샀는데 옆 문구점에서 훨씬 싸게 팔고 있었다.
⑤ 주변 다른 가게들과 물건의 가격을 비교해 옷을 싸게 샀다.

천재교육

5 현명한 선택을 하기 위해 가장 먼저 해야 할 일은 어느 것입니까? (　　　　)

① 살 물건을 선택한다.
② 가진 돈을 파악한다.
③ 사고 싶은 물건을 생각해 본다.
④ 사려고 하는 물건의 정보를 모은다.
⑤ 선택 기준을 정해 물건을 평가한다.

천재교육, 천재교과서, 교학사, 김영사,
동아출판, 미래엔, 비상교과서, 지학사

6 물건의 정보를 얻는 다양한 방법에 대한 설명으로 알맞은 것에 모두 ○표를 하시오.

(1) 인터넷 검색으로 얻는 정보는 모두 정확합니다.
（　　　）

(2) 광고를 보면 물건의 특징에 관한 정보를 얻을 수 있습니다.
（　　　）

(3) 물건을 사용해 본 주변 사람에게 물어보면 물건의 품질, 장단점 등에 대해 알 수 있습니다.
（　　　）

2 단원

개념알기

2. ❶ 경제활동과 현명한 선택(2)

개념 ❶ 시장에서의 경제활동

1. 시장

의미	생활에 필요한 여러 가지 것들을 사고파는 곳
특징	• 생산자와 소비자가 만나 물건이나 서비스를 거래함. → 생활을 편리하고 즐겁게 해 주는 활동 • 오늘날에는 인터넷 쇼핑몰이나 텔레비전 홈 쇼핑처럼 사람들이 직접 만나지 않는 시장도 있음.

2. 우리 주변의 다양한 시장

① 전통 시장, 백화점, 할인 매장, 편의점, 인터넷 쇼핑몰 등이 있습니다.

② 농산물 시장, 수산 시장, 꽃 시장 등 전문 시장이 있습니다.

→ 특정한 종류의 물건을 전문적으로 파는 시장

내 교과서 살펴보기 / 김영사

경매 → 정해진 가격이 있는 가게와 달리, 경매에서는 사는 사람이 물건의 가격을 정합니다.

• 물건을 사려는 사람이 여럿일 때 값을 가장 높이 부르는 사람에게 물건을 파는 일입니다.

• 농수산물 시장이나 예술품, 골동품 시장에서 경매가 주로 이루어집니다.

☑ **시장의 종류**

우리 주변에는 전통 시장, 할인 매장,

❶ [ㅂ][ㅎ][ㅈ], 인터넷 쇼핑몰

등 다양한 시장이 있습니다.

개념 ❷ 시장에서 이루어지는 경제활동

1. 생산: 사람들에게 필요한 물건을 만들거나 생활을 편리하게 해 주는 활동

🔺 빵집에서 빵을 만듦.

🔺 물건을 배달함.

🔺 미용사가 머리를 손질해 줌.

2. 소비: 생산한 것을 사서 쓰거나 서비스를 이용하는 활동

🔺 상점에서 과일을 삼.

🔺 병원에서 진료를 받음.

🔺 영화를 관람함.

☑ **시장에서 이루어지는 경제활동**

시장에서 이루어지는 경제활동으로는

❷ [ㅅ][ㅅ]과 소비가 있습니다.

정답 ❶ 백화점 ❷ 생산

개념③ 생산 활동의 종류

1. 생활에 필요한 것을 자연에서 얻는 활동

⚠ 벼농사 짓기
[출처: 연합뉴스]

⚠ 물고기 잡기

⚠ 버섯 재배하기
[출처: 연합뉴스]

2. 생활에 필요한 것을 만드는 활동

⚠ 아이스크림 만들기
[출처: 연합뉴스]

⚠ 자동차 만들기
[출처: 연합뉴스]

⚠ 건물 짓기

3. 생활을 편리하고 즐겁게 해 주는 활동 → 물건 팔기, 환자 진료하기 등도 있습니다.

⚠ 공연하기
[출처: 연합뉴스]

⚠ 물건 배달하기
[출처: 연합뉴스]

⚠ 수업하기

개념④ 생산 활동이 중요한 까닭

내 교과서 살펴보기 / 비상교과서, 비상교육

1. 하나의 물건이 우리 손에 오기까지의 생산 활동 예 공책

| ❶ 숲에서 종이의 재료가 되는 나무를 벰. | ❷ 공장에서 종이를 가공하여 공책을 만듦. |
| ❸ 완성된 물건을 포장한 뒤 문구점으로 운반함. | ❹ 문구점에서 공책을 판매함. |

➡ 생활하는 데 필요한 것들은 여러 생산 활동을 거쳐 우리에게 옵니다.

2. 생산 활동과 소비 활동의 관계

① 생산 활동을 하지 않으면 물건을 살 수 없습니다.
② 하나의 생산 활동은 다른 생산 활동과 소비 활동에 영향을 줍니다.

마찬가지로 소비하지 않으면 생산을 할 필요가 없습니다.
생산 활동의 종류가 다양해지면 소비 활동도 다양해집니다.

개념 체크

☑ **생산 활동의 종류**

생활 활동은 생활에 필요한 것을 ❸ ㅈ ㅇ 에서 얻거나 만드는 활동, 생활을 편리하고 즐겁게 해 주는 활동으로 나눌 수 있습니다.

농사를 통해 쌀을 생산하고 있구나.

☑ **물건의 생산 과정**

하나의 생산 활동은 다른 생산 활동에 ❹ ㅇ ㅎ 을 줍니다.

수확하신 사과 잘 운반할게요.
부릉부릉~

정답 ❸ 자연 ❹ 영향

2. 필요한 것의 생산과 교환 | 43

개념⑤ 현명한 소비 생활

1. 현명한 소비 생활의 의미와 필요성

의미	계획을 미리 세우고 *소득의 범위 안에서 필요한 것을 사 돈을 낭비하지 않는 것
현명한 소비 생활이 필요한 까닭	• 가정의 소득이 한정되어 있어서 → 소비 생활을 현명하게 하지 않으면 가정의 살림살이가 어려워져 필요한 물건을 사지 못하거나 하고 싶은 일을 못 할 수 있습니다. • 돈과 자원을 절약할 수 있어서 • 더 큰 만족감을 얻을 수 있어서

2. 현명한 소비 생활을 하는 방법

계획 세우기	저축하기
소득의 범위 안에서 소비하며, 미리 소비 계획을 세움. → 가계부나 용돈 기입장을 씁니다.	소득의 일부를 꾸준히 저축하여 예상치 못한 소비에 대비함.
선택 기준 정하기	정보 활용하기
물건의 선택 기준을 세우고 그 기준에 맞는 물건을 고름.	물건을 사기 전에 구매 방법과 물건의 특징 등 필요한 정보를 찾아 활용함.

→ 필요성, 가격, 품질, 모양, 성능 등을 고려할 수 있습니다.

내 교과서 살펴보기 / **천재교육, 금성출판사, 비상교과서, 비상교육**

착한 소비

의미	무조건 가격이 싼 상품을 사는 것이 아니라 이웃과 사회, 환경 등에 미치는 영향을 고려하는 소비 활동
고려해야 할 것 (예)	• 생산 과정에서 환경이 오염되지는 않았는가? • 에너지가 절약되거나 재활용이 되는가? • 생산자에게 정당한 대가를 주었는가? • 동물에게 좋은 환경이 주어졌는가?

[출처: 한국환경산업기술원]

[출처: 한국에너지공단]

물건을 살 때 이 표시가 붙어 있는지 살펴보자.

→ 생산 과정에서 오염 물질의 발생을 최소화한 물질에 붙이는 표지입니다.

☑ 현명한 소비 생활의 의미

현명한 소비 생활은 ❺ [ㄱ] [ㅎ] 을 미리 세우고 소득의 범위 안에서 필요한 것을 사는 것을 말합니다.

이번 주에는 볼펜과 친구 선물을 사야지.
네 용돈으로 살 수 있는 거지?

☑ 현명한 소비 생활을 하는 방법

계획 및 선택 ❻ [ㄱ] [ㅈ] 을 세우고 정보를 활용하거나 저축을 통해 현명한 소비 생활을 할 수 있습니다.

이거 통장에 넣어 주세요.
미래에 돈이 필요할 때 사용하려고 저축하는군요!

정답 ❺ 계획 ❻ 기준

용어 사전

* 소득(所 바 소 得 얻을 득)
경제활동을 하고 그 대가로 받는 돈

개념 다지기

천재교과서, 비상교육

1 다음 내용과 관련 있는 시장을 다녀온 어린이를 두 명 고르시오. (　　,　　)

> 시장 중에는 특정한 종류의 물건을 전문적으로 파는 시장도 있습니다.

① 지우: 부모님과 함께 전통 시장을 구경했어.
② 아람: 꽃 시장에서 산 꽃다발로 방을 꾸몄어.
③ 경민: 주말에 이모와 함께 백화점에서 옷을 샀어.
④ 운용: 수산 시장에서 오징어, 조개 등의 수산물을 샀어.
⑤ 진영: 할인 매장에서 과자를 묶음으로 싸게 살 수 있었어.

11종 공통

2 생산 활동을 하는 사람을 다음 그림에서 찾아 기호를 쓰시오.

(　　　　　　　)

11종 공통

3 다음에서 설명하는 경제활동은 무엇인지 (　　) 안의 알맞은 말에 ○표를 하시오.

> 만든 물건을 사서 쓰거나 서비스를 이용하는 활동을 (생산 / 소비)(이)라고 합니다.

천재교육, 교학사, 금성출판사, 김영사, 동아출판, 미래엔,
비상교과서, 비상교육, 아이스크림 미디어, 지학사

4 생산 활동 중 생활에 필요한 것을 만드는 활동은 어느 것입니까? (　　　　)

⬆ 수업하기

⬆ 버섯 재배하기

⬆ 건물 짓기

⬆ 벼농사 짓기

① ② ③ ④

2 단원
진도 완료 체크

비상교과서, 비상교육

5 공책이 우리에게 오기까지 일어나는 생산 활동 중 가장 처음으로 일어나는 활동은 어느 것입니까? (　　　　)

① 완성된 물건을 포장한다.
② 문구점에서 공책을 판다.
③ 숲에서 재료가 되는 나무를 벤다.
④ 포장된 물건을 문구점까지 운반한다.
⑤ 공장에서 종이를 가공하여 공책을 만든다.

천재교육, 천재교과서, 교학사, 금성출판사, 김영사,
미래엔, 비상교과서, 비상교육, 지학사

6 현명한 소비 생활을 하기 위한 방법 중 다음 밑줄 친 '이것'에 해당하는 것은 어느 것입니까? (　　　　)

> 예상하지 못한 일을 대비하기 위해 '이것'을 합니다.

① 가계부 쓰기
② 소득의 일부 저축하기
③ 물건의 가격 확인하기
④ 선택 기준을 세워 물건 사기
⑤ 물건을 살 때 정보 활용하기

Step ① 단원평가

[1~5] 다음은 개념 확인 문제입니다. 물음에 답하시오.

1 사람들이 생활하는 데 필요한 것을 만들고 이용하는 것과 관련된 모든 활동을 무엇이라고 합니까?

(   )

2 경제활동에서 선택의 문제가 일어나는 까닭은 무엇 때문입니까?   (   )

3 생활에 필요한 여러 가지 것들을 사고파는 곳을 무엇 이라고 합니까?   (   )

4 사람들에게 필요한 물건을 만들거나 우리 생활을 편 리하게 해 주는 활동을 무엇이라고 합니까?

(   )

5 생산한 것을 사서 쓰거나 서비스를 이용하는 활동을 무엇이라고 합니까?   (   )

11종 공통

6 선택의 문제에 대한 설명으로 알맞지 <u>않은</u> 것은 어느 것입니까? (   )

① 사람마다 선택하는 것은 다르지 않다.

② 사람들은 생활하면서 여러 가지 선택의 문제를 겪는다.

③ 선택의 문제는 경제활동을 하는 모든 사람에게 일어난다.

④ 버스를 탈지 택시를 탈지 고민하는 것도 선택의 문제이다.

⑤ 선택을 할 때 사람마다 중요하게 생각하는 기준 이 다르다.

11종 공통

7 희소성에 대해 알맞게 설명한 어린이들끼리 짝 지어진 것은 어느 것입니까? (   )

> 단아: 상황에 따라서 자원의 희소성은 달라질 수 있어.
> 윤재: 희소성은 자원의 절대적인 양이 많고 적 음에 따라 달라져.
> 동주: 물과 공기는 어디서나 구할 수 있으므로 항상 희소하지 않아.
> 규인: 희소성은 경제활동에서 선택의 문제가 일 어나는 까닭이기도 해.

① 단아, 윤재   ② 단아, 동주

③ 단아, 규인   ④ 윤재, 동주

⑤ 윤재, 규인

천재교육, 천재교과서, 교학사, 김영사, 동아출판,
미래엔, 비상교과서, 지학사

8 물건의 정보를 얻는 방법 중 다음과 같은 특징을 지닌 것은 어느 것입니까? (   )

> 신문이나 텔레비전에서 물건의 특징에 관한 여러 가지 정보를 얻을 수 있습니다.

①
△ 광고 보기

②
△ 주변 사람에게 물어보기

③
△ 상점 방문하기

④
△ 인터넷 검색하기

11종 공통

9 현명한 선택에 대한 설명으로 알맞은 것을 두 가지 고르시오. (,)

① 현명한 선택을 하면 만족감을 얻기 힘들다.

② 물건을 현명하게 선택하기 위한 기준은 절대 변하지 않는다.

③ 나에게 꼭 필요한 것인지 생각하고 선택을 하면 돈과 자원을 낭비하게 된다.

④ 선택으로 내가 얻을 수 있는 즐거움 등을 생각하면 현명한 선택을 할 수 있다.

⑤ 경제활동에서 현명한 선택을 하기 위해서는 여러 가지 상황을 고려하는 것이 필요하다.

11종 공통

10 다음 경제활동 모습을 보고, □ 안에 들어갈 알맞은 말을 쓰시오.

⚠ 빵을 만듦.

⚠ 물건을 배달함.

㉮와 ㉯는 모두 시장에서 일어나는 경제활동 중 □ 활동을 보여 주고 있구나.

( )

천재교육, 교학사, 금성출판사, 김영사, 동아출판, 미래엔, 비상교과서, 비상교육, 아이스크림 미디어, 지학사

11 생활에 필요한 것을 자연에서 얻는 생산 활동을 다음 보기 에서 모두 찾아 기호를 쓰시오.

보기
㉠ 공연하기 ㉡ 건물 짓기
㉢ 물고기 잡기 ㉣ 김 양식하기

(,)

천재교육, 지학사

12 과일 주스가 우리에게 오기까지 일어나는 생산 활동으로 알맞지 않은 것은 어느 것입니까? ( )

①

⚠ 과일 농사를 지음.

②

⚠ 과일을 수확하여 포장함.

③

⚠ 과일을 시장으로 운반함.

④

⚠ 주스 가게에서 주스를 삼.

천재교육, 천재교과서, 교학사, 금성출판사, 김영사, 미래엔, 비상교과서, 비상교육, 지학사

13 현명한 소비 생활을 하기 위한 방법으로 알맞은 것을 두 가지 고르시오. (,)

① 용돈 기입장을 쓴다.

② 다른 사람을 따라서 물건을 산다.

③ 사려는 물건의 정보를 꼼꼼하게 확인한다.

④ 수득이 생기면 소비하는 데 모두 사용한다.

⑤ 물건의 가격이 싸면 필요하지 않아도 사 둔다.

천재교육, 천재교과서, 교학사, 금성출판사, 김영사, 미래엔, 비상교과서, 비상교육, 지학사

14 현명한 소비 생활을 하기 위해 선택 기준을 정할 때 고려할 만한 기준으로 알맞지 않은 것은 어느 것입니까? ( )

① 가격 ② 품질
③ 성능 ④ 모양
⑤ 광고 모델

2
단원

15 다음 그림을 보고 알 수 있는 내용을 쓰시오.

천재교과서

⬥ 다이아몬드를 원하는 많은 사람

답 다이아몬드는 ❶ [　　　] 한 자원이다. 왜냐하면 다이아몬드를 가지고 싶어 하는 사람은 많지만 다이아몬드의 양은 ❷ [　　　] 되어 있기 때문이다.

16 오른쪽 그림을 참고하여 현명한 선택이 필요한 까닭을 한 가지만 쓰시오.

예뻐서 샀는데 금방 고장 났어.

_____

_____

11종 공통

17 다음은 시장에서 경제활동을 하고 있는 다양한 사람들의 모습을 나타낸 그림입니다.

(1) 생산 활동을 하고 있는 사람을 위 그림에서 모두 찾아 기호를 쓰시오.

(　　　　　,　　　　　)

(2) 위 그림을 통해 알 수 있는 시장의 특징을 한 가지만 쓰시오.

_____

_____

서술형 가이드
어려워하는 서술형 문제!
서술형 가이드를 이용하여 풀어 봐!

15 희소성은 사람들의 욕구에 비해 주어진 자원이 한정되어 있어 원하는 것을 모두 가질 수 (없는 / 있는) 상태를 말합니다.

16 현명한 선택으로 돈과 자원의 낭비를 막고, [　][　][　] 을 얻을 수 있습니다.

17 (1) 시장에서는 [　][　] 와 생산과 같은 경제활동이 이루어집니다.
(2) 생활에 필요한 여러 가지 물건과 서비스를 사고파는 곳을 [　][　] 이라고 합니다.

Step 3 수행평가

학습 주제 현명한 소비

학습 목표 생산과 소비를 구분하고 현명한 소비 생활을 할 수 있다.

[18~20] 다음은 경제활동을 하고 있는 다양한 사람들의 모습을 나타낸 그림입니다.

(개) 신발을 사려는 손님
(내) 택배 기사
(대) 제빵사
(래) 음식을 먹는 가족

18 소비 활동을 하고 있는 사람을 위 그림에서 모두 찾아 기호를 쓰시오. 11종 공통

(,)

천재교육, 천재교과서, 교학사, 금성출판사, 김영사, 미래엔, 비상교과서, 비상교육, 지학사

19 위 **18**번 답의 사람들이 현명한 소비 생활을 해야 하는 까닭을 한 가지만 쓰시오.

_____

_____

천재교육, 천재교과서, 교학사, 금성출판사, 김영사, 미래엔, 비상교과서, 비상교육, 지학사

20 다음은 현명한 소비 생활을 하기 위한 다짐입니다. ㉠과 ㉡에 들어길 알맞은 밀을 각각 쓰시오.

- 소득의 범위 내에서 소비하며, 미리 소비 ㉠ 을 세운다.
- 물건을 사기 전에 어디에서 사는 것이 좋은지, 물건의 가격과 품질은 어떠한지 등 필요한 ㉡ 를 찾아 활용한다.

㉠ ( ) ㉡ ( )

현명한 소비 생활
- 의미: 계획을 미리 세우고 소득의 범위 안에서 필요한 것을 사 돈을 낭비하지 않는 것
- 하는 방법: 소비 계획 세우기, 저축하기, 선택 기준 정하기, 정보 활용하기 등

물건을 사기 전에 꼭 필요한지 따져 보고 선택 기준을 정해 샀어.

상품의 생산지(원산지) / 경제 교류가 필요한 까닭

개념 체크

개념 ① 상품의 생산지(원산지) 알아보기

1. 생산지(원산지)의 의미: 어떤 물건이 생산된 국가 또는 지역을 말합니다.

2. 상품의 생산지(원산지)를 확인하는 방법 → 상품의 생산지(원산지)는 대형 할인점이나 전통 시장에서 확인할 수 있습니다.

대형 할인점의 광고지

오스트레일리아산 **소고기 대전**

소고기가 오스트레일리아에서 생산되었음을 알 수 있음.

상품 안내판

쇼핑찬스 **독일산** 프라이팬 **15,000원**

프라이팬이 독일에서 생산되었음을 알 수 있음.

상품 포장지 정보

먹는 샘물
수원지: 제주특별자치도 제주시
500 mL 먹는 샘물

물이 제주특별자치도에서 생산되었음을 알 수 있음.

품질 표시

어린이 제품 안전특별법에 의한 품질 표시
품 명: 양말
재 질: 면, 나일론, 폴리우레탄
취급 주의
제 조 국: 베트남

양말이 베트남에서 생산되었음을 알 수 있음.

누리집에서 상품 정보 검색

미국 고당도 오렌지 72입(17 kg 내외)
64,310원 62,260원
원산지 | 미국산
택배 배송 | 3,000원 (주문시 결제)

오렌지가 미국에서 생산되었음을 알 수 있음.

큐아르(QR) 코드

과자가 부산에서 생산되었음을 알 수 있음. → 스마트폰으로 포장지의 큐아르(QR) 코드를 찍으면 상품의 생산지(원산지)를 알 수 있습니다.

내 교과서 살펴보기 / 미래엔

뉴스나 통계 자료를 통해 생산지(원산지) 확인하기

뉴스 미국산 소고기 수입 늘어나

⬆ 뉴스를 통해 알 수 있는 생산지(원산지) 정보

2019년 우리나라의 생수 수입국
중국 / 프랑스 / 이탈리아 / 영국 / 피지 / 기타

⬆ 통계 자료에 나타난 생산지(원산지) 정보
[출처: 관세청, 2019.]

개념② 우리 주변에 있는 다양한 상품의 생산지(원산지)

1. 다양한 상품의 생산지(원산지)를 표로 정리하기 ⓔ

구분	상품명	생산지(원산지)
우리나라의 여러 지역에서 온 상품	과자	부산광역시
	물	제주특별자치도
다른 나라에서 온 상품	프라이팬	독일
	양말	베트남
	오렌지	미국
	소고기	오스트레일리아

2. 다양한 상품의 생산지(원산지)를 지도에 표시하기 ⓔ ◁ 내 교과서 살펴보기 / 천재교육 ▷

상품 교류 지도

→ 우리 지역인 서울특별시로 다양한 상품이 들어오고 있습니다.

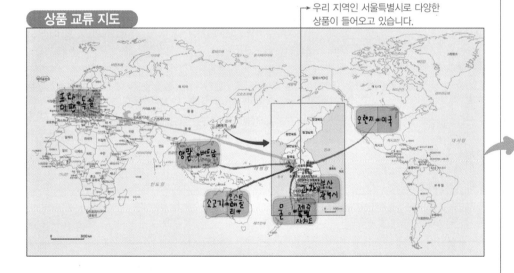

3. 우리 주변의 다양한 상품의 생산지(원산지)를 조사하고 알게 된 점

① 다양한 지역에서 생산된 상품이 이동하여 소비자에게 판매됩니다.

② 우리가 사용하는 상품들은 우리나라의 여러 지역에서 오기도 하고, 다른 나라에서 오기도 합니다. ┌→ 조사한 상품들은 우리 지역보다 다른 지역 또는 다른 나라에서 생산된 것이 많았습니다.

③ 우리 지역과 다른 지역, 다른 나라는 경제적으로 밀접한 관계를 맺고 있습니다.

개념 체크

☑ 다양한 상품의 생산지(원산지)를 조사하고 알게 된 점

우리 지역은 다른 지역, 다른 나라와 경제적으로 ❸ [ㅁ][ㅈ]한 관계를 맺고 있습니다.

우리 지역의 상품이 더 많을 줄 알았는데.

다른 지역, 다른 나라에서 온 상품이 더 많아!

정답 ❸ 밀접

2
단원

상품 교류 지도를 만드는 방법

1️⃣ 지도에서 우리 지역의 위치를 찾아 표시합니다.

2️⃣ 상품의 이름과 생산지(원산지)를 각각 색이 다른 종이에 씁니다.

3️⃣ 지도에서 상품의 생산지(원산지)를 찾아 2️⃣번 종이를 붙입니다.

4️⃣ 생산지(원산지)와 우리 지역을 화살표로 연결합니다.

 용어 사전

● 밀접하다(密 빽빽할 밀 接 이을 접) 아주 가깝게 맞닿아 있거나 그런 관계에 있음.

개념③ 경제 교류

1. 의미: 경제적 이익을 얻기 위해 상품, 기술, 정보 등을 서로 주고받는 것

2. 대상 → 경제 교류는 개인, 기업, 지역, 국가 사이에서 다양하게 이루어집니다.

개인과 기업	지역과 기업	지역과 지역	국가와 국가
상품, 기술, 정보 등을 교류함.	경제 협약을 맺음.	풍부한 생산물을 교류함.	상품, 기술 등을 교류함.

내 교과서 살펴보기 / 천재교육, 금성출판사, 김영사, 비상교과서, 비상교육

지역과 지역의 경제 교류 예 촌락과 도시의 생산물을 통한 경제 교류

도시	자동차, 옷, 컴퓨터 등
농촌	쌀, 콩, 과일, 옥수수 등
어촌	생선, 미역, 굴, 소금 등
산지촌	버섯, 산나물, 약초 등

➡ 각 지역의 풍부한 생산물을 중심으로 경제 교류가 이루어집니다.

개념④ 경제 교류가 필요한 까닭

1. 경제 교류가 이루어지는 까닭

① 지역마다 자연환경, 생산 기술, 자원 등이 다르기 때문입니다.

② 우리 지역에서 많이 생산되는 상품은 다른 지역에 팔고, 생산되지 않거나 부족한 상품은 다른 지역에서 사 오기 때문입니다.┐

다른 지역이나 다른 나라에서 만든 상품의 품질이 좋을 때도 경제 교류를 합니다.

2. 경제 교류의 좋은 점

상품 전시회

다른 지역의 경제 소식 등 여러 가지 유용한 정보를 주고받음.

직거래 장터

지역의 대표 상품을 소개하거나 판매해 경제적 이익을 얻음.

기술 협력

기술을 공유하고 협력하여 더 나은 상품을 만들어 경제적 이익을 얻음.

자매결연

서로 돕거나 교류하기 위해 친선 관계를 맺어 화합함.

➡ 각 지역은 경제적 이익을 얻을 뿐만 아니라 지역 간의 화합과 발전을 가져올 수 있습니다.

☑ **경제 교류가 이루어지는 까닭**

지역마다 ❹ ⬜⬜⬜⬜ (ㅈ ㅇ ㅎ ㄱ), 생산 기술, 자원 등이 다르기 때문입니다.

정답 ❹ 자연환경

용어 사전

● **협약**(協 화합할 협 約 맺을 약) 서로 의논하여 약속하는 것

● **협력**(協 화합할 협 力 힘 력) 힘을 합하여 서로 도움.

개념 다지기

11종 공통

1 다음 □ 안에 들어갈 알맞은 말을 **보기** 에서 찾아 쓰시오.

> 어떤 물품을 만들어 내거나 그 물품이 저절로 생겨난 국가 또는 지역을 ☐ 라고 합니다.

보기
• 관광지   • 소비지   • 생산지

( )

천재교육, 교학사, 금성출판사, 김영사, 비상교과서, 지학사

2 오른쪽과 관련 있는 상품의 생산지(원산지)를 확인하는 방법은 어느 것입니까? ( )

> 어린이 제품 안전특별법에 의한 품질 표시
> 품   명: 양말
> 재   질: 면, 나일론, 폴리우레탄
> 취급 주의
> 제 조 국 : 베트남

① 통계 자료 분석하기
② 품질 표시 확인하기
③ 큐아르(QR) 코드 확인하기
④ 대형 할인점의 광고지 확인하기
⑤ 누리집에서 상품 정보 검색하기

천재교육, 교학사, 금성출판사, 동아출판, 비상교육

3 다양한 상품의 생산지(원산지)를 조사한 다음 표를 보고 알게 된 점에 ○표를 하시오.

구분	상품명	생산지(원산지)
우리 지역에서 생산된 상품	옷	서울특별시
우리나라의 여러 지역에서 생산된 상품	과자	부산광역시
	물	제주특별자치도
다른 나라에서 생산된 상품	프라이팬	독일
	양말	베트남

(1) 우리 지역에서 생산된 상품만 사용하고 있습니다.
( )

(2) 우리 지역은 다른 지역, 다른 나라와 경제적으로 밀접한 관계를 맺고 있습니다. ( )

천재교육, 금성출판사, 김영사, 비상교과서, 비상교육

4 각 지역의 풍부한 생산물을 바르게 줄로 이으시오.

(1) 도시 •   • ㉠ 버섯, 산나물

(2) 농촌 •   • ㉡ 생선, 미역, 굴

(3) 어촌 •   • ㉢ 쌀, 콩, 과일

(4) 산지촌 •   • ㉣ 자동차, 옷

11종 공통

5 경제 교류가 이루어지는 까닭으로 알맞지 <u>않은</u> 것은 어느 것입니까? ( )

① 지역마다 자원이 달라서
② 지역마다 기술이 달라서
③ 지역마다 쓰는 말이 달라서
④ 지역마다 자연환경이 달라서
⑤ 우리 지역에 부족한 상품이 있어서

11종 공통

6 기술을 교류하여 더 나은 상품을 만들 수 있는 경제 교류의 모습은 어느 것입니까? ( )

①
△ 상품 전시회

②
△ 직거래 장터

③
△ 기술 협력

④
△ 자매결연

6 다양한 경제 교류 조사하기

개념 ❶ 다양한 경제 교류

물자 교류	기술 교류	문화·관광 교류

지역마다 생산물이 달라 생산된 물자를 서로 교류함.	지역마다 기술 수준이 달라 교류를 통해 기술을 보완함.	지역마다 문화·관광 상품이 달라 교류하여 다양한 문화를 접함.

개념 ❷ 경제 교류를 조사하는 방법
→ 오늘날에는 교통과 통신이 발달하여 경제 교류를 하는 장소와 방법이 다양해졌습니다.

1. 인터넷 검색하기

① 인터넷 쇼핑몰에 들어가 상품의 교류 모습을 살펴봅니다.

인터넷 쇼핑몰을 이용해 다른 지역에서 생산된 녹차를 살 수 있어.

→ 인터넷 쇼핑몰에는 상품이 생산된 지역의 자연환경, 역사 등의 정보가 있습니다.

② 알게 된 점
- 우리 지역에서 생산된 상품이 다른 지역으로 팔려 나갑니다.
- 통신의 발달로 다른 지역의 상품을 쉽고 편리하게 살 수 있습니다.

③ 인터넷 쇼핑몰을 이용할 때의 장점과 단점

장점	장소나 시간에 관계없이 상품을 사고팔 수 있고, 빠른 시간 내에 상품의 정보를 살펴볼 수 있음. → 상품을 사용해 본 다른 소비자의 의견도 살펴볼 수 있습니다.
단점	상품을 직접 확인할 수 없고, 시간이 지나서야 상품을 받을 수 있음.

내 교과서 살펴보기 / 금성출판사, 김영사, 미래엔, 비상교과서, 비상교육

대중 매체를 이용한 경제 교류

⬆ 텔레비전 홈 쇼핑　　⬆ 신문 광고　　⬆ 인터넷 쇼핑

☑ **다양한 경제 교류**

경제 교류의 종류에는 물자 교류, 기술 교류, ❶ ▢▢ ·관광 교류 등이 있습니다.

경제 교류가 다양하게 이루어지네.

지역마다 생산물, 기술, 문화·관광 상품이 다르니까!

☑ **인터넷을 쇼핑몰을 이용할 때의 장점**

인터넷 쇼핑몰을 이용하면 장소나 ❷ ▢▢ 에 관계없이 상품을 사고팔 수 있습니다.

엄마, 한라봉이 먹고 싶어요.

그럼 지금 인터넷 쇼핑몰에서 사자.

정답 ❶ 문화 ❷ 시간

용어 사전

● **물자**(物 물건 물 資 재물 자)
어떤 활동에 필요한 여러 가지 물건이나 재료
● **대중 매체**(大 큰 대 衆 무리 중 媒 중매 매 體 몸 체)
텔레비전, 신문, 인터넷 따위와 같이 대량으로 정보를 전달하는 매체

2. 시장에서 조사하기

① 전통 시장, 대형 할인점, 직거래 장터, [*]도매 시장 등을 방문하여 우리 지역과 다른 지역의 대표 상품을 찾아봅니다.

우리 지역 대표 상품인 쌀도 있네.

이 키위는 뉴질랜드에서 생산된 것이네.

② 알게 된 점

- 시장에서 경제 교류가 활발하게 이루어집니다.
- 교통의 발달로 시장에는 우리 지역에서 생산된 상품뿐만 아니라 다른 지역이나 <u>다른 나라에서 생산된 상품도 있습니다.</u>

→ 전국 각지에서 상품을 빠르게 운반할 수 있습니다.

③ 시장을 이용할 때의 장점과 단점

장점	신선하고 질 좋은 상품을 직접 확인하고 살 수 있음.
단점	상품을 사러 직접 가야 함.

☑ **시장을 이용할 때의 장점**

시장에서 신선하고 질 좋은 상품을 직접 ^❸ ㅎ ㅇ 하고 살 수 있습니다.

강원도에서 온 배추가 신선해 보이네.

2 단원

💡 3. 지역 누리집과 신문 기사에서 찾기 〈내 교과서 살펴보기 / 천재교육, 비상교육〉

→ 문화를 교류하고 있습니다.

수원시　　　수원시 새소식〈보도

　수원시는 루마니아의 한 도시에서 우리나라의 전통 음식을 체험하는 '수원의 날' 행사를 열고 경제, 교육 등 다양한 분야에서 교류하기로 약속했다.

↓

문화 교류가 다른 분야의 교류로 확대되기도 함.

→ 기술을 교류하고 있습니다.

□□ 신문

　경기도와 광주광역시가 인공 지능 업무 협약을 맺었다. 두 지역은 협력 센터를 만들고, 인공 지능 기업과 기술 연구를 지원하는 노력을 하기로 했다.

↓

지역의 기술을 소개하여 지역의 산업이 더욱 발전할 수 있음.

→ 지역 간 경제 교류로 각 지역은 경제적 이익을 얻고 발전합니다.

☑ **지역 누리집과 신문 기사 등에서 경제 교류를 조사하고 알게 된 점**

지역 간 경제 교류로 각 지역은 경제적 이익을 얻고 ^❹ ㅂ ㅈ 합니다.

경제 교류로 경제적 이익을 얻을 수 있대.

진짜? 경제 교류를 하러 출발!!

정답 ❸ 확인 ❹ 발전

〈내 교과서 살펴보기 / 교학사, 미래엔〉

대구·광주의 화합으로 맺은 달빛[*]동맹

□□ 신문　　　　　　　　　　　20△△년 △△월 △△일

　대구광역시와 광주광역시는 대구의 옛 명칭인 '달구벌'과 광주의 순우리말인 '빛고을'의 앞 글자를 따서 달빛동맹을 맺고 서로 도움을 주고받으며 교류하고 있다. 두 지역은 물자 교류뿐만 아니라, 기술 교류와 문화 교류까지 다양한 분야로 교류를 확대하며 두 지역의 경제 성장을 돕고 있다.

용어 사전

[*]도매(都 도읍 도 賣 팔 매)
　물건을 낱개로 팔지 않고 모아서 팖.

[*]동맹(同 한가지 동 盟 맹세 맹)
　둘 이상의 개인이나 단체, 또는 국가가 서로의 이익이나 목적을 위해 동일하게 행동하기로 맹세하여 맺는 약속이나 조직체

개념 알기

개념 ③ 다양한 지역의 대표 상품 → 어떤 지역의 특별한 산물이라는 뜻의 특산물이라고 하기도 합니다.

1. 지역의 대표 상품 지도

지역의 대표 상품을 중심으로 지역 간에 경제 교류를 하여 경제활동이 활발하게 이루어지고 있어요.

2. 지역의 대표 상품을 소개하는 방법

→ 지역의 대표 상품을 소개하면 지역 간 경제 교류가 활발해지고 지역의 발전에 도움이 됩니다.

① 상품의 장점을 바탕으로 정보를 쉽게 알 수 있도록 전단지, 누리집, 상표, 광고 등을 만들어 소개합니다.

② 상품을 소개하고 판매하는 박람회에 참여합니다.

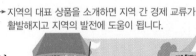

박람회 ▶

내 교과서 살펴보기 / 천재교과서, 비상교과서

지역의 대표 상품을 소개하는 방법 (예)

캐릭터 이름

마늘맨

캐릭터 설명

단양 마늘은 영양가가 많아서 먹으면 건강해진다는 것을 표현했습니다.

어린이 경제 신문

발행인: 4학년 ○반 ○○○ 발행일: ○○○○년 ○월 ○일

우리 지역이 자랑하는 사과

좋은 황토밭과 충분한 가을 햇빛 아래 자란 사과는 새콤달콤한 맛이 좋아 다른 지역에서도 유명합니다.

◎ 캐릭터 만들기   ◎ 어린이 경제 신문 만들기

→ 대표 상품의 특징을 바탕으로 사람처럼 표현합니다.

개념 체크

☑ **다양한 지역의 대표 상품**

지역 간 경제 ⑤[ㄱ][ㄹ]는 지역의 대표 상품을 중심으로 이루어집니다.

경제 교류가 활발히 이루어지니 좋지?

서울에서 먹는 제주 흑돼지 맛이란!

☑ **우리 지역의 대표 상품을 소개하는 방법**

대표 상품의 ⑥[ㅈ][ㅈ]을 잘 보여 주는 광고 등을 만듭니다.

기름진 땅에서 자란 이천 쌀 최고!

정답 ⑤ 교류 ⑥ 장점

용어 사전

●**박람회**(博 넓을 박 覽 볼 람 會 모일 회) 지역을 대표하는 여러 상품을 소개하고 판매하여 산업의 발전을 꾀하는 모임

개념 다지기

1 다음 신문 기사와 관련 있는 경제 교류의 종류를 보기 에서 찾아 쓰시오.

11종 공통

> 미국의 ○○○ 고등학교 학생들은 한국의 △△ 고등학교에서 진행하는 교류 프로그램에 참여하여 정규 수업 체험, 한국 문화 수업 체험 등을 했다.

보기
• 물자 교류   • 기술 교류   • 문화 교류

(   )

2 장소나 시간에 관계없이 상품을 사고 싶을 때 방문하는 곳은 어디입니까? (   )

천재교육, 금성출판사, 김영사, 미래엔, 비상교과서, 비상교육

① 전통 시장
② 도매 시장
③ 대형 할인점
④ 직거래 장터
⑤ 인터넷 쇼핑몰

3 대형 할인점을 이용할 때의 장점을 바르게 말한 어린이를 쓰시오.

천재교육, 금성출판사, 미래엔, 비상교과서, 비상교육

> 소영: 상품을 직접 확인하고 살 수 있어.
> 지안: 시간이 지나서야 상품을 받을 수 있어.
> 은지: 빠른 시간 내에 상품의 정보를 살펴볼 수 있어.
> 선아: 장소나 시간에 관계없이 상품을 사고팔 수 있어.

(   )

4 다음 신문 기사와 관련 있는 경제 교류의 종류는 어느 것입니까? (   )

11종 공통

> 경기도와 광주광역시가 인공 지능 업무 협약을 맺었다. 두 지역은 협력 센터를 만들고, 인공 지능 기업과 기술 연구를 지원하는 노력을 하기로 했다.

① 물자 교류   ② 기술 교류
③ 문화 교류   ④ 관광 교류
⑤ 유물 교류

2
단원

진도 완료
체크

5 다음 경제 교류가 이루어지는 장소에 대한 설명에서 (   ) 안의 알맞은 말에 ○표를 하시오.

천재교육, 교학사, 금성출판사, 미래엔, 비상교과서

> 우리 지역의 대표 상품을 홍보하고 다른 지역의 대표 상품을 살 수 있도록 (박물관 / 박람회)을/를 열기도 합니다.

6 지역의 대표 상품을 소개하는 방법으로 알맞지 <u>않은</u> 것은 어느 것입니까? (   )

금성출판사, 김영사, 동아출판, 미래엔, 비상교과서

① 상품을 소개하는 전단지를 만든다.
② 상품을 판매하는 누리집을 만든다.
③ 상품의 장점을 잘 나타내는 상표를 개발한다.
④ 상품의 단점을 잘 보여 주는 광고를 제작한다.
⑤ 상품을 소개하고 판매하는 박람회에 참여한다.

Step ① 단원평가

[1~5] 다음은 개념 확인 문제입니다. 물음에 답하시오.

1 어떤 물건을 만들어 낸 국가 또는 지역을 무엇이라고 합니까? (   )

2 경제적 이익을 얻기 위해 상품, 기술, 정보 등을 서로 주고받는 것을 무엇이라고 합니까?
(   )

3 다른 지역의 경제 소식 등 여러 가지 유용한 정보를 주고받을 수 있는 장소는 어디입니까?
(   )

4 지역마다 풍부하게 생산되는 상품이 다르기 때문에 (문학 / 물자) 교류를 합니다.

5 우리 지역과 다른 지역의 대표 상품을 현장에서 조사하기 위해 (시장 / 인터넷 쇼핑몰)을 방문합니다.

6 상품이 어디에서 왔는지 조사하는 방법 중 오른쪽과 관련 있는 것은 어느 것입니까? (   )

천재교육, 천재교과서

① 뉴스에서 확인하기
② 품질 표시 확인하기
③ 상품 안내판 확인하기
④ 상품 포장지 정보 확인하기
⑤ 누리집에서 상품 정보 검색하기

11종 공통

7 다음 우리 지역(서울특별시)의 상품 교류 지도를 보고 알게 된 점을 두 가지 고르시오. (,   )

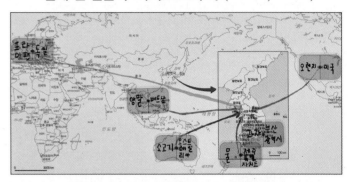

① 상품의 생산지(원산지)를 알 수 있다.
② 상품들이 모두 우리나라에서 생산되었다.
③ 우리 지역은 세계 여러 나라와 상품을 교류하고 있다.
④ 우리 지역의 소비자는 지도에 표시한 상품을 사기 어렵다.
⑤ 우리 지역은 다른 지역, 다른 나라와 경제적으로 관계가 없다.

11종 공통

8 다음과 같이 ○○시와 □□시 간에 경제 교류가 이루어지는 까닭으로 알맞은 것은 어느 것입니까?
(   )

> ○○시 주민: □□시에서 생산한 트럭 덕분에 우리 지역의 농장에서 재배한 감귤을 다른 지역으로 잘 운반하고 있어요.
> □□시 주민: ○○시에서 생산한 맛있는 감귤을 잘 먹고 있어요. 우리 지역에 있는 한옥 마을에도 놀러 오세요.

① 언어가 달라서
② 자연환경이 같아서
③ 생산 기술이 같아서
④ 풍부한 생산물이 같아서
⑤ 부족한 상품을 다른 지역에서 사 와서

천재교과서, 교학사, 금성출판사, 김영사, 미래엔, 비상교과서, 비상교육

9 다음 그림의 경제 교류에 대해 바르게 말한 어린이를 쓰시오.

> 한성: 문화 교류를 하려면 꼭 자매결연을 해야 해.
> 연아: 지역끼리 화합할 수 있는 좋은 기회가 되 기도 해.
> 민지: 우리 지역이 어려울 때 자매결연을 한 지 역의 도움을 받을 수 없어.

( )

11종 공통

10 경제 교류를 할 때의 좋은 점으로 알맞지 <u>않은</u> 것은 어느 것입니까? ( )

① 각 지역이 발전한다.
② 지역 간에 화합할 수 있다.
③ 우리 지역만 경제적 이익을 얻는다.
④ 다른 지역의 경제 소식을 알 수 있다.
⑤ 기술 협력으로 더 나은 상품을 개발할 수 있다.

11종 공통

11 다음 경제 교류에 해당하는 그림을 찾아 줄로 이으시오.

(1)  물자 교류 · · ㉠

(2) 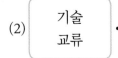 기술 교류 · · ㉡

(3) 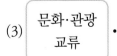 문화·관광 교류 · · ㉢

천재교육, 천재교과서, 교학사, 금성출판사, 김영사, 미래엔, 비상교과서, 비상교육

12 전통 시장에서 경제 교류를 조사한 후 알게 된 점을 보기 에서 찾아 기호를 쓰시오.

> **보기**
> ㉠ 우리 지역의 상품만 있습니다.
> ㉡ 시간에 관계없이 상품을 살 수 있습니다.
> ㉢ 신선한 상품을 직접 보고 살 수 있습니다.

( )

비상교육

13 다음 수원시 누리집에 있는 경제 교류 사례를 보고 알 게 된 점은 어느 것입니까? ( )

> 수원시는 루마니아의 한 도시에서 우리나라의 전통 음식을 체험하는 '수원의 날' 행사를 열고 경제, 교육 등 다양한 분야에서 교류하기로 약속했다.

① 행사를 통해 수원시는 경제적 이익이 줄어든다.
② 행사를 통한 경제 교류로 수원시를 알릴 수 없다.
③ 수원시는 루마니아의 한 도시와 문화 교류를 하고 있다.
④ 수원시와 루마니아의 한 도시는 한 분야의 교류 만 한다.
⑤ 수원시와 루마니아의 한 도시의 경제 교류는 행사 에 참여해야 조사할 수 있다.

천재교과서

14 우리 지역의 사과를 소개하는 다음 신문 기사를 읽고 알 수 있는 점은 어느 것입니까? ( )

> **어린이 경제 신문**
> 발행인: 4학년 O반 OOO 발행일: OOOO년 O월 O일
> 우리 지역이 자랑하는 사과
> 좋은 황토밭과 충분한 가을 햇빛 아래 자란 사과는 새콤달콤한 맛이 좋아 다른 지역에서도 유명합니다.

① 우리 지역의 땅은 모래밭이다.
② 상품의 특징을 사람처럼 표현했다.
③ 사과는 우리 지역의 대표 상품이다.
④ 상품의 장점을 나타내는 상표를 만든 것이다.
⑤ 우리 지역은 다른 지역과 교류를 하지 않는다.

2 단원

15 다음 경제 교류를 하는 모습을 보고 경제 교류의 뜻을 쓰시오.

11종 공통

ⓐ 개인과 개인

ⓐ 지역과 기업

ⓐ 지역과 지역

ⓐ 국가와 국가

답 경제 교류란 개인, 기업, 지역, 국가 등이 경제적 [ ]을 얻기 위해 상품, 기술, 정보 등을 서로 주고받는 것을 말한다.

서술형 가이드
어려워하는 서술형 문제!
서술형 가이드를 이용하여 풀어 봐!

15 우리 지역은 다른 지역과 대표 [ ][ ]을 교류하면서 서로 도움을 주고받습니다.

16 다음은 ○○시와 △△시가 경제 교류를 하는 모습입니다.

11종 공통

△△시에서 생산한 트럭으로 우리 지역의 쌀을 다른 지역으로 잘 운반하고 있어요.

○○시에서 생산한 쌀을 잘 먹고 있어요.

(1) 위 그림에 나타난 경제 교류의 대상을 **15**번 ㉠~㉣에서 찾아 기호를 쓰시오.

( )

(2) 위와 같이 ○○시와 △△시가 경제 교류를 하는 까닭을 쓰시오.

_____

_____

16 (1) 경제 교류의 대상은 개인, 기업, [ ][ ], 국가 등이 있습니다.

(2) 지역마다 (같은 / 다른) 자 연환경을 갖고 있기 때문에 경제 교류가 이루어집니다.

천재교육, 금성출판사, 김영사, 미래엔, 비상교과서, 비상교육

17 오른쪽 그림과 같이 인터넷 쇼핑몰을 이용할 때의 장점을 한 가지만 쓰시오.

_____

_____

17 다른 지역의 상품을 [ ][ ] [ ] 쇼핑몰에서 쉽고 편리하게 살 수 있습니다.

| 학습 주제 | 지역의 대표 상품 |
| 학습 목표 | 대표 상품을 표시한 지도를 파악하고, 지역의 대표 상품을 소개하는 방법을 알 수 있다. |

지역의 다양한 대표 상품

- 지역 간 경제 교류는 지역의 대표 상품을 중심으로 이루어집니다.
- 지역의 대표 상품을 소개할 때에는 상품의 장점이 잘 드러나게 합니다.

[18~20] 다음은 각 지역의 대표 상품을 표시한 지도입니다.

천재교과서, 교학사, 금성출판사, 비상교과서, 비상교육, 지학사

18 어떤 지역의 특별한 산물이라는 뜻으로 지역의 대표 상품을 부르는 다른 말은 무엇인지 쓰시오.

(   )

지역마다 대표 상품이 다르구나.

천재교육, 동아출판, 비상교과서, 비상교육

19 위 지도를 보고 ( ) 안의 알맞은 말에 ○표를 하시오.

위 지도에 표시된 지역의 대표 상품을 중심으로 지역 간에 (경제 교류 / 문학 교류)가 활발하게 이루어집니다.

천재교과서, 금성출판사, 김영사, 동아출판, 비상교과서

20 위와 같은 지역의 대표 상품을 소개하는 방법을 한 가지만 쓰시오.

_____

_____

◦ 배점 표시가 없는 문제는 문제당 4점입니다.

천재교육, 천재교과서, 교학사, 금성출판사, 김영사, 동아출판,
미래엔, 비상교과서, 비상교육, 아이스크림 미디어

1 경제활동과 현명한 선택

11종 공통

1 다음 어린이에 대한 설명으로 알맞지 <u>않은</u> 것은 어느 것입니까? (   )

어떤 신발을 살까?

흰색?

검은색?

◎ 상점에서 신발을 고르고 있는 어린이

① 경제활동을 하고 있다.

② 소비 활동을 하고 있다.

③ 선택의 문제를 겪고 있다.

④ 진열된 신발을 모두 사려고 살펴보고 있다.

⑤ 원하는 모든 것을 다 가질 수 없어서 선택을 해야 한다.

11종 공통

2 희소성에 대한 설명으로 알맞은 것은 어느 것입니까? [6점] (   )

① 선택의 문제가 일어나는 까닭이다.

② 자원을 원하는 사람이 없어도 그 자원은 희소하다.

③ 사람의 욕구에 끝이 있기 때문에 자원이 희소하다.

④ 사람들이 원하는 것을 모두 가질 수 있는 상태를 의미한다.

⑤ 사람의 욕구에 비해 자원이 풍부한 상태를 자원의 희소성이라고 한다.

3 현명한 선택이 필요한 까닭으로 알맞은 것을 두 가지 고르시오. (,   )

① 만족감이 작기 때문에

② 돈을 절약할 수 있기 때문에

③ 정보를 따져 볼 필요가 없기 때문에

④ 경제활동을 하지 않아도 되기 때문에

⑤ 자신에게 맞는 물건을 고를 수 있기 때문에

[4~5] 다음 물건의 정보를 얻는 모습을 보고, 물음에 답하시오.

㉠

㉡

◎ 상점 방문하기   ◎ 인터넷 검색하기

천재교육, 천재교과서, 교학사, 김영사, 동아출판,
미래엔, 비상교과서, 지학사

4 다음 설명에 해당하는 모습을 위에서 찾아 기호를 쓰시오.

> 판매원에게 궁금한 것을 물어볼 수 있으며, 물건을 직접 비교할 수 있습니다.

(   )

🖥 **서술형·논술형 문제**

천재교육, 천재교과서, 교학사, 김영사, 동아출판,
미래엔, 비상교과서, 지학사

5 위 ㉡과 같은 방법으로 정보를 찾을 때 좋은 점을 한 가지만 쓰시오. [6점]

_____

_____

6 다음 사람들이 공통적으로 하고 있는 활동은 어느 것입니까? ( )

11종 공통

- 백화점에서 옷을 사고 있습니다.
- 병원에서 진료를 받고 있습니다.
- 공연장에서 악기 연주를 듣고 있습니다.

① 소비 ② 생산
③ 저축 ④ 봉사
⑤ 여가

천재교육, 교학사, 금성출판사, 김영사, 동아출판, 미래엔, 비상교과서, 비상교육, 아이스크림 미디어, 지학사

7 다음 사진에 해당하는 생산 활동의 종류로 알맞은 것을 보기 에서 찾아 기호를 쓰시오.

⊙ 자동차 만들기 ⊙ 김치 만들기 [출처: 연합뉴스]

보기
㉠ 생활에 필요한 것을 만드는 활동
㉡ 생활을 편리하고 즐겁게 해 주는 활동
㉢ 생활에 필요한 것을 자연에서 얻는 활동

( )

11종 공통

8 생산과 소비의 관계로 알맞은 것은 어느 것입니까? [6점]
( )

① 생산을 하면 소비할 수 없다.
② 소비 활동과 생산 활동은 관계가 없다.
③ 생산과 소비는 경제활동에 해당하지 않는다.
④ 소비 활동으로 얻은 소득을 가지고 생산 활동을 한다.
⑤ 소비 활동을 하지 않으면 생산 활동을 할 필요가 없다.

천재교육, 천재교과서, 교학사, 금성출판사, 김영사, 미래엔, 비상교과서, 비상교육, 지학사

9 다음과 같이 현명하지 못한 소비를 할 때 발생할 일에 대해 알맞게 말한 어린이를 쓰시오.

용돈을 받았으니 치킨도 사 먹고, 농구공도 사고, 사고 싶었던 물건을 다 사야지.

상권: 용돈이 많이 남을 거야.
소영: 저축을 많이 할 수 있어.
동현: 필요한 물건을 사지 못할 거야.

( )

천재교육, 천재교과서, 교학사, 금성출판사, 김영사, 미래엔, 비상교과서, 비상교육, 지학사

10 다음은 지예의 일기장입니다. 지예의 소비 생활에 대한 설명으로 알맞지 <u>않은</u> 것은 어느 것입니까? ( )

20△△년 △△월 △△일
용돈으로 5,000원을 받아 집 근처 문구점에서 예쁜 필통을 4,000원에 샀다. 그런데 학교 옆 문구점에서 똑같은 필통을 더 싸게 판다는 이야기를 들었다. 필통을 사고 남은 용돈은 저금통에 저축했다. 저녁에 용돈 기입장을 쓰니 나의 소비 생활을 한눈에 알 수 있었다.

① 지예는 용돈의 범위 내에서 소비를 했다.
② 지예가 받은 용돈 중 저축한 돈은 1,000원이다.
③ 지예는 필통의 선택 기준으로 디자인을 고려했다.
④ 지예가 학교 근처 문구점을 이용했더라면 돈을 더 절약했을 것이다.
⑤ 지예는 물건을 사기 전에 어디에서 사면 좋을지 필요한 정보를 찾아 활용했다.

2 교류하며 발전하는 우리 지역

11종 공통

11 다음과 같이 상품의 생산지(원산지)가 표시되어 있는 것은 어느 것입니까? (   )

먹는 샘물
수원지: 제주특별자치도 제주시
500 mL   먹는 샘물

① 뉴스
② 통계 자료
③ 상품 포장지
④ 큐아르(QR) 코드
⑤ 대형 할인점의 광고지

천재교육, 교학사, 금성출판사, 동아출판, 비상교육

12 상품의 생산지(원산지)를 조사한 다음 표를 보고 알게 된 점을 두 가지 고르시오. [6점] (,   )

구분	상품명	생산지(원산지)
우리 지역에서 생산된 상품	옷	서울특별시
우리나라의 여러 지역에서 생산된 상품	과자	부산광역시
	물	제주특별자치도
다른 나라에서 생산된 상품	프라이팬	독일
	양말	베트남

① 다양한 상품을 교류하고 있다.
② 프라이팬은 베트남에서 생산되었다.
③ 우리 지역에서 생산된 상품은 옷이다.
④ 모든 상품은 우리 지역에서 생산되었다.
⑤ 상품의 교류는 우리 생활과 밀접한 관련이 없다.

[13~14] 다음 그림을 보고, 물음에 답하시오.

11종 공통

13 위 그림과 관련 있는 경제 교류의 대상으로 알맞은 것은 어느 것입니까? (   )

① 개인과 기업   ② 지역과 기업
③ 지역과 지역   ④ 국가와 국가
⑤ 국가와 개인

📋 서술형·논술형 문제   천재교육, 금성출판사, 김영사, 비상교과서

14 위 그림의 ㉠에 들어갈 말을 쓰고, 위와 같이 경제 교류를 하는 모습을 통해 알게 된 점을 쓰시오. [총 10점]

(1) ㉠ [4점]: (   )

(2) 알게 된 점 [6점]: _____

_____

천재교과서, 교학사, 금성출판사, 김영사,
미래엔, 비상교과서, 비상교육

15 다음 그림에 나타난 경제 교류의 모습은 어느 것입니까? [6점] (   )

코로나 19 확산으로 어려움을 겪을 때, 우리 지역과 교류하기 위해 친선 관계를 맺은 △△시에서 마스크를 보내 줘서 많은 도움이 되었어요.

① 자매결연   ② 기술 협력
③ 도매 시장   ④ 상품 전시회
⑤ 직거래 장터

[16~17] 다음 그림을 보고, 물음에 답하시오.

천재교육, 금성출판사, 김영사, 미래엔,
비상교과서, 비상교육, 지학사

16 위 ㉠에 들어갈 말로, 위와 같은 경제 교류가 이루어지는 장소를 쓰시오.

(   )

📕 서술형·논술형 문제
김영사, 동아출판, 비상교육

17 위 그림과 같은 경제 교류를 통해 소비자가 얻는 이익을 쓰시오. [6점]

_____

_____

교학사, 금성출판사, 김영사, 미래엔, 비상교과서, 비상교육

18 다음 경제 교류에 대한 내용에서 ☐ 안에 들어갈 알맞은 말은 어느 것입니까? (   )

장소나 시간에 관계없이 상품을 쉽고 편리하게 사기 위해 [   ]을/를 이용하여 경제 교류를 하기도 합니다.

① 전통 시장   ② 도매 시장
③ 대중 매체   ④ 대형 할인점
⑤ 직거래 장터

천재교육, 교학사, 금성출판사, 미래엔, 비상교과서

19 다음과 같이 박람회를 통해 경제 교류를 하면 좋은 점을 보기 에서 찾아 기호를 쓰시오. [6점]

보기
㉠ 다양한 상품에 대한 정보를 알 수 있습니다.
㉡ 우리 지역의 대표 상품을 과장하여 홍보할 수 있습니다.
㉢ 다른 지역의 대표 상품을 장소에 관계없이 살 수 있습니다.

진도 완료
체크

2 단원

(   )

김영사, 동아출판, 비상교과서

20 다음과 같이 우리 지역의 대표 상품을 소개하는 방법은 어느 것입니까? (   )

이름
마늘맨

설명
단양 마늘은 영양가가 많아서 먹으면 건강해진다는 것을 표현했습니다.

① 상품을 소개하는 신문을 만든다.
② 상품을 판매하는 누리집을 만든다.
③ 상품을 상징하는 캐릭터를 만든다.
④ 상품의 특징을 잘 나타내는 상표를 개발한다.
⑤ 상품의 장점을 잘 보여 주는 광고를 제작한다.

🌸 연관 학습 안내

초등 4학년	초등 6학년	중학교
사회 변화 사회 변화로 나타난 일상생활의 모습을 조사하고, 그 특징을 살펴봐요.	**경제생활의 변화** 경제 성장 과정에서 우리 사회가 겪은 사회 변동의 특징을 살펴봐요.	**사회 변동과 사회 문제** 현대 사회의 변동 및 현대 사회의 문제와 해결에 대해 배울 거예요.

만화로 단원 미리보기

사회 변화와 문화 다양성 3

🌸 단원 안내

① 사회 변화로 나타난 일상생활의 모습

② 다양한 문화에 대한 이해와 존중

그동안 고마웠어!

이번에 새삼스레 또 깨달은 게 있단다.

문화는 한 사회의 구성원들이 가지고 있는 공통의 생활 방식이지.

처음에는 이곳에 적응하기 힘들었단다. 저렇게 거대한 고양이도 처음 봤지.

냐옹

어쨌든 다양한 문화의 가치를 인정하고 존중하는 게 여행하는 사람의 올바른 마음가짐이지.

좋은 말씀이에요!

잘 있거라!

언젠가 또 만나!

조심해서 가세요

그런데 이대로 그냥 보내도 괜찮을까? 어째 불안한 느낌이 드는데……

이어서

개념 웹툰

개념 ① 사회 변화로 달라진 모습

1. **일상생활의 변화**: 인구 변화, 과학 기술의 발달, 다른 나라와의 교류, 제도 변화, *가치관의 변화 등에 따라 사회가 변화하고 생활 모습도 크게 바뀌었습니다. → 오늘날 사회 변화는 점점 빠르게 일어나고 있습니다.

인구의 변화	과학 기술의 발달	다른 나라와의 교류

노인을 위한 시설이 많아짐. → 예 노인정, 요양 병원	스마트폰을 이용하여 많은 일을 함.	다른 나라의 음식을 쉽게 접함.

⭐ 2. 학교생활의 변화

옛날의 학교	오늘날의 학교
[출처: 국가기록원]	[출처: 연합뉴스]
• 오전반, 오후반으로 나누어 운영할 정도로 학생 수가 많음. • 책과 칠판을 활용하여 수업함.	• 학생 수가 적음. → 학급 수도 줄어들었습니다. • 디지털 기기와 *디지털 교과서를 활용하여 수업함.

비슷한 점 선생님이 수업을 하고, 학생들이 책상과 의자가 있는 교실에서 공부를 함.

내 교과서 살펴보기 / **천재교과서, 동아출판**

사회 변화로 사라진 직업

사람들이 통화할 수 있도록 전화선을 연결해 줘요.
[출처: 뉴스뱅크]
전화 교환원

버스에서 내릴 곳을 알려 줘요.
[출처: 뉴스뱅크]
버스 안내원

➡ 과학 기술이 발달하고, 그 역할을 대신할 수 있는 것이 생겼기 때문에 전화 교환원과 버스 안내원이라는 직업이 사라졌습니다.

교통·통신 및 ❶[ㄱ][ㅎ] 기술이 발달하고, 가치관이 변화했기 때문입니다.

예전에는 부산까지 가려면 하루 종일 걸렸는데 말이지.
아빠, 안 내리세요?

☑ **학교생활의 변화**

옛날의 학교는 오늘날의 학교보다 학생 수가 ❷(적었습니다 / 많았습니다).

예전에는 저 뒤에까지 책상이 가득 차 있었대.
정말?

정답 ❶ 과학 ❷ 많았습니다

📖 용어 사전

*가치관(價 값 가 值 값 치 觀 볼 관)
사람이 자기를 포함한 사람들이나 사물에 관해 가지는 태도

*디지털 교과서
문자나 그림 따위의 정보를 디지털로 기록하여 컴퓨터 화면에 떠올려 읽을 수 있게 만든 전자 매체형 교과서

개념② 저출산·고령화의 의미와 달라진 생활 모습

1. 인구의 변화

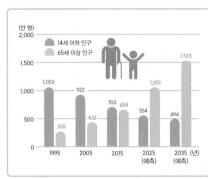

- 초록색 막대그래프를 보면 65세 이상 인구는 점점 늘어나고 있음.
- 파란색 막대그래프를 보면 14세 이하 인구는 점점 줄어들고 있음.
➡ 저출산·고령화 현상이 나타나고 있음.

☑ **저출산**

아이를 적게 낳아 출산율이 ❸(감소 / 증가)하는 현상을 말합니다.

2. 저출산

의미	태어나는 아이의 수가 줄어드는 현상
달라진 생활 모습	• 가족 구성원의 수가 줄고 가족 형태가 변함. • 학생 수가 줄어들어 폐교(문을 닫는 학교)가 늘어남. • 신생아가 줄어 출산을 도와주는 병원이 점차 사라짐.

└ 15~64세의 생산 가능 인구가 줄어들 것으로 예상됩니다.   └ 산부인과

내 교과서 살펴보기 / 천재교과서, 교학사, 미래엔, 비상교과서

시대별 가족계획 포스터를 보고 알 수 있는 점

1980년대 포스터	2000년대 포스터	2010년대 포스터

예전에는 인구가 빠른 속도로 늘어나서 아이를 적게 낳도록 권했음.

최근 들어 태어나는 아이의 수가 많이 줄어들어 나라에서 아이를 많이 낳으라고 권하고 있음.

☑ **고령화**

전체 인구에서 65세 ❹(이하 / 이상) 노인의 비율이 높아지는 현상을 말합니다.

정답 ❸ 감소 ❹ 이상

3. 고령화 → 높아진 생활 수준, 의학 기술의 발달로 인해 고령화가 나타납니다.

의미	전체 인구에서 노인 인구가 차지하는 정도가 증가하는 현상
달라진 생활 모습	• 일하는 노인이 많아짐. • 노인을 대상으로 하는 산업이 늘어남. • 노인 전문 병원, 노인정 등 노인 전문 시설이 늘어남.

용어 사전

• **생산 가능 인구**
경제활동을 할 수 있는 사람
• **가족계획**
(家 집 가 族 겨레 족 計 셀 계 劃 그을 획)
행복한 가정생활을 위해 부부의 생활 능력에 따라 자녀의 수나 출산의 간격을 계획적으로 조절하는 일

개념 ③ 저출산·고령화를 해결하는 방법

1. 저출산·고령화로 나타나는 문제

- 일할 수 있는 사람이 부족해짐.
- 사회적으로 도움이 필요한 노인들은 증가하게 됨.

➡

- 나라의 경제 성장이 어려워짐.
- 노인 인구를 부양하는 데 많은 돈이 들게 됨.

2. 저출산·고령화 현상에 대한 대응

저출산 → 출산 장려금, 아동 수당 등을 지원하기도 합니다. → 보육 시설을 늘리고, 돌봄 서비스를 확대합니다.

| 아이를 낳고 기르는 데 드는 비용을 지원함. | 아이를 낳아 기르는 데 필요한 제도를 마련하고 정착시킴. | 아이를 기르는 책임이 남녀 모두에게 있다는 생각을 가짐. |

사회의 노력   개인의 노력

고령화

| 노인에게 적절한 일자리를 제공하거나 경제적인 도움을 줌. | 노인들이 행복하고 건강하게 살도록 복지 제도를 마련함. | 자신의 노후 생활을 미리 준비함. → 늙은 뒤 |

3. 저출산·고령화에 대응하는 우리의 태도
개인과 사회가 함께 노력해야 하고, 세대 간에 서로 소통하고 배려하는 태도가 필요합니다.

내 교과서 살펴보기 / 교학사, 김영사, 비상교과서

노인들의 안정된 생활을 위한 기초 연금 제도

- 노후 보장과 복지 향상을 위해 소득이 높지 않은 어르신에게 일정 금액을 지급하는 제도를 말합니다.
- 경제적으로 불안할 수 있는 노인들을 돕기 위해 정부에서 만든 제도입니다.

☑ **저출산을 해결하는 방법**

출산비와 양육비를 지원하고, 출산 휴가나 ❺ ○ ○ 휴직 등의 제도를 정착시킵니다.

쌍둥이 동생이 또 있으면 저출산이 해결될 것 같은데요?

뭐라고?

☑ **고령화를 해결하는 방법**

노인이 다양한 활동을 할 수 있게 지원하고, 노인을 위한 ❻ ㅂ ㅈ 제도를 늘립니다.

할아버지 뭐 하세요?

일을 하려고 준비하고 있단다.

정답 ❺ 육아 ❻ 복지

용어 사전

🔖 **복지 제도**

(福 복 복 祉 복 지 制 지을 제 度 법도 도)
사람들이 건강하고 행복하게 살아가는 데 도움을 주는 제도

개념 다지기

3. ❶ 사회 변화로 나타난 일상생활의 모습(1)

1 오늘날 사회 변화가 나타나는 까닭으로 알맞은 것을 두 가지 고르시오. (,   )

11종 공통

① 교통이 불편해져서
② 가치관이 달라져서
③ 인구 변화가 나타나서
④ 통신수단이 줄어들어서
⑤ 다른 나라와 교류하지 않아서

2 다음 그림 중 인구의 변화에 따라 나타난 모습을 찾아 ○표를 하시오.

천재교육

(1) 노인을 위한 시설이 많아져서 좋네.

(   )

(2) 스마트폰을 이용해서 많은 것을 할 수 있어요.

(   )

3 다음 사회 변화와 관련 있는 말을 바르게 줄로 이으시오.

11종 공통

(1) 저출산 •

• ㉠ 태어나는 아이의 수가 줄어드는 현상

(2) 고령화 •

• ㉡ 전체 인구에서 노인 인구의 비율이 높아지는 현상

4 다음 그래프를 보고 바르게 말한 어린이를 쓰시오.

천재교육, 동아출판, 미래엔, 비상교과서

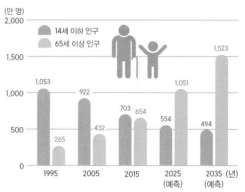

나윤: 65세 이상 인구는 변화가 없어요.
현수: 14세 이하 인구는 점점 줄어들고 있어요.
희재: 우리나라의 인구는 앞으로 폭발적으로 늘어날 예정이에요.

(   )

5 저출산으로 인해 나타나는 현상은 어느 것입니까?

11종 공통

(   )

① 학생 수가 늘어난다.
② 일할 사람이 늘어난다.
③ 문을 닫는 학교가 많아진다.
④ 가족 구성원의 수가 늘어난다.
⑤ 출산을 도와주는 병원이 늘어난다.

6 고령화 현상에 대한 대응 방안으로 알맞지 <u>않은</u> 것을 보기에서 찾아 기호를 쓰시오.

11종 공통

보기
㉠ 노인들을 위한 복지 제도를 마련합니다.
㉡ 노인들을 위한 연금 제도를 마련하고 경제적인 도움을 줍니다.
㉢ 노인들이 사회 활동을 하지 않고 집에서만 쉴 수 있게 도와줍니다.

(   )

3 단원

개념❶ 정보화

1. 의미: 사회가 발전하는 데 정보가 중요한 자원이 되어 사회가 크게 변화하는 것입니다.

2. 정보화의 영향

① 사람들은 원하는 정보를 쉽고 빠르게 얻게 되어 생활이 편리해졌습니다.

② 정보와 지식을 활용하여 새로운 자료를 만들고 다른 사람들과 공유할 수 있게 되었습니다.

3. 일상생활에서 볼 수 있는 정보화의 모습 → 회사에 가지 않고 집에서 일을 하는 재택근무를 하기도 합니다.

길 도우미
실시간으로 교통 정보를 얻어 모르는 길을 쉽게 찾을 수 있음.

[출처: 연합뉴스]
스마트폰의 애플리케이션을 이용해서 음식 값을 낼 수 있음.

공유 자전거처럼 필요한 물건이 어디에 얼마나 남았는지 알려 줌.

[출처: 연합뉴스]
은행에 직접 가지 않아도 스마트폰으로 은행 업무를 볼 수 있음.

[출처: 뉴스뱅크]
가게에 직접 가지 않고 인터넷으로 물건을 살 수 있음.

멀리 떨어진 곳에 있는 사람과 이야기를 나눌 수 있음.

정보화로 달라진 학교의 모습 → 학교 도서관에서도 대출 프로그램을 이용하여 책을 대출해 줍니다.

내 교과서 살펴보기 / 미래엔, 아이스크림 미디어

디지털 교과서로 공부함.

학교 누리집에서 학교 소식을 살펴봄.

선생님과 학생들이 온라인으로 수업을 함.

➡ 정보화에 따라 학교에서도 지식과 정보를 손쉽게 활용할 수 있게 되었습니다.

4. 정보화 사회의 문제점과 해결 방안

① 문제점과 개인의 노력

→ 사이버 폭력, 저작권 침해, 해킹 등의 사이버 범죄가 매우 심해지고 있습니다.

인터넷 및 스마트폰 중독

인터넷 중독으로 일상생활에 방해가 되지만 계속 하고 싶어요.

인터넷과 스마트폰의 올바른 사용 습관을 기름.

사이버 폭력

친구들이 내 말을 무시하는 것 같아요.

사이버 공간에서 대화할 때 예의를 지키고 상대방을 존중함.

개인 정보 유출

010-0000-0000

개인 정보가 유출되어서 사생활을 보호받지 못하고 있어요.

비밀번호를 자주 바꾸는 등 내 정보가 유출되지 않도록 관리함.

저작권 침해

내 창작물을 사람들이 불법으로 내려받아서 저작권을 침해받고 있어요.

다른 사람의 창작물을 소중하게 생각함.

창작물을 만든 사람이 창작물에 대해 갖는 권리

② 사회의 노력: 사이버 공간에서 일어나는 문제를 줄일 수 있도록 법과 제도를 보완하고, 사이버 예절이나 저작권 보호 등과 관련한 교육을 합니다.

개념② 세계화

1. 의미

오늘날에는 교통과 통신수단이 발달하여 사람, 상품, 서비스, 문화 등의 국가 간 교류가 늘어나고 있음.

[출처: 게티이미지]

여러 나라 사람들이 함께 일함.

[출처: 연합뉴스]

우리나라 대중가요를 즐기는 외국인이 있음.

[출처: 연합뉴스]

여러 나라가 활발히 상품을 주고받음.

⬇

세계 여러 나라가 다양한 분야에서 서로 교류하고 영향을 주고받으며 가까워지는 것이 세계화임.

☑ **정보화 사회의 문제점**

인터넷 ❸ [ㅈ][ㄷ], 사이버 폭력, 개인 정보 유출, 저작권 침해 등의 문제가 있습니다.

요것만 있으면 못하는 게 없지!

혹시 중독 아니야?

내 교과서 살펴보기 / **천재교과서, 김영사, 비상교과서**

정보 기기를 잘 다루지 못하는 문제

• 키오스크 사용에 불편함을 겪는 노인, 온라인 수업에 참여하기 어려운 어린이 등이 있습니다.
→ 공공장소에 설치된 무인 정보 단말기

• 정보 기기 이용 방법을 교육하는 등 누구나 쉽게 정보를 이용할 수 있도록 지원합니다.

☑ **세계화**

세계 여러 나라가 밀접하게 연결되어 ❹(한 가지 / 다양한) 분야에서 영향을 주고받는 것입니다.

세계는 모두 연결되어 있어.

정답 ❸ 중독 ❹ 다양한

3
단원

개념 알기

2. 일상생활에서 볼 수 있는 세계화의 모습 → 다른 나라의 소식을 실시간으로 알 수 있고, 다른 나라의 영화를 개봉하자마자 볼 수 있습니다.

[출처: 뉴스뱅크]

세계 여러 나라 사람들과 우리나라 사람들이 서로 오고 감.

[출처: 뉴스뱅크]

우리나라 운동 경기에서 외국인 선수가 활약함.

[출처: 뉴스뱅크]

세계 여러 나라에서 만든 다양한 물건을 싸고 손쉽게 살 수 있음.

[출처: 뉴스뱅크]

세계의 다양한 음식과 문화를 쉽게 접할 수 있음.

3. 세계화의 문제점과 해결 방안

문제점	해결 방안
치열한 경쟁 속에서 일부 기업이나 나라가 뒤처짐.	기업과 나라가 경쟁력을 높이려고 노력하고, 지원해야 함.
서로 다른 문화를 이해하지 못해 갈등이 발생함.	서로 다른 문화를 이해하고 존중해야 함.
한 사회의 고유한 전통문화가 점점 사라지기도 함. → 여러 나라의 문화가 비슷해지고 있습니다.	전통문화를 잘 지키고 창조적으로 계승해야 함.
전염병이 빠른 속도로 번짐.	세계가 협력해 치료제를 만듦.

내 교과서 살펴보기 / 천재교과서, 동아출판

환경 문제를 해결하기 위한 세계의 노력: 지구촌 전등 끄기 행사

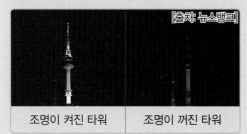

[출처: 뉴스뱅크]

조명이 켜진 타워 / 조명이 꺼진 타워

- 세계화로 지구의 환경 문제가 심각해졌습니다.
- 사람들은 지구의 환경을 보호하자는 뜻으로 매년 3월 마지막 토요일 저녁에 '지구 시간'을 만들어 다 같이 불을 끄고 환경의 소중함을 생각합니다.

☑ 세계화의 모습

세계의 다양한 ❺ □ㅎ 를 우리 나라에서 즐길 수 있습니다.

베트남 쌀국수는 언제 먹어도 맛있어.

☑ 세계화의 문제점

서로의 문화를 ❻ ㅇㅎ 하지 못해 문제가 생길 수 있습니다.

할아버지 제 친구예요.

하이!

에헴!

정답 ❺ 문화 ❻ 이해

용어 사전

- 경쟁력(競 겨룰 경 爭 다툴 쟁 力 힘 력) 겨룰 만한 힘이나 그런 능력
- 전염병(傳 전할 전 染 옮을 염 病 병 병) 남에게 옮아가는 성질을 가진 병들을 통틀어 이르는 말

개념 다지기

11종 공통

1 다음 사회 변화에 대한 설명에서 □ 안에 공통으로 들어갈 알맞은 말은 어느 것입니까? (   )

> 지식과 정보가 사회의 중요한 자원이 되는 현상을 □□□라고 하는데, □□□에 따라 우리의 생활 모습은 다양하게 변화하고 있습니다.

① 고령화   ② 산업화   ③ 농업화
④ 세계화   ⑤ 정보화

천재교과서

2 다음 민지네 가족을 보며 알 수 있는 내용을 보기 에서 찾아 기호를 쓰시오.

보기
㉠ 정보화의 영향을 받지 않는 모습입니다.
㉡ 고령화로 인해 일상생활이 변화한 모습입니다.
㉢ 생활 속에서 정보와 지식을 활용하고 있는 모습입니다.

(   )

11종 공통

3 정보화로 발생하는 문제가 <u>아닌</u> 것은 어느 것입니까? (   )

① 저작권이 침해된다.
② 스마트폰에 중독된다.
③ 사이버 폭력을 당한다.
④ 개인 정보가 유출된다.
⑤ 인터넷 사용 시간이 줄어든다.

11종 공통

4 세계화로 인해 나타나고 있는 현상을 두 가지 고르시오. (,   )

① 여러 나라 사람들이 함께 일한다.
② 다른 나라의 문화를 접하기 어렵다.
③ 다른 나라에서 생산한 물건을 살 수 없다.
④ 우리나라 사람들이 다른 나라에 갈 수 없다.
⑤ 우리나라의 대중가요를 즐기는 외국인이 있다.

11종 공통

5 세계화에 대해 바르게 말한 어린이는 누구인지 쓰시오.

> 지훈: 세계화로 세계 여러 나라가 더욱 멀어졌어요.
> 누리: 세계화로 다양한 물건을 더 쉽게 살 수 있게 되었어요.
> 가영: 세계화가 진행되면서 우리 생활이 편리해졌고, 문제점은 발생하지 않았어요.

(   )

3 단원

11종 공통
진도 완료 체크

6 다음과 같은 문제를 해결하기 위한 방법은 어느 것입니까? (   )

① 기업의 경쟁력을 높인다.
② 다른 나라와 교류하지 않는다.
③ 전통문화를 창조적으로 계승한다.
④ 전통문화를 다른 나라에 알리지 않는다.
⑤ 다른 나라의 문화와 비슷해지도록 노력한다.

[1~5] 다음은 개념 확인 문제입니다. 물음에 답하시오.

1 옛날의 학교보다 오늘날의 학교에 학생 수가 (적습니다 / 많습니다).

2 아이를 적게 낳아 출산율이 감소하는 현상을 무엇이라고 합니까? ( )

3 고령화는 전체 인구에서 (노인 / 어린이) 인구가 차지하는 정도가 증가하는 현상을 말합니다.

4 사회가 발전하는 데 정보가 중요한 자원이 되어 사회가 크게 변화하는 것을 무엇이라고 합니까?
( )

5 세계 여러 나라가 다양한 분야에서 서로 교류하고 영향을 주고받으며 가까워지는 것을 무엇이라고 합니까?
( )

11종 공통

6 다음 옛날과 오늘날의 학교 모습에서 공통점은 어느 것입니까? ( )

▲ 옛날의 학교   ▲ 오늘날의 학교

① 교실에서 공부를 한다.
② 오전반과 오후반이 있다.
③ 디지털 기기를 활용하고 있다.
④ 선생님 없이 공부를 하고 있다.
⑤ 한 교실에 있는 학생 수가 적다.

11종 공통

7 다음과 같은 현상이 나타나는 까닭은 어느 것입니까?
( )

일할 사람이 줄어들고 있음.	아이를 낳을 수 있는 병원이 사라지고 있음.

① 세계가 점점 좁아져서
② 노인 인구가 줄어들어서
③ 태어나는 아이의 수가 줄어들어서
④ 농업이 가장 중요한 산업이 되어서
⑤ 정보가 가장 중요한 자원이 되어서

천재교과서, 교학사, 미래엔, 비상교과서

8 다음 두 가족계획 포스터에 대한 설명으로 알맞은 것은 어느 것입니까? ( )

ㄱ    ㄴ

① ㄱ보다 ㄴ을 더 최근에 만들었다.
② ㄱ은 저출산에 대응하기 위해 만들었다.
③ ㄴ은 고령화에 대응하기 위해 만들었다.
④ ㄱ은 아이를 적게 낳으라고 권하고 있다.
⑤ ㄴ은 아이를 많이 낳으라고 권하고 있다.

9 고령화에 대해 알맞게 말한 어린이를 쓰시오.

> 시우: 높아진 생활 수준, 의학 기술의 발달 등
> 에 따라 고령화가 나타나고 있어요.
> 준서: 전체 인구에서 노인 인구가 차지하는 비
> 율이 줄어드는 현상을 말해요.
> 동하: 고령화는 개인의 문제이기 때문에 사회
> 적으로 해결하기 위한 노력을 하지 않아도
> 돼요.

( )

10 고령화로 달라진 생활 모습을 두 가지 고르시오.

(,)

① 일하는 노인이 줄어들고 있다.
② 노인 전문 시설이 늘어나고 있다.
③ 출산을 도와주는 병원이 늘어나고 있다.
④ 노인을 대상으로 하는 산업이 발전하고 있다.
⑤ 새롭게 문을 여는 초등학교가 늘어나고 있다.

11 일상생활에서 볼 수 있는 정보화의 모습으로 알맞지 않은 것은 어느 것입니까? ( )

①

🔺 실시간 교통 정보를 얻어 길을 찾음.

②

🔺 스마트폰 애플리케이션을 이용해서 계산을 함.

③

🔺 직접 시장에 가서 물건을 보고 삼.

④

🔺 멀리 떨어진 곳에 있는 사람과 이야기를 함.

12 오른쪽과 같은 정보화 사회의 문제를 해결하는 방법은 어느 것입니까? ( )

사이버 폭력 때문에 힘들어요.

① 스마트폰을 더 많이 사용한다.
② 개인 정보를 다른 사람과 공유한다.
③ 일상생활에서 인터넷을 사용하지 않는다.
④ 다른 사람의 창작물을 마음대로 사용한다.
⑤ 사이버 공간에서도 예의를 지켜 대화한다.

13 다음 내용을 읽고, ▢ 안에 들어갈 알맞은 말을 보기 에서 찾아 쓰시오.

> 요즘 우리나라의 대중가요를 즐기는 외국
> 인이 많아졌습니다. 또한 회사에서도 여러 나
> 라 사람들과 함께 일하는 경우가 늘어났습니
> 다. 이러한 현상은 세계 여러 나라가 다양한 분
> 야에서 교류하고 가까워지면서 영향을 받는
> ▢로 인해 나타납니다.

보기
• 정보화   • 세계화   • 도시화

( )

14 다음 신문 기사의 밑줄 친 부분에 들어갈 세계화의 문제점은 어느 것입니까? ( )

> 우리는 일상생활에서 한복을 입는 사람보다
> 청바지를 입는 사람을 쉽게 볼 수 있다. 세계
> 여러 나라 사람들도 우리처럼 청바지를 많이
> 입는다. 이처럼 세계화로 강한 힘을 가진 문화
> 의 영향력이 커지면, _____

① 다른 나라와 교류할 수 없다.
② 세계의 환경 문제가 심각해질 수 있다.
③ 전통 의상의 종류가 너무 많아질 수 있다.
④ 전통문화 외에 다른 문화를 접할 수 없다.
⑤ 각 나라의 고유한 문화가 점점 사라질 수 있다.

3 단원

15 다음은 일상생활의 변화를 나타낸 그림입니다.

천재교육

ㄱ 노인을 위한 시설이 많아져서 좋네.

ㄴ 스마트폰을 이용해서 많은 것을 할 수 있어요.

ㄷ 세계 여러 나라의 음식을 먹을 수 있어요.

(1) 위 그림 중 다른 나라와 교류가 많아져서 일상생활이 달라진 모습을 찾아 기호를 쓰시오.

(   )

(2) 위 그림 외에 사회 변화에 따른 일상생활의 변화 모습을 한 가지만 쓰시오.

🔲 답 오늘날은 옛날보다 학교에 다니는 학생 수가 ⬜⬜⬜⬜⬜ .

16 오른쪽은 인구의 변화를 나타내고 있는 그래프입니다.

천재교육, 동아출판, 미래엔, 비상교과서

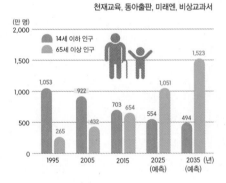

(만 명)
2,000

14세 이하 인구
65세 이상 인구

1,500

1,053
922
703 654
554
494
265 432
1,051
1,523

1995   2005   2015   2025(예측)   2035(년)(예측)

(1) 위 그래프와 관련 있는 현상을 모두 찾아 ○표를 하시오.

정보화	세계화	저출산	고령화

(2) 위 그래프와 같은 인구 변화로 인해 나타나는 현상을 한 가지만 쓰시오.

_____

_____

17 다음은 사회 변화로 인해 나타나는 문제입니다.

11종 공통

> 오늘날 서로 다른 문화를 이해하지 못해 갈등이 발생하기도 합니다.

(1) 위와 같은 현상은 (세계화 / 농업화)로 인해 나타나는 문제점입니다.

(2) 위와 같은 문제점을 해결하기 위한 방법을 한 가지만 쓰시오.

_____

💡 **서술형 가이드**
어려워하는 서술형 문제!
서술형 가이드를 이용하여 풀어 봐!

15 (1) 오늘날 인구 변화, 과학 기술의 발달, 다른 나라와의 ⬜⬜ 등으로 일상생활이 변화하고 있습니다.

(2) 학생 수와 학급 수가 더 적은 것은 (옛날 / 오늘날)의 학교입니다.

16 (1) 오늘날 높아진 생활 수준, 의학 기술의 발달 등에 따라 (저출산 / 고령화)이/가 나타나고 있습니다.

(2) 저출산으로 (초등학생 / 노인) 수가 줄어들고 있습니다.

17 (1) 오늘날 ⬜⬜과 통신 수단의 발달로 세계가 하나로 연결되었습니다.

(2) 다양한 문화를 누리면서도 전통 ⬜⬜를 창조적으로 계승하기 위해 노력해야 합니다.

Step 3 수행평가

학습 주제 정보화로 발생하는 문제점을 해결하는 방법

학습 목표 사례를 통해 정보화에 따른 문제점을 파악하고 대응하는 방안을 제시할 수 있다.

[18~20] 다음은 정보화에 따른 문제점을 해결하기 위한 개인의 노력입니다.

ㄱ

인터넷과 스마트폰의 올바른 사용 습관을 기름.

ㄴ

사이버 공간에서 대화할 때 예의를 지키고 상대방을 존중함.

ㄷ

내 정보가 유출되지 않도록 관리함.

ㄹ
음원 내려받기
다른 사람의 창작물을 소중하게 생각함.

18 다음과 같은 문제점을 해결하는 방법을 위에서 찾아 기호를 쓰시오. 11종 공통

아이들이 일상생활에 방해가 될 정도로 온종일 게임만 해서 걱정입니다.

(   )

천재교육, 천재교과서, 교학사, 금성출판사, 김영사, 동아출판, 미래엔, 비상교과서, 비상교육, 아이스크림 미디어

19 위 ㄹ과 같은 방법으로 해결할 수 있는 문제를 보기 에서 찾아 쓰시오.

보기
• 저작권 침해 　　• 스마트폰 중독 　　• 개인 정보 유출

(   )

천재교육, 천재교과서, 동아출판, 아이스크림 미디어

20 위 개인의 노력 외에 정보화에 따른 문제점을 해결하기 위한 사회의 노력을 쓰시오.

_____

_____

수행평가 가이드
다양한 유형의 수행평가! 수행평가 가이드를 이용해 풀어 봐!

정보화

• 의미: 지식과 정보가 사회의 중요한 자원이 되는 현상입니다.

• 영향: 언제 어디서나 쉽고 빠르게 정보를 얻을 수 있고, 여러 일을 해결할 수 있으며, 다른 사람들과 소통할 수 있습니다.

• 문제점: 인터넷 및 스마트폰 중독, 사이버 폭력, 개인 정보 유출, 저작권 침해 등이 있습니다.

정보화 사회에서는 인터넷에서 필요한 정보를 쉽게 찾을 수 있지.

3 단원

진도 완료 체크

개념❶ 문화 → 사람들이 주어진 환경에 적응하거나 환경을 극복하면서 만들어 온 것입니다.

1. 의미: *의식주, 언어, 종교 등 한 사회의 구성원들이 가지고 있는 **공통의 생활 방식**입니다.

2. 특징: 옷을 입고, 음식을 먹고, 집을 지어 생활한다는 것은 비슷하지만, 그 모습은 환경과 생활 모습에 따라 다양하게 나타나고 있습니다.

더운 지역의 전통 의상

추운 지역의 전통 의상

두 나라는 먹는 음식과 식사 도구가 다릅니다.

우리나라의 식사 모습

다른 나라의 식사 모습

→ 나무로 지었습니다.

이동식 집

물 위에 지은 집

내 교과서 살펴보기 / **천재교과서, 미래엔, 비상교과서**

우리나라의 전통문화

- 추석에 반달 모양의 송편을 빚어 먹고, 차례를 지냅니다.
- 설날에 떡국을 먹고 웃어른께 세배합니다.
- 겨울에는 가족이 모여서 김장을 합니다.

3. 생활 속 문화의 모습 → 문화는 사는 지역뿐만 아니라 나이, 성별 등에 따라 다양하게 나타납니다.

가족들과 여가 시간을 보내는 모습, 공연을 하는 모습, 공연을 보는 모습 등이 모두 문화임.

☑ 문화의 의미

문화는 한 사회의 사람들이 지니고 있는 ❶ ㄱ ㅌ 의 생활 방식입니다.

좀 불편한데…

이게 바로 우리의 문화라고!

☑ 문화의 특징

의식주 모습은 ❷ ㅎ ㄱ 에 따라 다양하게 나타납니다.

젓가락이 편한데?

난 포크가 더 편하거든?

정답 ❶ 공통 ❷ 환경

용어 사전

*의식주 (衣 옷 의 食 밥 식 住 집 주)
옷과 음식과 집을 통틀어 이르는 말로, 인간 생활의 세 가지 기본 요소임.

개념 ② 우리 사회의 다양한 문화

1. 늘어나는 외국인 수: 세계화의 영향으로 피부색, 언어, 종교, 출신 지역 등
이 다른 사람들이 점점 늘어나면서 우리는 이전보다 더 다양한 문화를 접
하게 되었습니다. └▶북한 이탈 주민도 있습니다.

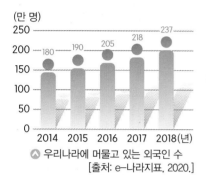

(만 명)
180	190	205	218	237
2014	2015	2016	2017	2018(년)

⬆ 우리나라에 머물고 있는 외국인 수
[출처: e-나라지표, 2020.]

> 국제결혼 *이주자, 외국인 근로자,
> 유학생 등이 우리나라에 와서 살
> 고 있고, 그 수가 늘어나고 있음.

☑ **우리나라에 머무는 외국인 수**

세계화의 영향으로 우리나라에 머물고
있는 외국인 수가 점점 ❸(줄어들고
/ 늘어나고) 있습니다.

> 우리 엄마랑 아빠는
> 한국으로 유학을 왔다가
> 한국에서 계속
> 살게 되셨어.

내 교과서 살펴보기 / **천재교육**

다양한 이유로 우리나라에 온 외국인들

국제결혼 이주자
> 저는 미국에서 한국인
> 여성을 만나 결혼하고
> 한국으로 왔어요.

외국인 근로자 ○○ 취업 상담 센터
> 저는 캄보디아에서 대학을
> 졸업한 후 일자리를 찾아
> 한국에 왔어요.

유학생 ○○ 어학당
> 저는 케이 팝(K-pop)을
> 좋아해서 한국 문화와 한국어를
> 배우러 브라질에서 왔어요.

☑ **다양한 문화를 접하면 좋은 점**

우리가 선택할 수 있는 문화가 ❹(적어
/ 많아)지고, 우리의 일상생활이 더욱
풍요로워집니다.

> 처음 보는
> 춤이지만 정말
> 흥겨워!

 신나!

---

2. 우리 사회에서 볼 수 있는 다양한 문화의 모습

다양한 문화를 접하면 좋은 점	우리가 누리고 선택할 수 있는 문화가 많아져 우리의 일상생활이 더욱 풍요로워졌음.
우리 주변의 다양한 문화의 모습	• 세계의 다양한 음식을 파는 가게를 쉽게 찾을 수 있음. • 다양한 행사를 통해 여러 나라의 음악과 춤을 즐길 수 있음. • 기존에 쉽게 볼 수 없었던 종교와 관련된 건물을 볼 수 있음. • 외국인 근로자들이 여러 분야의 일자리에서 일하며 우리나라 산업 발전에 이바지함.

정답 ❸ 늘어나고 ❹ 많아

⬆ 이슬람 사원

⬆ 외국인 근로자

└▶ 다양한 문화를 가진 사람들과 함께
일하고, 공부하기도 합니다.

📖 용어 사전

* **북한 이탈 주민**
  북한에서 벗어나 다른 지역에 머물고 있는
  사람들
* **이주자** (移 옮길 이 住 살 주 者 사람 자)
  다른 곳에서 옮겨 와서 사는 사람

개념③ 다양한 문화에 대한 편견과 차별

1. 다양한 문화가 확산되면서 나타나는 문제 → 다른 나라의 문화를 차별하고, 우리나라의 문화만 옳다고 생각하는 것은 문화적 편견입니다.

편견	공정하지 못하고 한쪽으로 치우친 생각
차별	대상을 정당한 이유 없이 구별하고 다르게 대우하는 것으로, 편견 때문에 차별이 나타남.

☑ **편견과 차별**

공정하지 못하고 한쪽으로 치우친 생각인 ❺ ㅍ ㄱ 때문에 차별이 나타납니다.

2. 차별받는 사람들

① 피부색, 언어, 종교, 출신 지역 등이 다르다는 이유로 차별받는 사람들이 있습니다.

→ 부당한 대우를 받고 있습니다.

② 성별, 나이, 장애, 외모를 이유로 차별받는 사람들도 있습니다.

③ 차별받는 사람들의 입장: 부당한 대우에 화가 나고, 존중받지 못한다는 생각이 들 것입니다. → 편견과 차별이 지속되면 사람들이 자신의 능력을 발휘하지 못해 사회의 발전이 늦어질 수 있습니다.

☑ **다양한 문화에 대한 차별**

피부색, 언어, ❻ ㅈ ㄱ, 출신 지역 등이 달라서 차별받는 사람들이 있습니다.

정답 ❺ 편견 ❻ 종교

내 교과서 살펴보기 / 천재교육

신문 기사에 나타난 편견과 차별

○○ 신문

미모의 여의사 □□ 씨가 한 방송에 출연하여 겨울철에 감기를 예방하는 방법을 알려 주었습니다.

• 밑줄 친 부분을 보면 여성을 외모로 평가하고 있습니다.
• 여성에게만 직업 앞에 '여' 자를 붙이는 것은 성별에 대한 차별입니다.

개념 다지기

11종 공통

1 다음에서 설명하는 말은 어느 것입니까? (   )

> 의식주, 언어, 종교 등 한 사회의 구성원들이 가지고 있는 공통의 생활 방식입니다.

① 취미　　　　② 문화
③ 습관　　　　④ 역사
⑤ 가치관

천재교육, 천재교과서, 교학사, 금성출판사, 김영사, 동아출판,
비상교과서, 비상교육, 아이스크림 미디어, 지학사

2 '식' 문화와 관련 있는 모습은 어느 것입니까?

(   )

① 　②
③ 　④

11종 공통

3 문화에 대한 설명으로 알맞은 것에 ○표를 하시오.

(1) 문화가 없는 나라가 많습니다. (   )

(2) 문화는 환경과 생활 모습에 따라 다양하게 나타납니다. (   )

(3) 우리가 쓰는 언어, 먹는 음식 등은 문화라고 할 수 없습니다. (   )

천재교육, 아이스크림 미디어

4 다음 그래프와 관련 있는 내용을 알맞게 말한 어린이를 쓰시오.

(만 명)
250 ―――――――――― 237
200 ―――――― 218 ―
150 ―― 205 ―
100 ― 190 ―
50 180 ―
0 2014 2015 2016 2017 2018(년)
🔺 우리나라에 머물고 있는 외국인 수

> 영준: 국제결혼 이주자나 유학생은 외국인이 아니에요.
> 지헌: 다른 나라의 문화를 접하기가 점점 어려워지고 있어요.
> 윤우: 우리나라에 머물고 있는 외국인 수가 점점 늘어나고 있어요.

(   )

11종 공통

5 다음 낱말의 뜻을 찾아 줄로 이으시오.

(1) 차별　•　　　• ㉠ 한쪽으로 치우친 생각

(2) 편견　•　　　• ㉡ 대상을 구별하고 다르게 대우하는 것

천재교육, 천재교과서, 교학사, 김영사, 동아출판, 비상교과서

6 다음 그림에 나타난 차별은 어느 것입니까? (   )

① 나이에 대한 차별　② 남녀에 대한 차별
③ 외모에 대한 차별　④ 장애에 대한 차별
⑤ 피부색에 대한 차별

개념① 우리 반에서 볼 수 있는 편견과 차별

1. 우리 반에서 일어나는 편견이나 차별을 해결하기 위한 약속 정하기

편견이나 차별 사례	우리 반 약속
생김새로 놀리는 때가 있어요.	외모로 친구를 평가하지 않아요.
남자가 분홍색을 좋아한다고 놀림을 받은 적이 있어요.	개인의 취향을 존중해요.
축구나 농구, 야구를 할 때 남자 친구들만 해요.	하고 싶은 친구들을 모두 참여하게 해요.

→ 놀림을 당하는 친구는 마음의 상처를 받습니다.

내 교과서 살펴보기 / **천재교육, 교학사, 김영사, 비상교과서**

크레파스의 '살색'이 '살구색'이 된 까닭
• 오른쪽 크레파스의 색깔을 '살색'이라고 부르다가 '살구색'으로 바꿔 부르기로 했습니다.
• 사람의 피부색은 다양한데 특정 색깔을 '살색'이라고 부르는 것은 사람을 차별할 수 있는 말이기 때문입니다.
→ '살색'은 '연주황'으로 먼저 바뀌었지만 어린이들에게 어려운 한자어라 '살구색'으로 다시 바뀌게 되었습니다.

2. 편견과 차별 상황을 경험해 보기 위한 역할놀이 하기
내 교과서 살펴보기 / 비상교과서

① 활동 방법

→ 피부색이 다르다고 놀림을 받은 경우, 장애가 있다고 친구들이 무시한 경우 등을 적을 수 있습니다.

편견과 차별 사례를 적은 고민 쪽지를 준비함. ➡ 의자에 한 명씩 돌아가며 앉음. ➡ 의자에 앉은 사람이 쪽지의 주인공이라고 생각하고 내용을 이야기함. ➡ 친구의 이야기를 듣고 도움이 되는 말을 생각해서 해 줌.

② 느낀 점
• 의자에 앉아서 고민 쪽지의 주인공이라고 생각하고 이야기를 할 때 슬프고 억울한 기분이 들었습니다.
• 차이가 난다고 차별해서는 안 되고, 다른 사람을 존중하는 태도가 필요하다고 느꼈습니다.

개념② 편견과 차별을 해결하는 방법

1. 개인적인 노력
① 다른 사람과 나의 다른 점을 이해합니다.
② 상대방의 처지에서 생각하려는 태도를 지녀야 합니다.
③ 한쪽으로 치우치지 않게 생각하도록 노력해야 합니다.

개념 체크

☑ **우리 반에서 볼 수 있는 편견과 차별을 해결하기 위한 약속**

편견과 차별을 해결하기 위해 친구의 취향을 ❶ ㅈ ㅈ 해 줍니다.

우리는 모두 같은 반 친구예요.

☑ **편견과 차별 상황을 경험하는 역할놀이를 하고 느낀 점**

차이가 난다고 ❷ ㅊ ㅂ 해서는 안 된다는 것을 느꼈습니다.

차별은 정말 나쁜 거야!
차별을 경험해 보기 위한 역할놀이
이제 깨달은 거야?

정답 ❶ 존중 ❷ 차별

용어사전

• **취향** (趣 뜻 취 向 향할 향) 하고 싶은 마음이 생기는 방향
• **처지** (處 곳 처 地 곳 지) 처하여 있는 사정이나 형편

2. 사회·제도적인 노력
→ 북한 이탈 청소년, 다문화 청소년, 중도 입국 청소년 등을 지원합니다.

무지개청소년센터
이주배경 청소년 지원재단.

다문화가족지원포털
다누리
한국 생활에 적응하는 데 꼭 필요한 정보와 최신 정보를 다양한 언어로 제공합니다.

국가인권위원회

관련 기관을 만들어서 편견과 차별을 없애려고 노력함.

취업할 때 남녀 차별이 없게 하는 법이 통과되었습니다.
[출처: 연합뉴스]

차별을 없애려고 국회에서 관련 법을 만듦.

채용공고게시
[출처: 연합뉴스]

다양한 문화를 가진 사람들이 직업을 구할 수 있도록 다양한 정보를 제공함.

→ 외국인들이 한국어 교육을 받고 있습니다.
[출처: 연합뉴스]

다양한 문화를 가진 사람들이 일상생활을 하는 데 도움이 되는 교육을 함.

사람들의 생각을 바꾸기 위한 캠페인을 함.
[출처: 연합뉴스]

다양한 문화의 가치를 알리는 행사를 마련함.
[출처: 연합뉴스]

유니버설 디자인
→ 디자인을 바꾸는 것만으로도 모든 사람이 함께 시설을 이용할 수 있게 됩니다.

모든 사람이 이용할 수 있도록 계단과 경사면을 같이 만듦.

키가 작은 사람도 잡을 수 있도록 손잡이 높이를 다르게 함.

승강기 층수 버튼에 점자를 함께 표기함.

어린이들이 안전하게 기다릴 수 있도록 옐로 카펫을 설치함.

➡ 유니버설 디자인은 성별, 나이, 장애, 언어 등에 상관없이 모든 사람이 편리하게 이용할 수 있는 환경을 만드는 것입니다.

☑ **편견과 차별을 해결하기 위한 사회·제도적인 노력(1)**

차별을 없애기 위해 관련 기관을 만들고, 국회에서 ❸ [ㅂ]을 만듭니다.

내가 대통령이 된다면 누구나 존중받는 사회를 만들 거야.
그래~

☑ **편견과 차별을 해결하기 위한 사회·제도적인 노력(2)**

다양한 문화를 알리는 행사를 하고, 사람들의 생각을 개선하기 위한 ❹ [ㅋ][ㅍ][ㅇ]을 합니다.

문화는 저마다 모두 가치가 있어.
그렇지!

3 단원

정답 ❸ 법 ❹ 캠페인

용어 사전

•국회 (國 나라 국 會 모일 회)
국민의 대표로 구성한, 법을 만드는 기관
•옐로 카펫 (yellow carpet)
횡단보도 이용 시 아동이 안전하게 대기할 수 있는 아동 안전 공간

개념 ③ 다른 문화를 존중하는 태도 〈 내 교과서 살펴보기 / **비상교과서** 〉

1. 다른 문화를 대할 때 지녀야 할 태도

서로 다른 문화로 인해 문제가 생길 때에는 그 문화가 만들어진 배경을 이해하고 서로의 문화에 관해 이야기하여 해결해요.

나와 다르다고 해서 틀린 것은 아니에요.

서로 다른 문화 중에 어떤 문화가 더 좋다고 말할 수 없어요.

→ 서로 다른 문화가 함께하는 사회에서 어느 하나의 기준으로만 다른 문화를 판단하고 평가한다면 갈등이나 문제가 생길 수 있습니다.

요교 2. 문화 다양성 태도 점검하기
→ 차이를 스스럼없이 받아들이고 이를 즐길 줄 아는 태도

질문	그렇다	아니다
장애인의 상황을 이해하기보다 동정해야 합니다.		
다른 문화를 가진 아이와 친구가 될 수 없습니다.		
어린이보다 어른이 더 존중받아야 할 대상입니다.		
가벼운 짐도 항상 여자보다 남자가 들어야 합니다.		
외국인이 우리나라에 산다면 우리나라 음식만을 먹어야 합니다.		

➡ '그렇다'에 표시를 많이 할수록 다양한 문화에 대한 편견을 많이 가지고 있다는 뜻이므로, **다양한 문화를 존중하는 태도**를 기르도록 노력해야 합니다.

〈 내 교과서 살펴보기 / **천재교육, 천재교과서, 동아출판, 아이스크림 미디어** 〉

편견과 차별을 극복하기 위한 공익 광고
→ 언어나 피부색이 다르더라도 서로 존중하자는 의미입니다.

안녕, 우리 친구하자

이름도 소심성도 모두 다른 손가락.
그중 어떤 것도 가장될 수는 없습니다.
함께일 때 완전한 힘을 갖는 우리는 화합의 제스처입니다.

다섯 개의 손가락은 서로 길이와 모양이 다르지만 함께일 때 힘을 발휘한다는 뜻임.

한국인의 성씨(姓氏)

구	마	설	우	채
고	모	신	유	태
나	문	심	이	표
노	배	송	조	피
도	백	안	주	하
라	사	오	지	한
류	서	옥	차	허

외국에 살면 외국인이고
한국에 살면 한국인입니다.

다양한 문화를 인정하며 함께 살아가려는 의도가 담겨 있음.

☑ **다른 문화를 존중하는 태도**

세계의 다양한 문화 중에 어떤 문화가 특히 좋다고 말할 수 ❺(있습니다 / 없습니다).

역시 우리나라 문화가 제일 옳지.

문화에는 옳은 것과 틀린 것이 없어!

☑ **문화 다양성 태도 점검하기**

문화 다양성 태도를 점검하면 내가 ❻ ☐ ☐ 한 문화를 얼마나 이해하고 있는지 알 수 있습니다.

우리나라에 왔으면 우리나라 음식만 먹어야지!

문화 다양성 태도가 부족하구먼!

냠!

정답 ❺ 없습니다 ❻ 다양

📕 용어 사전

*배경 (背 등 배 景 볕 경)
사건이나 환경, 인물 따위를 둘러싼 주위의 모습이나 형편

*문화 다양성
한 사회에 다양한 문화가 있어 문화적 차이가 나타나는 현상

개념 다지기

3. ❷ 다양한 문화에 대한 이해와 존중(2)

11종 공통

1 다음 어린이에게 해 줄 충고로 알맞은 것은 어느 것입니까? (   )

분홍색 가방을 메고 있는 남자 친구를 놀린 적이 있어요.

① 너와 다른 사람이 잘못된 거야.
② 친구의 취향을 존중하도록 하자.
③ 친구의 모습을 바꿔 보도록 하자.
④ 여자만 분홍색 가방을 멜 수 있는 거야.
⑤ 친구에게 하고 싶은 이야기는 모두 다 해도 돼.

천재교육, 교학사, 김영사, 비상교과서

2 오른쪽 그림과 같이 크레파스의 색깔을 부르는 말이 바뀐 까닭은 어느 것입니까?

(   )

① 사람의 피부색이 다양해서
② 살구색은 편견이 담긴 말이라서
③ 살색은 어린이들이 쓰기 어려운 말이라서
④ 사람의 피부색은 살색보다 살구색에 가까워서
⑤ 크레파스의 색이 살색보다 살구색에 가까워서

11종 공통

3 편견과 차별을 해결하기 위해 노력하고 있는 어린이를 쓰시오.

주미: 한쪽으로 치우치지 않게 생각해요.
윤아: 나와 다른 점이 있는 사람을 이상하게 생각해요.
지후: 상대방의 처지에서 생각하기보다는 내 기준에서 생각해요.

(   )

11종 공통

4 다음과 같은 다양한 기관을 만든 까닭은 어느 것입니까?

(   )

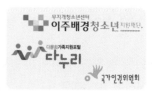

① 다양한 문화를 없애려고
② 편견과 차별을 없애려고
③ 세계화의 속도를 늦추려고
④ 우리 문화의 중요성을 알리려고
⑤ 우리나라에 사는 외국인의 수를 줄이려고

11종 공통

5 편견과 차별을 없애기 위한 사회·제도적인 노력으로 알맞지 <u>않은</u> 것을 보기 에서 찾아 기호를 쓰시오.

보기
㉠ 국회에서 차별을 없애는 법을 만듭니다.
㉡ 다양한 문화를 가진 사람들이 직업을 구할 수 있게 돕습니다.
㉢ 외국인들에게 우리나라의 전통문화가 가장 중요하다고 교육합니다.

(   )

3 단원

진도 완료 체크

천재교과서, 동아출판, 미래엔, 비상교과서, 비상교육, 아이스크림 미디어

6 다음 질문에 대답한 내용을 읽고, 다양한 문화를 존중하고 있는 어린이를 찾아 기호를 쓰시오.

질문	그렇다	아니다
다른 문화를 가진 아이와 친구가 될 수 없습니다.		
어린이보다 어른이 더 존중받아야 할 대상입니다.		

나는 위 질문에 모두 '그렇다'라고 표시했어.
㉠

나는 위 질문에 모두 '아니다'라고 표시했어.
㉡

(   )

Step ① 단원평가

[1~5] 다음은 개념 확인 문제입니다. 물음에 답하시오.

1 한 사회의 구성원들이 가지고 있는 공통의 생활 방식을 무엇이라고 합니까? (   )

2 여러 나라 사람들이 집에서 산다는 것은 같지만, 집에서 사는 모습은 (환경 / 언어)에 따라 다양하게 나타납니다.

3 공정하지 못하고 한쪽으로 치우친 생각을 (편견 / 차별)이라고 합니다.

4 편견과 차별을 해결하려면 (나 / 상대방)의 입장에서 생각하려는 태도를 지녀야 합니다.

5 편견과 차별을 없애기 위해 만든 기관을 한 곳만 쓰시오.
(   )

11종 공통

6 문화에 대한 설명으로 알맞지 <u>않은</u> 것은 어느 것입니까? (   )

① 문화는 환경을 극복하며 만든 것이다.
② 문화는 사는 지역에 따라 다양하게 나타난다.
③ 사람들이 사는 사회에는 그 나름의 문화가 있다.
④ 문화는 자연환경에 따라 다르게 나타나기도 한다.
⑤ 사람들이 즐겨 하는 여가 활동은 문화라고 할 수 없다.

11종 공통

7 다음 사진을 보고 알 수 있는 점을 바르게 말한 어린이를 쓰시오.

⬆ 이동식 집

⬆ 물 위에 지은 집

하율: 각 지역 사람들의 의생활 모습이 나타나 있어요.
준서: 자연환경에 따라 집의 모습이 다르게 나타나기도 해요.
미나: 물 위에 지은 집이 이동식 집보다 더 발전된 문화라고 할 수 있어요.

(   )

11종 공통

8 다음 그림의 사람들이 늘어나면서 나타난 현상을 두 가지 고르시오. (,   )

저는 미국에서 한국 사람과 결혼해서 한국으로 왔어요.

○○ 취업 상담 센터
저는 일자리를 구하러 캄보디아에서 한국에 왔어요.

① 인구가 줄어들게 되었다.
② 더 다양한 문화를 접하게 되었다.
③ 고령화로 인한 문제가 해결되었다.
④ 우리 전통문화를 찾아볼 수 없게 되었다.
⑤ 주변에서 출신 지역, 종교 등이 다른 사람들을 많이 볼 수 있게 되었다.

9 차별에 대한 설명으로 알맞은 것을 보기 에서 찾아 기호를 쓰시오.

11종 공통

> 보기
>
> ㉠ 공정한 생각을 하는 것입니다.
> ㉡ 차별로 인해 다양한 문화가 더욱 확산됩니다.
> ㉢ 대상을 정당한 이유 없이 구별하고 다르게 대우하는 것입니다.

(   )

10 다음 그림에 대한 설명으로 알맞은 것은 어느 것입니까? (   )

11종 공통

① 면접관은 편견을 가지고 있다.
② 1번 면접자는 부당한 대우를 받고 있다.
③ 2번 면접자는 공정한 대우를 받고 있다.
④ 면접관은 성별에 대한 차별을 하고 있다.
⑤ 면접관은 옷차림에 대한 차별을 하고 있다.

11 편견을 가지고 있는 어린이는 누구입니까? (   )

11종 공통

① 예나: 여자는 축구를 하면 안 돼요.
② 주아: 외모로 친구를 평가하지 않아요.
③ 미로: 나와 다른 친구의 취향을 존중해 주어요.
④ 승후: 나와 다른 친구들의 생김새를 있는 그대로 받아들여요.
⑤ 윤재: 친구들과 성별에 관계없이 좋아하는 운동을 같이 해요.

12 편견과 차별을 해결하는 방법 중 개인적인 노력은 어느 것입니까? (   )

11종 공통

① 국가인권위원회를 운영한다.
② 다문화 가족 지원 포털을 만든다.
③ 차별받는 사람을 위한 법을 만든다.
④ 북한 이탈 주민을 위한 취업 박람회를 연다.
⑤ 한쪽으로 치우치지 않게 생각하도록 노력한다.

13 외국인에게 다음과 같은 한국어 교육을 제공하는 까닭은 어느 것입니까? (   )

천재교육, 천재교과서, 교학사, 미래엔, 비상교육, 지학사

① 우리나라의 문화를 강요하려고
② 일상생활을 하는 데 도움을 주려고
③ 다른 나라의 말보다 한국어가 훌륭해서
④ 다양한 문화보다 한 가지 문화만 있는 사회가 바람직해서
⑤ 다른 나라에서 온 사람들에게 한국어만 쓰라고 하기 위해서

14 다음 유니버설 디자인에 대한 설명에서 ☐ 안에 들어갈 알맞은 말을 한 가지만 쓰시오.

천재교육, 동아출판

> 유니버설 디자인은 아래 사진과 같이 ☐ 등에 상관없이 모든 사람이 편리하게 이용할 수 있는 환경을 만드는 것입니다.
>
>
> △ 계단과 같이 만든 경사면   △ 높이가 다른 손잡이

(   )

Step 2 서술형 평가

15 다음은 식사를 하는 다양한 모습입니다.

11종 공통

△ 우리나라의 식사 모습

△ 다른 나라의 식사 모습

(1) 위 식사 모습처럼 한 사회의 구성원들이 가지고 있는 공통의 생활 방식을 (문화 / 예절)(이)라고 합니다.

(2) 위 사진과 같이 식사하는 모습이 나라마다 다른 까닭을 쓰시오.

답 식사 모습은 [   ]과 생활 모습에 따라 다양하게 나타나기 때문이다.

16 다음은 우리 주변에서 볼 수 있는 차별을 그림으로 나타낸 것입니다.

천재교육

(1) 위에서 외모에 대한 차별을 하고 있는 그림을 찾아 기호를 쓰시오.

(   )

(2) 위와 같은 차별이 나타나는 까닭을 쓰시오.

_____

_____

17 다음은 어린이들이 문화에 대해 이야기하는 모습입니다.

11종 공통

> 나연: 다른 문화를 가진 아이와는 친구가 될 수 없어요.
> 주훈: 장애인을 동정하기보다 장애인이 처한 상황을 이해해야 해요.
> 기정: 우리나라의 문화와 이웃 나라의 문화 중 어떤 문화가 더 좋다고 말할 수는 없어요.

(1) 위에서 문화 다양성 태도를 지니지 <u>않은</u> 어린이를 쓰시오.

(   )

(2) 위 (1)번 답의 어린이에게 해 줄 수 있는 조언을 쓰시오.

_____

서술형 가이드
어려워하는 서술형 문제!
서술형 가이드를 이용하여 풀어 봐!

15 (1) 한 사회의 구성원들은 언어, 종교, [ ][ ] 등 공통의 생활 방식을 갖고 있습니다.

(2) 사람들은 환경에 적응하거나 극복하며 [ ][ ]를 만들어 왔습니다.

16 (1) 대상을 정당한 이유 없이 구별하고 다르게 대하는 것은 [ ][ ]입니다.

(2) 편견은 [ ][ ]하지 못한 생각입니다.

17 (1) 한 사회에 다양한 문화가 있어 문화적 차이가 나타나는 현상을 문화 [ ][ ][ ]이라고 합니다.

(2) 우리와 다른 문화를 (무시 / 존중)해야 합니다.

Step 3 수행평가

학습 주제 우리 주변에서 볼 수 있는 편견과 차별

학습 목표 다양한 문화가 확산되면서 나타나는 편견과 차별의 사례를 알 수 있다.

[18~20] 다음은 신문 기사의 내용 중 일부입니다.

○○ 신문

디자이너 ○○ 씨는 살색, 흰색, 자주색, 검은색 등 다양한 색을 이용하여 우아함이 돋보이는 옷을 만들었습니다.

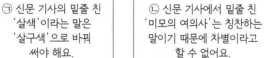
□□ 신문

미모의 여의사 △△ 씨가 한 방송에 출연하여 겨울철에 감기를 예방하는 방법을 자세히 알려 주었습니다.

수행평가 가이드
다양한 유형의 수행평가!
수행평가 가이드를 이용해 풀어 봐!

차별을 받는 사람들

• 우리 주변에는 피부색, 언어, 종교, 출신 지역 등이 다르다는 이유로 차별받는 사람들이 있습니다.

• 이 외에 성별, 나이, 장애, 외모를 이유로 차별받는 사람들이 있습니다.

18 위 신문 기사를 읽고 바르게 말하지 <u>않은</u> 어린이는 누구인지 쓰시오. 천재교육

⊙, ⓒ 두 신문 기사에는 모두 공정하지 못하고 한쪽으로 치우친 생각이 나타나 있어요.
▲ 윤수

⊙ 신문 기사의 밑줄 친 '살색'이라는 말은 '살구색'으로 바꿔 써야 해요.
▲ 혜민

ⓒ 신문 기사에서 밑줄 친 '미모의 여의사'는 칭찬하는 말이기 때문에 차별이라고 할 수 없어요.
▲ 재성

(   )

차별을 받는 사람들은 존중받지 못한다는 생각이 들 수 있어.

3 단원

19 위에서 성별에 대한 차별이 나타난 신문 기사를 찾아 기호를 쓰시오. 천재교육

(   )

천재교육, 교학사, 김영사, 비상교과서

20 위 ⊙ 신문 기사에서 밑줄 친 '살색'이 차별의 뜻을 담고 있는 까닭을 쓰시오.

3. 사회 변화와 문화 다양성

점수

Q 배점 표시가 없는 문제는 문제당 4점입니다.

천재교육, 김영사, 동아출판, 비상교육, 아이스크림 미디어, 지학사

1 사회 변화로 나타난 일상생활의 모습

11종 공통

1 인구의 변화로 나타나고 있는 현상과 관련 있는 그림은 어느 것입니까? ( )

①
⚠ 숙제를 인터넷으로 검색함.

②
⚠ 노인을 위한 시설이 많음.

③
⚠ 스마트폰으로 멀리 있는 사람과 영상 통화를 함.

④
⚠ 우리 동네에서 다른 나라의 음식을 먹음.

천재교과서

2 다음 직업들의 공통점을 바르게 말한 어린이를 쓰시오.

⚠ 전화 교환원

⚠ 버스 안내원

나래: 오늘날 쉽게 볼 수 있는 직업이에요.
동연: 옛날에는 있었지만 오늘날 사라진 직업이에요.
상희: 오늘날 전화와 버스가 사라졌기 때문에 필요 없는 직업이에요.

( )

3 다음 그래프에 나타난 사회 변화와 가장 관련 있는 현상은 어느 것입니까? ( )

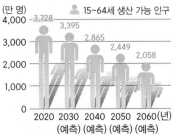

👤 15~64세 생산 가능 인구

(만 명)
4,000 - 3,728
3,395
3,000 2,865
2,449
2,000 2,058
1,000
0
2020 2030 2040 2050 2060(년)
(예측) (예측) (예측) (예측)

① 세계화 ② 저출산 ③ 사막화
④ 빈곤화 ⑤ 정보화

11종 공통

4 고령화로 인해 나타나는 현상으로 알맞은 것은 어느 것입니까? ( )

① 일하는 노인이 많아지고 있다.
② 다른 나라와 쉽게 교류하고 있다.
③ 출산을 도와주는 병원이 늘어나고 있다.
④ 새롭게 문을 여는 학교가 늘어나고 있다.
⑤ 노인을 대상으로 하는 산업이 사라지고 있다.

📋 서술형·논술형 문제
11종 공통

5 다음은 사회 변화에 따른 문제를 해결하기 위한 방법입니다. [총 10점]

출산 장려금, 아동 수당을 주는 등 아이를 키우는 가정에 경제적인 지원을 해 줌.

(1) 위와 같은 해결 방법은 (저출산 / 고령화)에 대응하기 위한 것입니다. [4점]

(2) 위 (1)번 답에 대응하기 위한 해결 방법을 한 가지만 더 쓰시오. [6점]

_____

_____

11종 공통

6 다음 사진을 보고, □ 안에 들어갈 알맞은 말을 보기 에서 찾아 쓰시오.

오늘날 우리는 스마트폰의 애플리케이션을 이용해서 음식값을 낼 수 있고, 멀리 떨어진 곳에 있는 사람과 이야기를 나눌 수 있습니다. 이는 모두 □로 달라진 생활 모습입니다.

보기
• 농업화   • 온난화   • 정보화

(   )

11종 공통

7 정보화로 달라진 학교의 모습으로 알맞지 <u>않은</u> 것은 어느 것입니까? (   )

① 디지털 교과서로 공부한다.
② 학교 누리집에서 급식 정보를 살펴본다.
③ 교사와 학생들이 온라인으로 수업을 한다.
④ 학교 도서관에서 대출 프로그램을 활용한다.
⑤ 학교 숙제는 반드시 알림장에 적어서 확인한다.

11종 공통

8 정부화로 인한 문제 중 개인 정보 유출 문제를 겪고 있는 사람은 누구입니까? (   )

① 준서: 모르는 번호로 계속 전화가 와요.
② 은형: 온종일 인터넷 게임만 하고 싶어요.
③ 나진: 스마트폰을 손에서 놓을 수가 없어요.
④ 이연: 친구들이 대화방에서 내 말을 무시해요.
⑤ 주호: 내가 만든 노래를 사람들이 불법으로 내려받고 있어요.

11종 공통

9 다음 사진과 같은 현상이 발생하는 까닭은 어느 것입니까? (   )

◎ 우리나라 운동 경기에서 외국인 선수가 활약함. ◎ 다른 나라의 물건을 싸고 손쉽게 살 수 있음.

① 세계 인구가 줄어들어서
② 국가 간 교류가 늘어나서
③ 14세 이하 인구가 늘어나서
④ 교통과 통신이 발달하지 않아서
⑤ 정보와 지식의 중요성이 줄어들어서

11종 공통

10 다음 사진에 나타난 세계화의 문제점을 보기 에서 찾아 기호를 쓰시오. [6점]

간판이 모두 외국어네.

보기
㉠ 우리의 고유한 문화가 사라집니다.
㉡ 전염병이 전 세계로 빠르게 번집니다.
㉢ 우리의 전통문화만 옳다고 생각하는 사람들이 늘어납니다.
㉣ 세계 여러 나라가 경쟁을 하지 않아서 다양한 상품을 살 수 없습니다.

(   )

2 다양한 문화에 대한 이해와 존중

[11~13] 다음 사진을 보고, 물음에 답하시오.

ㄱ  ㄴ

ㄷ  ㄹ

ㅁ  ㅂ

천재교과서, 교학사, 김영사, 비상교과서, 비상교육, 아이스크림 미디어

11 위 사진을 의식주로 구분하여 기호를 쓰시오.

(1) 의	,
(2) 식	,
(3) 주	,

11종 공통

12 위 사진을 보고 바르게 말한 어린이를 두 명 쓰시오.

지후: 위 사진에 나타난 모습은 모두 문화가 아니에요.

예준: 각 나라마다 생활 모습이 다른 것도 문화예요.

소은: 그 나라만의 문화가 있는 나라보다 없는 나라가 더 많아요.

민서: 문화는 한 사회의 구성원들이 가지고 있는 공통의 생활 방식이에요.

(,)

서술형·논술형 문제   11종 공통

13 왼쪽 사진에서 우리나라의 식사 모습을 찾아 기호를 쓰고, 다른 나라와 식사 모습이 다른 까닭을 쓰시오.

[총 10점]

(1) 기호 [4점]: ( )

(2) 다른 까닭 [6점]: _____

_____

천재교육, 아이스크림 미디어

14 다음 그래프의 제목에서 □ 안에 들어갈 알맞은 말은 어느 것입니까? ( )

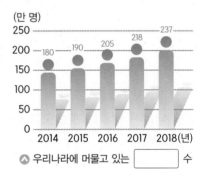

(만 명)

우리나라에 머물고 있는 □ 수

① 출생아   ② 어린이

③ 외국인   ④ 임산부

⑤ 초등학생

11종 공통

15 우리 주변에서 볼 수 있는 다양한 문화의 모습으로 알맞지 <u>않은</u> 것은 어느 것입니까? ( )

① 세계 여러 나라의 음식점이 많다.

② 외국인 근로자가 여러 분야에서 일하고 있다.

③ 세계 여러 나라의 춤을 볼 수 있는 행사를 한다.

④ 다른 나라에서 만든 제품을 주변에서 보기 어렵다.

⑤ 쉽게 접할 수 없었던 종교와 관련된 건물이 주변에 있다.

서술형·논술형 문제 천재교육, 천재교과서, 교학사, 김영사, 동아출판, 비상교과서

16 다음은 우리 주변에서 볼 수 있는 모습입니다. [총 10점]

신입 사원 면접

우리 일은 여자 직원이 더 잘하는데……

남자 직원이 많은 게 더 좋은데……

경력 사원 면접

나이가 적은 직원이 더 좋은데……

고속버스를 타고 싶은데 탈 수가 없네.

모집

키: ○○○이상
용모 단정

카페

(1) 위 사례에서 직업을 구할 때 성별을 이유로 어려움을 겪고 있는 사람을 찾아 기호를 쓰시오. [4점]

( )

(2) 위 ㉠~㉣ 사례에 나타난 공통점을 한 가지만 쓰시오. [6점]

_____

_____

천재교육, 천재교과서, 교학사, 금성출판사, 김영사,
동아출판, 미래엔, 비상교과서, 비상교육

17 우리 반에서 일어나는 편견이나 차별을 해결하기 위한 약속이 바르게 짝 지어지지 <u>않은</u> 것을 찾아 기호를 쓰시오.

	편견이나 차별 사례	우리 반 약속
㉠	생김새가 다르다고 놀림받은 적이 있어요.	나와 다른 사람들의 특징을 가지고 놀리지 않아요.
㉡	남자가 분홍색을 좋아한다고 이상하대요.	개인의 취향을 존중해요.
㉢	몸집이 크다고 놀림받은 적이 있어요.	친구의 있는 그대로를 존중해요.
㉣	축구를 할 때 남자아이들끼리만 해요.	축구를 잘하는 여자아이들만 참여하게 해요.

( )

18 편견과 차별을 해결하기 위해 우리가 개인적으로 할 수 있는 노력을 보기 에서 찾아 기호를 쓰시오.

보기

㉠ 다른 사람과 나의 다른 점을 이해합니다.
㉡ 한쪽으로 치우치는 생각을 하도록 노력합니다.
㉢ 다른 사람을 존중하기보다는 나를 존중해 주기를 원합니다.

( )

19 편견과 차별을 없애기 위해 오른쪽 사진의 국회에서 하는 일은 어느 것입니까?

( )

① 한국어 교육을 제공한다.
② 다양한 문화를 알리는 행사를 연다.
③ 차별을 없애려고 관련 법을 만든다.
④ 북한 이탈 청소년의 학교 적응을 돕는다.
⑤ 다양한 문화를 가진 사람들이 직업을 구할 수 있도록 일자리 박람회를 연다.

3 단원

진도 완료 체크

천재교육, 천재교과서, 동아출판, 아이스크림 미디어

20 다음 두 포스터를 보고 바르게 말한 어린이를 쓰시오.

안녕, 우리 친구하자

한국인의 성씨

유나: 다양한 문화를 인정하며 함께 살자는 의미에서 만든 포스터예요.
주성: 문화가 다른 사람은 우리와 어울릴 수 없다는 것을 알려 주는 포스터예요.
정현: 우리의 전통문화가 가장 소중하기 때문에 지켜 나가자는 의미의 포스터예요.

( )

장애인에 대한 이해와 존중

우리 주변의 장애인과 함께 살아가는 방법은 무엇일까요?

차별적 표현 고치기

일상에서 흔히 쓰는 말 중에는 장애인을 차별하는 의미가 담긴 표현들이 있습니다. 벙어리, 귀머거리는 장애인을 낮잡아 부르는 말이라는 사전적 의미가 있습니다. 벙어리는 '언어 장애인'으로, 귀머거리는 '청각 장애인'으로 바꾸어 표현해 주세요.

그리고 장애인이 아닌 사람들을 정상인이라 부르는 것은 장애인을 비정상이라고 오해하게 만들어요. 신체나 정신에 장애가 없는 사람을 장애인과 비교하여 부르는 말로 '비장애인'이라는 표현이 있답니다. 우리 주변의 장애인들이 상처받지 않도록 지금부터 표현을 고쳐 나가 보아요.

⊙ 체육 대회에 참가한 장애인

장벽 허물기, 배리어 프리(barrier free)

배리어는 우리말로 장벽을 의미합니다. 여기서 장벽은 주택이나 도로의 계단과 턱 등 눈에 보이는 장벽과 차별, 편견 등의 마음의 장벽을 모두 포함해요. 즉, '배리어 프리'란 노인이나 장애인이 살기 좋은 사회가 되도록 장벽을 허물자는 운동입니다.

휠체어를 탄 장애인이나 노인들이 이용하기 쉽도록 주택의 문턱을 없애고 버스나 도로에 경사로를 설치하는 것이 대표적인 배리어 프리 운동입니다. 또한 장애인들도 공공 시설을 편히 이용할 수 있도록 엘리베이터를 곳곳에 설치하기도 해요. 최근에는 시각·청각 장애인들을 위해 음성과 자막으로 화면을 해설하는 배리어 프리 영화들도 늘고 있답니다. 배리어 프리 영화를 감상하면서 평소 여러분이 보던 영화와 무엇이 다른지 느껴 보는 것은 어떨까요?

◁ 경사로와 엘리베이터

문제 읽을 준비는
저절로 되지 않습니다.

문해력을 키우는 시간

하루
10분

똑똑한 하루 국어 시리즈

문제풀이의 핵심, 문해력을 키우는 승부수

예비초~초6 각A·B

교재별14권

예비초A·B, 초1~초6: 1A~4C

총 14권

뭘 좋아할지 몰라 다 준비했어♥
전과목 교재

전과목 시리즈 교재

● **무등생 해법시리즈**
– 국어/수학	1~6학년, 학기용
– 사회/과학	3~6학년, 학기용
– 봄·여름/가을·겨울	1~2학년, 학기용
– SET(전과목/국수, 국사과)	1~6학년, 학기용

● **똑똑한 하루 시리즈**
– 똑똑한 하루 독해	예비초~6학년, 총 14권
– 똑똑한 하루 글쓰기	예비초~6학년, 총 14권
– 똑똑한 하루 어휘	예비초~6학년, 총 14권
– 똑똑한 하루 한자	예비초~6학년, 총 14권
– 똑똑한 하루 수학	1~6학년, 학기용
– 똑똑한 하루 계산	예비초~6학년, 총 14권
– 똑똑한 하루 도형	예비초~6학년, 총 8권
– 똑똑한 하루 사고력	1~6학년, 학기용
– 똑똑한 하루 사회/과학	3~6학년, 학기용
– 똑똑한 하루 봄/여름/가을/겨울	1~2학년, 총 8권
– 똑똑한 하루 안전	1~2학년, 총 2권
– 똑똑한 하루 Voca	3~6학년, 학기용
– 똑똑한 하루 Reading	초3~초6, 학기용
– 똑똑한 하루 Grammar	초3~초6, 학기용
– 똑똑한 하루 Phonics	예비초~초등, 총 8권

● **독해가 힘이다 시리즈**
– 초등 문해력 독해가 힘이다 비문학편	3~6학년
– 초등 수학도 독해가 힘이다	1~6학년, 학기용
– 초등 문해력 독해가 힘이다 문장제수학편	1~6학년, 총 12권

영어 교재

● **초등영어 교과서 시리즈**
파닉스(1~4단계)	3~6학년, 학년용
영단어(1~4단계)	3~6학년, 학년용

● **LOOK BOOK 영단어** | 3~6학년, 단행본

● **원서 읽는 LOOK BOOK 영단어** | 3~6학년, 단행본

국가수준 시험 대비 교재

● **해법 기초학력 진단평가 문제집** | 2~6학년·중1 신입생, 총 6권

#홈스쿨링

우등생

개념 동영상 강의

온라인 성적 피드백

서술형 문제 동영상 강의

사회 4·2

온라인 학습북 포인트 3가지

▶ 「개념 동영상 강의」로 교과서 핵심만 정리!

▶ 「서술형 문제 동영상 강의」로 사고력도 향상!

▶ 「온라인 성적 피드백」으로 단원별로 내가 부족한 부분 꼼꼼하게 체크!

우등생 온라인 학습북 활용법

home.chunjae.co.kr

온라인 강의
개념 / 서술형 · 논술형 평가 / 단원평가

온라인 학습 스케줄 관리
맞춤형 홈스쿨링 스케줄표 제공

온라인 채점과 성적 피드백
정답을 입력하면 채점과 성적 분석까지

정답 입력

온라인 피드백

8 문제풀이

축척이 다른 두 지도를 비교하는 문제입니다. 축척 표현 방법 등을 이해하지 못하면 문제를 푸는 데 어려움을 느낄 수 있습니다.

16 문제풀이

지역 사람들은 목적에 따라 지역의 다양한 중심지를 방문합니다. ①은 상업의 중심지, ②는 행정의 중심지, ③은 교통의 중심지, ④는 산업의 중심지, ⑤는 관광의 중심지에

단원평가의 답을 입력하여 제출하면
틀린 문제에 대한 피드백과 동영상 강의 제공!

우등생 사회 4-2
홈스쿨링 스피드 스케줄표(10회)

스피드 스케줄표는 온라인 학습북을 10회로 나누어
빠르게 공부하는 학습 진도표입니다.

1. 촌락과 도시의 생활 모습

1회 온라인 학습북 4~9쪽	**2**회 온라인 학습북 10~15쪽	**3**회 온라인 학습북 16~19쪽
월 일	월 일	월 일

2. 필요한 것의 생산과 교환	중간 범위	2. 필요한 것의 생산과 교환
4회 온라인 학습북 20~25쪽	**5**회 온라인 학습북 26~29쪽	**6**회 온라인 학습북 30~35쪽
월 일	월 일	월 일

2. 필요한 것의 생산과 교환	3. 사회 변화와 문화 다양성	
7회 온라인 학습북 36~39쪽	**8**회 온라인 학습북 40~45쪽	**9**회 온라인 학습북 46~50쪽
월 일	월 일	월 일

기말 범위

10회 온라인 학습북 51~56쪽
월 일

스피드
스케줄표
바로가기

차례

❶ 촌락과 도시의 생활 모습

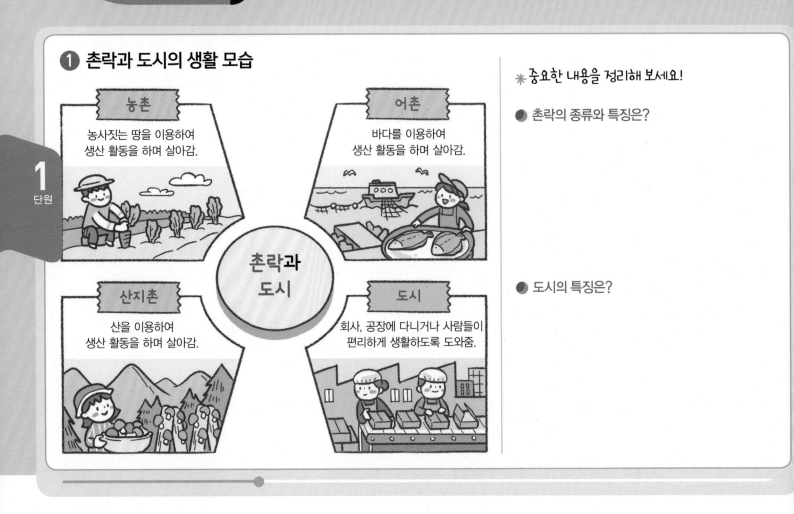

농촌
농사짓는 땅을 이용하여 생산 활동을 하며 살아감.

어촌
바다를 이용하여 생산 활동을 하며 살아감.

산지촌
산을 이용하여 생산 활동을 하며 살아감.

촌락과 도시

도시
회사, 공장에 다니거나 사람들이 편리하게 생활하도록 도와줌.

✳ 중요한 내용을 정리해 보세요!

● 촌락의 종류와 특징은?

● 도시의 특징은?

개념 확인하기

정답 17쪽

🖉 다음 문제를 읽고 답을 찾아 ☐ 안에 ✔표를 하시오.

1 주로 자연환경을 이용하여 살아가는 곳을 무엇이라고 합니까?

ㄱ 촌락 ☐ 　　ㄴ 도시 ☐

2 주로 넓은 들을 이용하여 생산 활동을 하며 살아가는 곳은 어디입니까?

ㄱ 농촌 ☐　ㄴ 어촌 ☐　ㄷ 산지촌 ☐

3 어촌에서 주로 볼 수 있는 시설은 무엇입니까?

ㄱ 목장 ☐　ㄴ 방파제 ☐　ㄷ 정미소 ☐

4 도시에서 나타나는 특징은 무엇입니까?

ㄱ 교통수단과 도로가 발달했다. ☐
ㄴ 이동하는 사람을 보기 어렵다. ☐
ㄷ 대부분 농업에 종사하며 살아간다. ☐

5 도시에 사는 사람들이 주로 하는 일은 무엇입니까?

ㄱ 산에서 약초를 캔다. ☐
ㄴ 논에서 벼농사를 짓는다. ☐
ㄷ 회사나 공장에서 일한다. ☐
ㄹ 바다에서 물고기를 잡는다. ☐

❷ 촌락과 도시의 문제점과 해결 방안

일손 부족 문제 해결

소득 감소 문제 해결

다양한 기계 이용

품질 좋은 농수산물 생산

시설 부족 문제 해결

시설 확충

촌락 문제 해결 노력

주택 문제 해결

교통 문제 해결

도시 문제 해결 노력

환경 문제 해결

주택 건설 확대

버스 전용 차로제 실시

쓰레기 분리배출 시설 설치

✷ 중요한 내용을 정리해 보세요!

● 촌락 문제를 해결하려는 노력은?

● 도시 문제를 해결하려는 노력은?

개념 확인하기

정답 17쪽

🌱 다음 문제를 읽고 답을 찾아 ⬜ 안에 ✔표를 하시오.

1 촌락에서 나타나고 있는 문제는 무엇입니까?

㉠ 교통 혼잡 ⬜ ㉡ 귀촌 증가 ⬜

㉢ 일손 부족 ⬜ ㉣ 노인의 수 감소 ⬜

2 촌락 사람들이 소득을 올리기 위해 하고 있는 노력은 무엇입니까?

㉠ 농사를 지을 때 농약을 많이 사용한다. ⬜

㉡ 외국에서 값싼 농산물을 많이 들여온다. ⬜

㉢ 새로운 품종의 농산물을 개발·재배한다. ⬜

3 도시 문제가 나타나는 까닭은 무엇입니까?

㉠ 좁은 면적에 많은 사람이 모여 살아서 ⬜

㉡ 도시의 젊은 사람들이 촌락으로 떠나서 ⬜

4 하수 처리 시설을 설치하는 것은 도시의 어떤 문제를 해결하기 위한 노력입니까?

㉠ 주택 문제 ⬜ ㉡ 환경 문제 ⬜

5 도시의 교통 문제를 해결하기 위해 어떤 노력을 하고 있습니까?

㉠ 버스 전용 차로제 실시 ⬜

㉡ 쓰레기 분리배출 시설 설치 ⬜

1 촌락에 대한 설명으로 알맞은 것에 모두 ○표를 하시오.

(1) 사회·정치·경제활동의 중심이 되는 곳입니다.
( )

(2) 자연환경의 영향을 받지 않아 날씨를 중요하게 여기지 않습니다. ( )

(3) 사람들은 주로 산, 들, 바다와 같은 자연환경을 이용하여 살아갑니다. ( )

(4) 계절이나 날씨의 변화에 따라 촌락 사람들의 생활 모습이 달라집니다. ( )

2 다음 그림과 관련 있는 촌락에 대한 설명으로 알맞은 것은 어느 것입니까? ( )

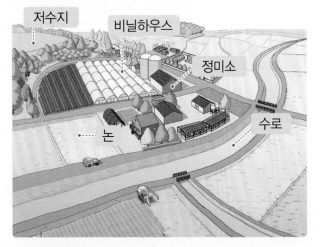

① 사람들은 주로 어업을 한다.
② 농사를 짓는 데 도움을 주는 시설들이 있다.
③ 바다를 이용하여 생산 활동을 하며 살아간다.
④ 사람들은 경사진 밭과 계단식 논에서 농사를 짓는다.
⑤ 사람들은 여름철 서늘한 기후를 이용하여 고랭지 농업 활동을 한다.

3 산지촌 사람들이 주로 하는 일로 알맞은 것을 두 가지 고르시오. (,)

① 울창한 숲에서 목재를 얻는다.
② 산에서 나물이나 약초를 캔다.
③ 양식장에서 김, 미역 등을 기른다.
④ 해수욕장 근처에서 횟집을 운영한다.
⑤ 바닷속에서 전복, 해삼 등을 채취한다.

4 도시의 특징에 대해 알맞게 말하지 <u>않은</u> 어린이는 누구입니까? ( )

① 채율: 많은 사람이 모여 살고 있어.
② 이현: 물건이나 음식을 파는 상점이 많아.
③ 예나: 주로 임업이 발달한 곳에 위치해 있어.
④ 영리: 교육청, 시청 등 다양한 공공 기관이 있어.
⑤ 서준: 사람들이 일할 수 있는 회사나 공장이 많아.

천재교육

5 다음 촌락과 도시의 공통점으로 알맞은 것을 보기 에서 모두 찾아 기호를 쓰시오.

△ 전라남도 담양군

△ 대전광역시

보기
㉠ 넓은 들판에 자리하고 있습니다.
㉡ 도로가 넓고 잘 정비되어 있습니다.
㉢ 대부분의 땅을 농경지로 이용합니다.
㉣ 사람들이 마을을 이루어 살고 있습니다.

(,)

6 다음 ➊과 ➋에 해당하는 도시를 그림지도에서 각각 찾아 쓰시오.

➊ 큰 항구가 있는 우리나라 제2의 도시
➋ 수도권에 집중된 과도한 행정 기능을 분산하려고 새롭게 계획하여 만든 도시

➊ (   )
➋ (   )

7 살기 좋은 촌락을 만들기 위한 노력과 관련하여 다음 ☐ 안에 들어갈 알맞은 말을 쓰시오.

촌락에 살고 있는 사람들은 다양한 기계를 활용하여 ☐ 부족 문제를 해결하고 생산량도 늘리고 있습니다.

(   )

8 촌락의 소득 감소 문제를 해결하기 위해 하고 있는 노력으로 알맞지 <u>않은</u> 것은 어느 것입니까? (   )

① 품질 좋은 농수산물을 생산한다.
② 품종을 개량하여 새로운 제품을 개발한다.
③ 인터넷을 이용하여 판매처를 전국으로 다양화한다.
④ 농약이나 화학 비료를 많이 사용하여 농산물을 생산한다.
⑤ 촌락의 자연환경과 특산물을 활용하여 다양한 지역 축제를 개최한다.

천재교육, 천재교과서, 금성출판사, 김영사, 동아출판,
미래엔, 비상교육, 아이스크림 미디어, 지학사

9 도시의 주택 문제를 해결하기 위한 노력으로 알맞은 것을 두 가지 고르시오. (,   )

① 더 이상 주택을 건설하지 않는다.
② 낡은 주택 단지의 환경을 정비한다.
③ 아파트를 짓지 못하게 하는 법을 만든다.
④ 촌락에 사는 사람들을 도시로 집중시킨다.
⑤ 경제적으로 어려운 사람들에게 주택을 싼값에 빌려준다.

천재교과서

10 도시의 교통 문제를 해결하기 위한 노력에 ○표를 하시오.

(1)

⬥ 거주자 우선 주차 제도를 실시함.

(2)

⬥ 전기 자동차를 충전할 수 있는 시설을 확충함.

(   ) (   )

연습 👓 도움말을 참고하여 내 생각을 차근차근 써 보세요.

1 다음은 현수가 촌락을 여행하며 찍은 사진과 메모입니다. [총 8점]

기계를 이용해 농사짓는 모습

양식장에서 김을 기르는 모습

목장에서 양을 기르는 모습

(1) 위 ㉠~㉢에 들어갈 촌락은 어디인지 각각 쓰시오.
[3점]

㉠ (   )

㉡ (   )

㉢ (   )

(2) 현수가 메모한 내용과 같이 촌락마다 생산 활동이 다른 까닭을 쓰시오. [5점]

👓 다른 촌락과 구별되는 각 촌락의 자연환경을 생각하며 써 보세요.

꼭 **들어가야 할 말** 자연환경 / 달라서

_____

_____

2 다음은 촌락을 조사한 후 작성한 보고서입니다.
[총 12점]

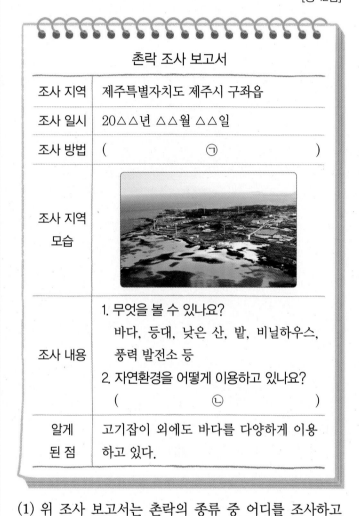

촌락 조사 보고서	
조사 지역	제주특별자치도 제주시 구좌읍
조사 일시	20△△년 △△월 △△일
조사 방법	(㉠)
조사 지역 모습	
조사 내용	1. 무엇을 볼 수 있나요? 바다, 등대, 낮은 산, 밭, 비닐하우스, 풍력 발전소 등 2. 자연환경을 어떻게 이용하고 있나요? (㉡)
알게 된 점	고기잡이 외에도 바다를 다양하게 이용하고 있다.

(1) 위 조사 보고서는 촌락의 종류 중 어디를 조사하고 작성한 것인지 쓰시오. [2점]

(   )

(2) 위 ㉠에 들어갈 조사 방법을 한 가지만 쓰시오. [4점]

(   )

(3) 위 ㉡에 들어갈 알맞은 내용을 한 가지만 쓰시오. [6점]

_____

_____

3 다음은 촌락의 인구 변화를 나타낸 그래프입니다.

[총 10점]

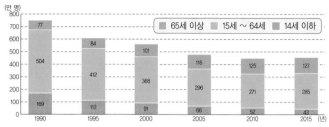

[출처: 국가통계포털, 2017.]

(1) 위 그래프와 가장 관련 있는 촌락의 문제를 보기 에서 찾아 기호를 쓰시오. [2점]

> 보기
> ㉠ 막히는 도로
> ㉡ 일손 부족 문제
> ㉢ 소득 감소 문제

( )

(2) 위 (1)번 답과 같은 문제를 해결할 방법으로 알맞은 것에 ○표를 하시오. [2점]

(가)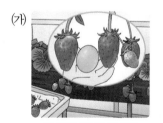
🔺 달걀보다 더 큰 딸기 '킹스베리' 생산하기

(나)
🔺 기계로 전복 양식장에 다시마 넣기

( ) ( )

(3) 제시된 그래프와 관련하여 위 (1)번 답과 같은 문제가 발생하는 까닭을 쓰시오. [6점]

_____

_____

4 다음은 도시의 문제를 해결하기 위한 노력입니다.

[총 10점]

㉠ 문제	㉡ 문제
해결	해결

[출처: 연합뉴스]
친환경 전기 자동차의 보급을 늘리고, _____

[출처: 뉴스뱅크]
집을 많이 지어 쉽게 집을 구할 수 있게 함.

(1) 위 ㉠, ㉡에 들어갈 알맞은 말을 보기 에서 찾아 각각 쓰시오. [2점]

> 보기
> • 교통 • 소음 • 주택 • 환경

㉠ ( ) ㉡ ( )

(2) 위 밑줄 친 부분에 들어갈, ㉠ 문제를 해결하기 위한 노력을 알맞게 말한 어린이를 쓰시오. [2점]

재원
공영 주차장을 건설해야 해.

하수 처리 시설을 설치해야 해.

은빈

( )

(3) 위 ㉠, ㉡과 같은 도시 문제가 발생하는 원인을 쓰시오. [6점]

_____

_____

❶ 촌락과 도시의 다양한 교류

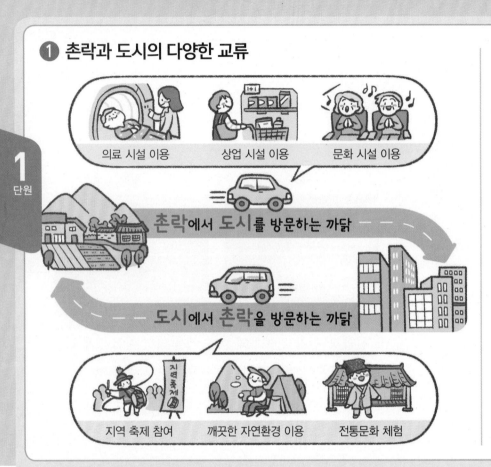

의료 시설 이용   상업 시설 이용   문화 시설 이용

촌락에서 도시를 방문하는 까닭

도시에서 촌락을 방문하는 까닭

지역 축제 참여   깨끗한 자연환경 이용   전통문화 체험

✹ 중요한 내용을 정리해 보세요!

● 촌락 사람들이 도시에 가는 까닭은?

● 도시 사람들이 촌락에 가는 까닭은?

개념 확인하기

정답 19쪽

🍃 다음 문제를 읽고 답을 찾아 ☐ 안에 ✔표를 하시오.

1 도시 사람들이 촌락을 찾는 사례에 해당하는 것은 무엇입니까?

㉠ 대형 할인점에서 필요한 물건 사기 ☐

㉡ 전통 가옥 체험 프로그램에 참여하기 ☐

2 도시 사람들이 촌락에 가는 까닭은 무엇입니까?

㉠ 시청에서 일을 처리하려고 ☐

㉡ 대형 종합 병원에서 수술을 받으려고 ☐

㉢ 축제에 참여해 촌락의 문화를 체험하려고 ☐

3 도시에 사는 사람들이 촌락의 자연환경을 이용하여 즐기는 여가 생활은 무엇입니까?

㉠ 자연 휴양림에서 산림욕 즐기기 ☐

㉡ 경기장에서 운동 경기 관람하기 ☐

4 촌락 사람들이 도시에 가서 이용하는 시설은 무엇입니까?

㉠ 염전 ☐   ㉡ 축사 ☐   ㉢ 백화점 ☐

5 촌락 사람들이 도시에 가는 까닭은 무엇입니까?

㉠ 고구마 캐기 체험을 하려고 ☐

㉡ 영화관 등의 문화 시설을 이용하려고 ☐

❷ 상호 의존 하는 촌락과 도시

농수산물 직거래 장터

촌락 더 높은 소득을 올릴 수 있음.

도시 싱싱한 농수산물을 싸게 살 수 있음.

촌락의 지역 축제

촌락 소득이 늘어나고, 문화를 알릴 수 있음.

도시 다양한 체험 활동을 할 수 있음.

상호 의존

✱ 중요한 내용을 정리해 보세요!

● 상호 의존이란?

● 촌락과 도시의 교류 모습을 통해 알게 된 점은?

1 단원

개념 확인하기

정답 19쪽

🍃 다음 문제를 읽고 답을 찾아 ☐ 안에 ✔표를 하시오.

1 상호 의존의 의미는 무엇입니까?

ㄱ 서로 돕고 교류하며 의지하는 것 ☐

ㄴ 더 이상 교류할 필요가 없는 상태 ☐

2 촌락과 도시의 교류는 어떻게 이루어지고 있습니까?

ㄱ 교류하면서 상호 의존 하고 있다. ☐

ㄴ 교류를 통해 도시만 도움을 받고 있다. ☐

ㄷ 인문환경이 같은 곳끼리만 교류하고 있다. ☐

3 촌락과 도시 사람들은 무엇을 통해 교류합니까?

ㄱ 지역 축제 ☐   ㄴ 폭력 시위 ☐

4 농수산물 직거래 장터를 열 때 촌락 사람들에게 좋은 점은 무엇입니까?

ㄱ 더 높은 소득을 올릴 수 있다. ☐

ㄴ 중간 상인을 여러 번 거쳐 팔 수 있다. ☐

5 촌락에서 지역 축제를 열 때의 좋은 점은 무엇입니까?

ㄱ 촌락 사람들의 소득이 줄어든다. ☐

ㄴ 촌락의 자연환경을 널리 알릴 수 있다. ☐

1 다음 그림에 대한 설명으로 알맞은 것에 모두 ○표를 하시오.

(1) 가는 교류로 볼 수 없습니다.   (   )

(2) 가와 같이 문화를 알리기 위해 다른 지역을 오 가기도 합니다.   (   )

(3) 나와 같이 다른 지역에서 생산된 것들이 우리 지역에서 팔립니다.   (   )

천재교육

2 다음 그림을 보고 알맞게 말하지 <u>않은</u> 어린이는 누구입 니까? (   )

① 시영: 지역마다 생산하는 물건이 달라.

② 준서: 도시에서는 공산품을 생산하고 있어.

③ 해준: 도로와 트럭을 보니 각 지역에서 생산된 물건이 다른 지역으로 이동하고 있어.

④ 다빈: 만약 지역 간 교류가 이루어지지 않는다면 농촌은 농산물을 구할 수 없게 될 거야.

⑤ 우영: 촌락이나 도시에서만 생산되는 물건이 있 어서 촌락과 도시 사이에 물건이 오가는구나.

3 지역 간 교류가 필요한 까닭으로 알맞은 것은 어느 것 입니까? (   )

① 지역마다 자연환경이 같아서

② 지역마다 발달한 기술이 달라서

③ 지역마다 발달한 문화가 같아서

④ 서로 부족한 부분을 채울 필요가 없어서

⑤ 지역마다 필요한 것을 모두 가지고 있어서

[4~5] 다음 글을 읽고, 물음에 답하시오.

도시에 사는 사람들은 ㉠ 촌락 생활을 체험하거나 _____㉡_____ 촌락에 갑니다.

4 윗글의 ㉠에 해당하는 체험 활동으로 알맞지 <u>않은</u> 것은 어느 것입니까? (   )

① 백화점에서 옷을 산다.

② 밭에서 고구마를 캔다.

③ 갯벌에서 조개를 잡는다.

④ 과수원에서 사과를 수확한다.

⑤ 목장에서 양에게 먹이를 준다.

5 윗글의 ㉡에 들어갈 내용으로, 도시 사람들이 촌락에 가는 까닭을 두 가지 고르시오. (,   )

① 법원에서 재판을 하기 위해

② 영화관에서 영화를 보기 위해

③ 일손 돕기 봉사 활동을 하기 위해

④ 대형 할인점에서 필요한 물건을 사기 위해

⑤ 깨끗한 자연환경 속에서 여가를 즐기기 위해

천재교과서, 아이스크림 미디어

6 촌락 사람들이 도시에서 주로 이용하는 시설과 공공 기관으로 알맞지 <u>않은</u> 것은 어느 것입니까? ( )

① 시청
② 교육청
③ 종합 병원
④ 대형 할인점
⑤ 농기계 정비소

7 다음과 같은 촌락과 도시의 교류가 미치는 영향으로 알맞은 것을 보기 에서 찾아 기호를 쓰시오.

⬆ 로컬 푸드 매장 ⬆ 농수산물 직거래 장터

보기
㉠ 촌락과 도시 모두 경제적인 이익을 얻습니다.
㉡ 도시 사람들은 싱싱한 농수산물을 사는 데 어려움을 겪습니다.
㉢ 촌락 사람들은 도시 사람들에게 농수산물을 직접 팔 수 없게 됩니다.

( )

8 지역 축제에 대한 설명으로 알맞은 것을 두 가지 고르 시오. (,)

① 촌락에서만 축제가 열린다.
② 촌락에서는 인문환경을 활용한 축제만 연다.
③ 촌락의 축제에 가면 지역의 특산품을 살 수 있다.
④ 축제를 연 지역에서는 지역 주민들의 애향심이 낮아진다.
⑤ 축제에 온 사람들이 식당, 숙박 시설 등을 이용 하여 지역 경제에 도움을 준다.

9 다음 주말농장 사례와 관련하여 ㉠과 ㉡에 들어갈 알 맞은 말을 각각 쓰시오.

촌락 ㉠ 하면서 상호 ㉡ 하는 사례 도시

주말농장

㉠ 하는 모습	도시 사람들이 촌락 사람들에게 땅을 빌려 주말이나 휴일에 와서 농사를 지음.
㉠ 의 좋은 점	• 촌락 사람들은 땅을 빌려주고 돈을 벌 수 있음. • 도시 사람들은 직접 채소를 길러 먹을 수 있음.
생각하거나 느낀 점	촌락과 도시 사람들은 ㉠ 하면서 서로 도움이 될 수 있음.

㉠ ( ) ㉡ ( )

천재교육, 천재교과서, 교학사, 김영사, 비상교과서,
비상교육, 아이스크림 미디어, 지학사

10 인터넷을 이용하여 촌락과 도시가 교류하는 모습을 조사한 어린이는 누구입니까? ( )

① 여준: 도서관에서 책을 찾아봤어.
② 우석: 지역의 홍보 책자를 찾아봤어.
③ 시훈: 시청 누리집에 들어가서 자료를 찾았어.
④ 다현: 지역 축제가 열리는 곳에 가서 살펴봤어.
⑤ 민재: 지역을 잘 아는 어른들께 지역의 교류 모 습을 여쭤봤어.

연습 🐱 도움말을 참고하여 내 생각을 차근차근 써 보세요.

1 다음 그림은 지역 주민들의 모습을 나타낸 것입니다. [총 10점]

□□에서 막 잡아 온 싱싱한 생선입니다.

목장에 가서 다양한 체험을 하고 돌아가요.

이번에는 △△에서 온 합창단 순서입니다.

○○시에 있는 공장에서 만든 세탁기구나.

(1) 위 ㉠~㉣과 같이 사람들이 오고 가거나 물건, 문화 등을 서로 주고받는 것을 무엇이라고 하는지 쓰시오. [4점]

( )

(2) 지역 간에 위 (1)번 답이 이루어지는 까닭을 쓰시오. [6점]

🐱 지역마다 어떤 것이 서로 다른지 생각하며 써 보세요.
꼭 들어가야 할 말 생산물 / 문화 / 기술

_____

_____

2 다음은 어떤 고장이 자랑거리를 활용하여 도시와 교류할 방법을 정리한 내용입니다. [총 10점]

우리 고장의 자랑거리	오대산 자락의 깨끗한 ㉠ 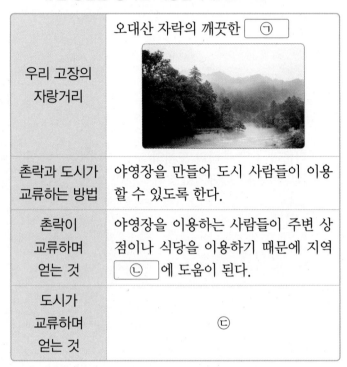
촌락과 도시가 교류하는 방법	야영장을 만들어 도시 사람들이 이용할 수 있도록 한다.
촌락이 교류하며 얻는 것	야영장을 이용하는 사람들이 주변 상점이나 식당을 이용하기 때문에 지역 ㉡ 에 도움이 된다.
도시가 교류하며 얻는 것	㉢

(1) 위 ㉠에 들어갈 알맞은 말을 쓰시오. [2점]

( )

(2) 위 ㉡에 들어갈 알맞은 말을 쓰시오. [2점]

( )

(3) 위 ㉢에 들어갈 알맞은 내용을 한 가지만 쓰시오. [6점]

_____

_____

3 다음은 도시를 찾은 촌락 사람들의 모습입니다. [총 10점]

검사를 시작하겠습니다.

촌락 사람

어떤 가방을 살까?

△△시청

민원 업무를 처리하러 왔어요.

공연을 보러 왔어요.

(1) 위 촌락 사람들이 도시에서 이용하고 있는 시설을 알아보려고 합니다. 관련 있는 그림을 찾아 각각 기호를 쓰시오. [4점]

문화 시설	❶
상업 시설	❷
의료 시설	❸
공공 기관	❹

(2) 다음은 촌락 사람들이 ㉠~㉣과 같은 이유로 도시를 방문할 때의 좋은 점을 정리한 것입니다. 밑줄 친 부분에 알맞은 내용을 써서 완성하시오. [6점]

> **촌락 사람들이 도시를 방문할 때의 좋은 점**
> • 촌락에 사는 사람들은 도시를 방문해서 촌락에 없는 다양한 시설을 이용할 수 있다.
> • 촌락에 사는 사람들이 도시의 다양한 시설을 이용하면서
>
> 도시는 ＿＿＿＿＿＿＿＿＿＿＿＿＿＿＿＿＿＿＿＿
> ＿＿＿＿＿＿＿＿＿＿＿＿＿＿＿＿＿＿＿＿＿＿

4 다음은 촌락과 도시의 교류 방법입니다. [총 10점]

㉠
⬙ 여가 생활을 통한 교류

㉡
농촌 일손돕기 봉사활동
⬙ 자매결연이나 봉사를 통한 교류

㉢
강꽃이 피었습니다

⬙ 촌락에서 열리는 지역 축제를 통한 교류

㉣
자매결연지 농수산물 직거래 장터 개장
⬙ 농수산물 직거래 장터를 통한 교류

(1) 위 ㉠~㉣ 중 다음 설명에 해당하는 것의 기호를 쓰시오. [2점]

> 도시 사람들은 보람과 긍지를 느끼며 마음이 따뜻해집니다.

(　　　　　　　　)

(2) 위 ㉠~㉣ 중 도시 사람들이 믿을 수 있는 싱싱한 농수산물을 싼값으로 살 수 있는 것의 기호를 쓰시오. [2점]

(　　　　　　　　)

(3) 위 ㉢을 통해 도시 사람들이 얻는 이점은 무엇인지 쓰시오. [6점]

＿＿＿＿＿＿＿＿＿＿＿＿＿＿＿＿＿＿＿＿＿＿
＿＿＿＿＿＿＿＿＿＿＿＿＿＿＿＿＿＿＿＿＿＿

단원평가

1. 촌락과 도시의 생활 모습

풀이 강의

천재교육, 교학사, 금성출판사, 김영사, 동아출판, 미래엔,
비상교과서, 비상교육, 아이스크림 미디어

11종 공통

1 다음 ㉠, ㉡에 들어갈 알맞은 말끼리 짝 지어진 것은 어느 것입니까? (   )

> 논과 밭에서 곡식이나 채소를 기르는 일을 ㉠ 이라고 합니다. 이처럼 농사짓는 땅을 이용하여 생산 활동을 하는 곳을 ㉡ 이라고 합니다.

	㉠	㉡
①	농업	어촌
②	농업	농촌
③	어업	어촌
④	어업	농촌
⑤	임업	산지촌

11종 공통

2 다음 촌락에 사는 사람들이 주로 하는 일로 알맞지 <u>않은</u> 것은 어느 것입니까? (   )

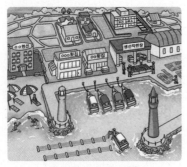

△ 바닷가에 있는 마을

① 양식장에서 김, 미역 등을 기른다.
② 바다에 배를 타고 나가 물고기를 잡는다.
③ 넓은 초원에 소나 양을 풀어놓고 기른다.
④ 바다에서 잡은 싱싱한 물고기를 판매한다.
⑤ 해수욕장에 온 관광객에게 음식을 팔거나 숙박 장소를 빌려준다.

11종 공통

3 산지촌에 대한 설명으로 알맞은 것은 어느 것입니까? (   )

① 들이 넓게 펼쳐져 있다.
② 모래사장과 갯벌을 볼 수 있다.
③ 등대, 방파제 등의 시설이 있다.
④ 자연환경의 영향을 거의 받지 않는다.
⑤ 목재를 얻거나 버섯을 재배하는 등 임업을 하는 사람들을 볼 수 있다.

11종 공통

4 도시의 특징에 해당하는 설명을 다음 보기에서 모두 고른 것은 어느 것입니까? (   )

> **보기**
> ㉠ 사람이 적어 조용하고 한적합니다.
> ㉡ 높은 건물과 아파트 단지가 많습니다.
> ㉢ 버스, 지하철 등 교통수단이 발달했습니다.
> ㉣ 정미소, 축사, 과수원 등의 시설이 많습니다.

① ㉠, ㉡   ② ㉠, ㉢
③ ㉠, ㉣   ④ ㉡, ㉢
⑤ ㉢, ㉣

11종 공통

5 도시에 사는 사람들이 하는 일에 대해 알맞게 이야기하지 <u>않은</u> 어린이는 누구입니까? (   )

① 현수: 물건이나 음식을 팔아.
② 승현: 공공 기관에서 일을 해.
③ 지환: 회사나 공장에서 일을 해.
④ 형종: 문화 시설에서 다양한 서비스를 제공해.
⑤ 은성: 주로 논과 밭에서 곡식과 채소를 기르는 일을 해.

6 우리나라의 수도로 도로·철도 교통의 중심지인 도시는 어디입니까? (   )

① 서울특별시   ② 부산광역시
③ 인천광역시   ④ 울산광역시
⑤ 제주특별자치도 제주시

천재교육, 천재교과서, 교학사, 금성출판사, 김영사, 동아출판, 비상교과서, 비상교육, 지학사
11종 공통

7 촌락과 도시의 공통점으로 알맞은 것은 어느 것입니까? (   )

① 도로가 좁다.
② 높은 건물이 많지 않다.
③ 사람들이 자연환경과 더불어 살아간다.
④ 대부분의 땅을 농경지로 이용하여 논밭이 많다.
⑤ 대부분 자연환경을 직접 이용하여 생산 활동을 한다.

11종 공통

8 다음 ☐ 안에 들어갈 알맞은 말은 어느 것입니까?

(   )

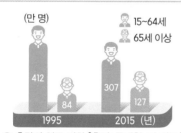

▲ 촌락의 인구 변화 [출처: 통계청, 각 연도.]

옛날에는 촌락에 많은 사람이 살았지만, 젊은 사람들이 도시로 떠나면서 촌락의 인구가 줄어들었습니다. 그래서 촌락에는 ☐☐☐ 부족 문제가 나타나고 있습니다.

① 교실   ② 일손
③ 주택   ④ 주차 공간
⑤ 쓰레기 처리 시설

11종 공통

9 촌락 문제를 해결하기 위한 노력으로 알맞지 <u>않은</u> 것은 어느 것입니까? (   )

①

▲ 기계를 이용하여 농사를 지음.

②

▲ 폐교를 활용해 문화 시설을 만듦.

③

▲ 품질 좋은 농수산물을 생산함.

④

▲ 귀촌 박람회를 열지 못하도록 반대함.

천재교과서, 금성출판사, 김영사, 동아출판, 미래엔, 비상교과서, 비상교육, 지학사

10 다음은 도시 문제 중 무엇을 해결하기 위한 방법입니까? (   )

• 쓰레기를 줄이려고 노력하고, 발생된 쓰레기는 분리배출합니다.
• 쓰레기를 분리배출할 수 있는 시설을 만들고, 분리배출을 하지 않을 경우 과태료를 내게 합니다.

① 소음 문제   ② 주택 문제
③ 교통 문제   ④ 쓰레기 문제
⑤ 일자리 부족 문제

1
단원

천재교육, 천재교과서, 지학사

11종 공통

11 다음 밑줄 친 부분에 들어갈 내용으로 알맞지 <u>않은</u> 것은 어느 것입니까? ( )

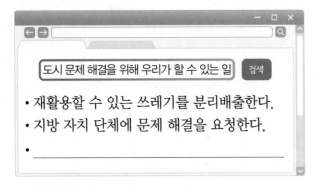

도시 문제 해결을 위해 우리가 할 수 있는 일 검색

• 재활용할 수 있는 쓰레기를 분리배출한다.
• 지방 자치 단체에 문제 해결을 요청한다.
• _____

① 실내에서 뛰어다닌다.
② 가까운 거리는 걸어 다닌다.
③ 급식을 남기지 않고 다 먹는다.
④ 포스터를 만들어 캠페인을 벌인다.
⑤ 평소에 일회용품을 사용하지 않는다.

11종 공통

12 사람들이 오고 가거나 물건, 문화, 기술 등을 서로 주고받는 것을 무엇이라고 합니까? ( )

① 귀촌 ② 교류
③ 교환 ④ 의존
⑤ 자매결연

11종 공통

13 다음 교류의 모습 중 생산물과 관련 있는 것은 어느 것입니까? ( )

① 다른 지역에서 추수한 쌀을 사 왔다.
② 다른 지역에서 온 합창단 공연을 봤다.
③ 다른 지역 사람들이 우리 지역에 관광을 왔다.
④ 부모님과 야영장에 가서 즐거운 시간을 보냈다.
⑤ 목장에 가서 다양한 체험을 하며 재미있게 놀았다.

11종 공통

14 도시 사람들이 촌락을 방문하는 까닭으로 가장 알맞은 것은 어느 것입니까? ( )

① 대형 상점에서 필요한 물건을 사기 위해서
② 다양한 해외 문화 공연을 관람하기 위해서
③ 첨단 의료 시설을 갖춘 종합 병원을 이용하기 위해서
④ 깨끗한 자연환경 속에서 여유로운 생활을 즐기기 위해서
⑤ 시·도청, 법원 등의 공공 기관에서 행정 업무를 처리하기 위해서

11종 공통

15 다음 밑줄 친 부분에 들어갈 도시 사람의 말로 알맞은 것은 어느 것입니까? ( )

농산물 직거래 장터

농산물 직거래 장터 덕분에 _____

① 농사를 짓는 체험을 할 수 있어요.
② 농산물을 비싼 값에 팔 수 있어요.
③ 싱싱한 농산물을 싼 가격에 살 수 있어요.
④ 중간 상인을 통해 농산물을 살 수 있어요.
⑤ 더 이상 촌락에 사는 사람들과 교류할 필요가 없어요.

교학사, 금성출판사, 김영사, 동아출판, 미래엔, 비상교과서,
비상교육, 아이스크림 미디어, 지학사

16 촌락에서 열리는 지역 축제를 통해 도시 사람들이 얻을 수 있는 것은 어느 것입니까? ( )

11종 공통

① 소득이 늘어난다.

② 체험비를 받을 수 있다.

③ 특산물을 판매할 수 있다.

④ 특색 있는 문화를 체험할 수 있다.

⑤ 축제와 관련된 관광 상품을 많이 팔 수 있다.

17 촌락에 사는 사람들이 도시를 찾는 까닭으로 알맞은 것은 어느 것입니까? ( )

11종 공통

① 문화 공연을 보기 위해서

② 귀촌한 사람을 만나기 위해서

③ 고장 난 농기계를 수리하기 위해서

④ 교통 체증이 없는 곳에서 생활하기 위해서

⑤ 한적한 곳에서 여유로운 생활을 하기 위해서

18 촌락과 도시의 교류에 대해 알맞게 말하지 <u>않은</u> 어린 이는 누구입니까? ( )

11종 공통

① 지우: 촌락과 도시는 교류하며 상호 의존 하고 있어.

② 이현: 교류를 해도 촌락 사람들이 받는 도움은 없어.

③ 진영: 농수산물 직거래 장터나 지역 축제 등을 통해 교류하고 있어.

④ 민성: 촌락과 도시는 생산물, 문화, 기술이 서로 달라서 교류가 필요해.

⑤ 하린: 만약 교류하지 못한다면 도시 사람들은 농 수산물을 구하는 데 어려움을 겪을 거야.

19 다음 그림과 관련 있는 촌락과 도시의 교류로 알맞은 것은 어느 것입니까? ( )

① 자연환경을 통한 교류

② 지역 축제를 통한 교류

③ 여가 생활을 통한 교류

④ 자매결연이나 봉사를 통한 교류

⑤ 농수산물 직거래 장터를 통한 교류

천재교육, 천재교과서, 교학사, 김영사, 비상교과서,
비상교육, 아이스크림 미디어, 지학사

20 촌락과 도시의 교류 모습을 조사하는 방법으로 알맞 지 <u>않은</u> 것은 어느 것입니까? ( )

① 지역 신문의 기사를 살펴본다.

② 교류가 이루어지는 현장을 직접 방문한다.

③ 인터넷에서 뉴스 영상이나 신문 기사를 찾아본다.

④ 디지털 영상 지도에서 촌락과 도시의 위치를 찾 아본다.

⑤ 도서관이나 지역 문화원에 가서 관련 기록물을 찾아본다.

1
단원

진도 완료 체크

· 답안 입력하기 · 온라인 피드백 받기

2. ❶ 경제활동과 현명한 선택

❶ 희소성과 현명한 선택

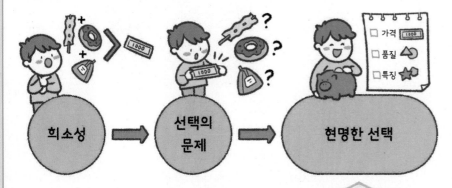

희소성 ➡ 선택의 문제 ➡ 현명한 선택

🔍 물건의 정보를 얻는 방법

 인터넷 검색하기

 광고 보기

 상점 방문하기

 주변 사람에게 물어보기

2 단원

✱ 중요한 내용을 정리해 보세요!

● 현명한 선택이란?

● 현명한 선택을 할 때 물건의 정보를 얻는 방법은?

개념 확인하기

정답 22쪽

🍃 다음 문제를 읽고 답을 찾아 ☐ 안에 ✔표를 하시오.

1 사람들이 생활하는 데 필요한 것을 만들고 이용하는 것과 관련된 모든 활동은 무엇입니까?

㉠ 경제활동 ☐　　　㉡ 정치활동 ☐

2 사람들이 선택의 문제를 겪는 까닭은 무엇입니까?

㉠ 사람들의 욕구가 부족해서 ☐

㉡ 주어진 자원이 한정되어 있어서 ☐

㉢ 원하는 것을 모두 가질 수 있어서 ☐

3 현명한 선택을 통해 얻을 수 있는 것은 무엇입니까?

㉠ 낭비 ☐　　㉡ 후회 ☐　　㉢ 만족감 ☐

4 현명한 선택을 하는 방법은 무엇입니까?

㉠ 가진 돈보다 비싼 물건을 선택한다. ☐

㉡ 가격, 특징 등 물건의 정보를 수집한다. ☐

5 여러 물건의 가격을 한눈에 비교할 수 있는 방법은 무엇입니까?

㉠ 광고 보기 ☐

㉡ 인터넷 검색하기 ☐

㉢ 주변 사람들에게 물어보기 ☐

② 생산과 소비

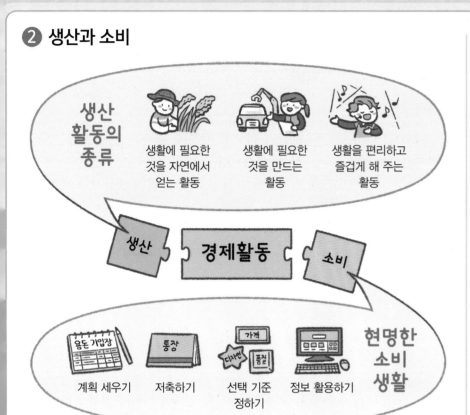

✱ 중요한 내용을 정리해 보세요!

● 생산 활동의 종류는?

● 현명한 소비를 하는 방법은?

개념 확인하기

정답 22쪽

🍃 다음 문제를 읽고 답을 찾아 ☐ 안에 ✔표를 하시오.

1 물건과 서비스를 사고파는 장소는 어디입니까?

ㄱ 시장 ☐   ㄴ 학교 ☐   ㄷ 경찰서 ☐

2 생활에 필요한 물건을 만들거나 서비스를 제공해 주는 활동을 무엇이라고 합니까?

ㄱ 생산 ☐   ㄴ 소비 ☐

3 버섯을 재배하는 것은 어떤 종류의 생산 활동입니까?

ㄱ 생활에 필요한 것을 만드는 활동 ☐

ㄴ 생활을 편리하고 즐겁게 해 주는 활동 ☐

ㄷ 생활에 필요한 것을 자연에서 얻는 활동 ☐

4 현명한 소비 생활이 필요한 까닭은 무엇입니까?

ㄱ 가정의 소득이 많아서 ☐

ㄴ 돈과 자원을 낭비할 수 있어서 ☐

ㄷ 더 큰 만족감을 얻을 수 있어서 ☐

5 현명한 소비 생활을 하는 방법은 무엇입니까?

ㄱ 필요하지 않아도 물건을 산다. ☐

ㄴ 선택 기준에 맞는 물건을 산다. ☐

ㄷ 다른 사람을 따라서 물건을 산다. ☐

1 경제활동에 대해 알맞게 설명한 어린이를 쓰시오.

> 소현: 돈이 많은 사람들은 경제활동을 할 필요가 없어.
> 호준: 경제활동을 하는 사람 중 일부만 선택의 문제를 겪어.
> 보령: 사람들은 필요하거나 원하는 것을 얻으려고 경제활동을 해.

(   )

2 다음은 상점의 여러 가지 사과 주스를 비교하여 정리한 표입니다. 준호와 할아버지가 선택할 사과 주스를 각각 찾아 기호를 쓰시오.

㉠	• 용량: 180 ml • 가격: 2,000원 • 특징: 유기농 사과 100%
㉡	• 용량: 180 ml • 가격: 1,500원 • 특징: 사과 50%, 당근 50%
㉢	• 용량: 250 ml • 가격: 1,500원 • 특징: 사과 50%

(1) 저는 양이 많은 게 제일 좋아요.
(2) 농약을 쓰지 않은 사과로 만든 것이 가장 중요하지.

🔺 준호　　　🔺 할아버지

(   )　　　(   )

3 희소성에 대한 설명으로 알맞은 것을 【보기】에서 찾아 기호를 쓰시오.

> **보기**
> ㉠ 자원에 비해 사람들의 욕구가 부족한 상태를 말합니다.
> ㉡ 자원의 희소성 때문에 원하는 것을 모두 가질 수 있습니다.
> ㉢ 오늘날에는 환경 오염 때문에 옛날보다 깨끗한 물이 희소합니다.

(   )

4 식당을 고를 때, 현명한 선택을 하기 위해서 고려해야 할 점으로 알맞지 <u>않은</u> 것은 어느 것입니까? (   )

① 좌석 수　　　　　② 음식의 맛
③ 청결 상태　　　　④ 음식의 가격
⑤ 직원의 외모

천재교육, 천재교과서, 교학사, 김영사, 동아출판, 미래엔, 비상교과서, 비상교육

5 물건의 정보를 얻는 방법에 대한 설명으로 알맞은 것을 두 가지 고르시오. (,   )

① 나에게 필요한 정보인지 충분히 살펴본다.
② 인터넷 검색을 통해 얻은 모든 정보는 믿을 수 있다.
③ 텔레비전 광고에서는 물건의 특징에 대해 알 수 없다.
④ 상점을 방문하면 물건을 직접 보고 비교하기 어렵다.
⑤ 물건을 사용해 본 주변 사람들에게 물어보면 물건의 장단점을 알 수 있다.

6 생산 활동을 한 사람은 누구인지 쓰시오.

> 기태: 축구 경기를 보고 왔어요.
> 유미: 카페에서 음료수를 구입했어요.
> 윤성: 생선 가게에서 생선을 판매했어요.

(   )

7 소비 활동으로 알맞은 것은 어느 것입니까? (   )

①
△ 책 팔기

②
△ 연극하기

③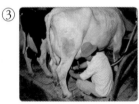
△ 우유 짜기

④
△ 병원 진료받기

8 다음 사진의 생산 활동과 종류가 같은 것은 어느 것입니까? (   )

△ 수업하기

① 배달하기   ② 배 만들기
③ 조개 캐기   ④ 소금 채취하기
⑤ 머리 손질 받기

9 신발이 우리에게 오기까지 일어나는 일들에 대한 설명으로 알맞은 것을 보기 에서 찾아 기호를 쓰시오.

1
△ 고무 등 원료를 구함.

2
△ 공장에서 신발을 만듦.

3
△ 만든 신발을 운반함.

4
△ 가게에서 신발을 판매함.

> **보기**
> ㉠ **2**의 공장에서 일하는 사람만 있으면 소비자는 신발을 살 수 있습니다.
> ㉡ **1**에서 원료를 구하지 못해도 **4**에서 신발을 파는 데는 영향이 없습니다.
> ㉢ 신발을 운반하는 **3**과 같은 생산 활동이 있어야 가게에서 신발을 판매할 수 있습니다.

(   )

천재교육, 천재교과서, 교학사, 금성출판사, 김영사,
미래엔, 비상교과서, 비상교육, 지학사

10 현명한 소비 생활에 대한 설명으로 알맞은 것은 어느 것입니까? (   )

① 소득이 많으면 저축할 필요가 없다.
② 소득을 낭비하면 만족감을 얻을 수 있다.
③ 가계부를 활용해 소비 계획을 세울 수 있다.
④ 소득보다 사고 싶은 상품이 비싸면 돈을 빌려서 사야 한다.
⑤ 소비를 할 때 환경에 미치는 영향을 생각하는 것은 현명하지 못하다.

연습 🐱 도움말을 참고하여 내 생각을 차근차근 써 보세요.

1 다음은 선택의 문제를 겪는 사람들의 모습입니다.

[총 10점]

⬆ 버스를 탈지 택시를 탈지 고민함.　⬆ 빵집에서 어떤 빵을 살지 고민함.

(1) 위 두 사례의 사람들이 무엇을 하고 있는지 **보기** 에서 찾아 쓰시오. [2점]

> **보기**
> • 봉사 활동 　　　　 • 경제활동

(　　　　　　)

(2) 위 사람들이 선택의 문제를 겪는 까닭은 무엇 때문 인지 쓰시오. [2점]

(　　　　　　)

(3) 위 (2)번 답의 의미를 쓰시오. [6점]

> 🐱 사람들이 원하는 것을 전부 얻을 수 있는지 생각하며 써 보세요.
> **꼭 들어가야 할 말** 욕구 / 부족

_____

_____

2 다음은 상품에 대한 정보를 수집하고 분석하여 정리 한 표입니다. [총 10점]

구분	㈎ 휴대 전화 1	㈏ 휴대 전화 2	㈐ 가방
가격	70,000원	300,000원	50,000원
모양	보통	예쁨	예쁨
특징	게임, 인터넷 속도가 느리고 휴대 전화 가 격이 낮음.	게임, 인터넷 속도가 빠르고 지문 인식을 할 수 있음.	어깨끈이 두꺼 워 어깨가 아 프지 않고 주 머니가 많음.

(1) 위와 같이 물건의 정보를 수집하는 방법으로 알맞은 것을 **보기** 에서 모두 찾아 기호를 쓰시오. [2점]

> **보기**
> ㉠ 주변 사람에게 물건의 장단점을 물어봅니다.
> ㉡ 광고를 보며 물건의 가격을 한눈에 비교합니다.
> ㉢ 상점을 방문하여 판매원에게 궁금한 점을 물어 봅니다.
> ㉣ 백과사전에서 물건을 산 다른 사람들의 의견을 살펴봅니다.

(　　 , 　　)

(2) 위 ㈎~㈐ 중에서 가진 돈이 150,000원일 때 살 수 있는 것을 모두 찾아 기호를 쓰시오. [2점]

(　　 , 　　)

(3) 위 표를 참고하여 물건을 선택할 때 미리 꼼꼼하게 따져 봐야 하는 것은 무엇인지 쓰시오. [6점]

_____

_____

3 다음은 생산과 소비를 하는 사람들의 모습입니다.

[총 10점]

○ 물건을 배달하는 사람

○ 떡볶이를 사 먹는 가족

○ 머리를 손질해 주는 미용사

○ 신발을 사려는 학생

(1) 위 ㉠~㉣ 중 생활에 필요한 물건을 만들거나 우리 생활을 편리하고 즐겁게 해 주는 활동을 하는 사람을 모두 찾아 기호를 쓰시오. [2점]

(,   )

(2) 위 ㉠~㉣ 중 소비를 하는 사람을 모두 찾아 기호를 쓰시오. [2점]

(,   )

(3) 위 (2)번 답을 참고하여 소비는 무엇인지 쓰시오. [6점]

_____

_____

4 다음은 재준이에 대한 이야기입니다. [총 10점]

할아버지께서 재준이에게 용돈을 주셨습니다. 재준이는 용돈으로 친구들과 피자도 사 먹고, 축구공도 사고, 장난감도 샀습니다.

친구 수현이의 생일이 다가왔습니다. 할아버지께서 주신 용돈을 거의 다 쓴 재준이는 친구의 생일 선물을 사기에 돈이 모자랐습니다. 재준이는 '지난번에 받은 용돈을 아껴 쓸걸.'이라며 후회했습니다.

2 단원

진도 완료 체크

(1) 다음 보기에서 재준이의 상황에 대한 설명으로 알맞은 것을 찾아 기호를 쓰시오. [4점]

> **보기**
> ㉠ 용돈을 아껴 저축했습니다.
> ㉡ 현명한 소비 생활을 하지 못했습니다.
> ㉢ 수현이의 생일 선물을 살 수 있었습니다.

(   )

(2) 재준이가 용돈을 현명하게 사용할 수 있는 방법을 두 가지만 쓰시오. [6점]

_____

_____

온라인 학습
단원평가 중간 범위

1. ❶ 촌락과 도시의 특징
~ 2. ❶ 경제활동과 현명한 선택

풀이 강의

천재교과서, 교학사, 금성출판사, 김영사, 동아출판, 미래엔, 비상교과서, 비상교육, 지학사

11종 공통

1 산지촌에 대한 설명으로 알맞은 것은 어느 것입니까?
( )

① 주로 벼농사를 짓는다.
② 넓은 들판과 강이 있다.
③ 산나물을 캐는 일을 한다.
④ 날씨에 영향을 받지 않는다.
⑤ 김과 미역을 기르는 일을 한다.

11종 공통

2 다음 중 도시에서 주로 볼 수 있는 모습으로 알맞은 것은 어느 것입니까? ( )

① 밭농사를 짓는 모습
② 고기잡이를 하는 모습
③ 버섯 재배를 하는 모습
④ 교통수단이 발달한 모습
⑤ 양식장에서 일하는 모습

11종 공통

3 행정의 중심지로 새롭게 계획하여 만든 도시는 어디입니까? ( )

① 대구광역시
② 부산광역시
③ 서울특별시
④ 세종특별자치시
⑤ 전라남도 여수시

4 다음 그래프를 통해 짐작할 수 있는 촌락의 문제로 알맞은 것은 어느 것입니까? ( )

(만 명)

| | 65세 이상 | 15세 ~ 64세 | 14세 이하 |

연도	65세 이상	15세~64세	14세 이하
1990	77	504	169
1995	84	412	112
2000	101	368	91
2005	116	296	66
2010	125	271	52
2015	127	285	43

▲ 촌락의 인구 변화[출처: 국가통계포털, 2017.]

① 소음 문제
② 일손 부족 문제
③ 주택 부족 문제
④ 교통 혼잡 문제
⑤ 환경 오염 문제

11종 공통

5 다음 뉴스에서 설명하는 촌락의 문제를 해결하는 방법으로 알맞은 것은 어느 것입니까? ( )

○○ 마을 주민들에게 최근 겪고 있는 문제를 물어보자, "젊은 사람들이 없어서 농사일이 힘에 부쳐요.", "할 일이 많은데 일손이 모자라요."라고 답했습니다. 이상, △△ 뉴스였습니다.

① 벼를 수확하는 농기계 도입
② 폐교를 활용한 문화 공간 개발
③ 특산품을 이용한 지역 축제 개최
④ 달걀보다 더 큰 딸기 '킹스베리' 생산
⑤ 맛과 향기를 잘 살린 '재래식 김' 생산

6 다음 ☐ 안에 들어갈 알맞은 도시 문제는 어느 것입니까? (   )

> ○○시의 주민들이 ☐☐로 어려움을 겪고 있다. 노로에 차가 많아 혼잡하고, 교통사고도 자주 발생한다. 그리고 주차할 공간도 부족한 상황이다.

① 빛 공해
② 주택 문제
③ 교통 문제
④ 일손 부족 문제
⑤ 수입 감소 문제

7 도시의 환경 문제를 해결하기 위해 개인이 할 수 있는 노력으로 알맞은 것은 어느 것입니까? (   )

① 쓰레기를 분리배출한다.
② 쓰레기 매립장을 건설한다.
③ 일회용품의 사용을 늘린다.
④ 하수 처리 시설을 설치한다.
⑤ 친환경 전기 자동차의 충전소를 설치한다.

8 교류에 대한 설명으로 알맞지 <u>않은</u> 것은 어느 것입니까? (   )

① 물건, 문화, 기술 등을 주고받는 것을 말한다.
② 사람들이 오고 가는 것은 교류라고 할 수 없다.
③ 교류를 통해 서로에게 필요한 것이나 부족한 것을 얻을 수 있다.
④ 지역마다 자연환경, 기술, 문화 등이 다르기 때문에 교류가 이루어진다.
⑤ 각각의 지역들은 다양한 방법으로 서로 교류하면서 상호 의존 하고 있다.

9 다음 그림과 같은 교류를 하는 까닭으로 알맞은 것은 어느 것입니까? (   )

이번에는 △△시에서 온 합창단의 순서입니다.

① 기술을 교류하기 위해서
② 서로 다른 문화를 접하기 위해서
③ 첨단 의료 기기로 치료를 받기 위해서
④ 자기 지역의 생산물을 판매하기 위해서
⑤ 자연환경을 이용하여 여가를 보내기 위해서

10 우리나라에 촌락이 없다면 발생할 일로 알맞은 것은 어느 것입니까? (   )

① 도시 사람들의 소득이 높아진다.
② 특색 있는 문화를 체험할 기회가 많아진다.
③ 종합 병원과 백화점을 이용하기 어려워진다.
④ 우리가 먹는 식품을 외국에서 더 많이 수입해야 한다.
⑤ 도시에서 접하기 어려운 깨끗한 자연을 즐길 수 있다.

11 촌락 사람들이 도시를 방문하는 까닭으로 알맞은 것은 어느 것입니까? (   )

① 농업 활동을 체험해 보기 위해서
② 규모가 큰 문화 공연을 관람하기 위해서
③ 촌락 주민들의 공동체 의식을 높이기 위해서
④ 자연환경 속에서 여유로운 생활을 체험하기 위해서
⑤ 촌락 생활을 체험할 수 있는 체험 마을에 가기 위해서

12 다음에서 설명하는 촌락과 도시 사이의 교류 방법은 어느 것입니까? ( )

> 촌락 사람들이 촌락에서 생산한 곡식, 채소, 과일, 생선 등을 도시 사람들에게 직접 판매하여 도시 사람들은 싱싱한 농수산물을 싸게 구매할 수 있습니다.

① 봉사를 통한 교류
② 자매결연을 통한 교류
③ 지역 축제를 통한 교류
④ 여가 생활을 통한 교류
⑤ 농수산물 직거래 장터를 통한 교류

13 다음 사례를 통해 알 수 있는 촌락과 도시의 관계에 대해 알맞게 설명한 어린이끼리 짝 지어진 것은 어느 것입니까? ( )

△ 농수산물 직거래 장터   △ 주말농장

> 도겸: 촌락과 도시는 서로 치열하게 경쟁해.
> 승관: 촌락과 도시는 다양한 모습으로 교류해.
> 원우: 촌락의 문제는 촌락만이 해결할 수 있어.
> 정한: 촌락과 도시는 서로 부족한 것들을 채워 줘.

① 도겸, 승관
② 도겸, 원우
③ 도겸, 정한
④ 승관, 원우
⑤ 승관, 정한

14 다음 ☐ 안에 들어갈 알맞은 말은 어느 것입니까?

( )

> 사람이 쓸 수 있는 돈이나 자원은 한정되어 있으므로 원하는 것을 모두 가질 수는 없습니다. 경제활동에서 이렇게 선택의 문제가 일어나는 까닭은 바로 ☐ 때문입니다.

① 시장성
② 생산성
③ 희소성
④ 탄력성
⑤ 무한성

15 물건을 살 때 최종적으로 고려해야 할 점이 아닌 것은 어느 것입니까? ( )

① 오래 쓸 수 있는가?
② 나에게 꼭 필요한가?
③ 유행을 잘 따르고 있는가?
④ 내가 가진 돈으로 살 수 있는가?
⑤ 환경을 보호하는 데 도움이 되는가?

천재교육, 천재교과서, 교학사, 김영사,
동아출판, 미래엔, 비상교과서, 지학사

16 물건의 정보를 얻는 방법으로 알맞지 않은 것은 어느 것입니까? ( )

① 음악 듣기
② 상점 방문하기
③ 인터넷 검색하기
④ 라디오 광고 듣기
⑤ 주변 사람에게 물어보기

중간범위

11종 공통

17 생산 활동을 하는 모습으로 알맞은 것은 어느 것입니까? (　　　)

①
△ 진료를 받음.

②
△ 과일을 구매함.

③
△ 영화를 관람함.

④
△ 물건을 배달함.

11종 공통

18 다음 ㉠에 해당하는 생산 활동은 어느 것입니까?
(　　　)

> 생산 활동의 종류에는 생활에 필요한 것을 자연에서 얻는 활동, 생활에 필요한 것을 만드는 활동, ㉠ 생활을 편리하고 즐겁게 해 주는 활동이 있습니다.

①
△ 소금 채취하기

②
△ 자동차 만들기

③
△ 지하자원 캐기

④
△ 공연하기

11종 공통

19 생산과 소비의 관계로 알맞지 <u>않은</u> 것은 어느 것입니까? (　　　)

① 소비를 하면 생산할 수 없다.

② 생산과 소비는 모두 경제활동이다.

③ 생산하지 않으면 소비를 할 수 없다.

④ 소비를 하지 않으면 생산할 필요가 없다.

⑤ 물건을 사고팔 때처럼 생산 활동과 소비 활동이 함께 이루어질 때도 있다.

11종 공통

20 다음 그림과 같은 상황을 막기 위해 현명한 소비 생활을 하는 방법은 어느 것입니까? (　　　)

자전거가 갑자기 고장이 날 줄이야. 모아둔 돈이 없는데 어쩌지.

① 군것질을 자주 한다.

② 용돈을 남김없이 쓴다.

③ 물건의 선택 기준을 세울 때 가격만 고려한다.

④ 정보를 활용하여 품질이 떨어지는 물건을 산다.

⑤ 용돈의 일부를 저축하여 예상치 못한 소비에 대비한다.

진도 완료 체크

중간 범위

· 답안 입력하기　　· 온라인 피드백 받기

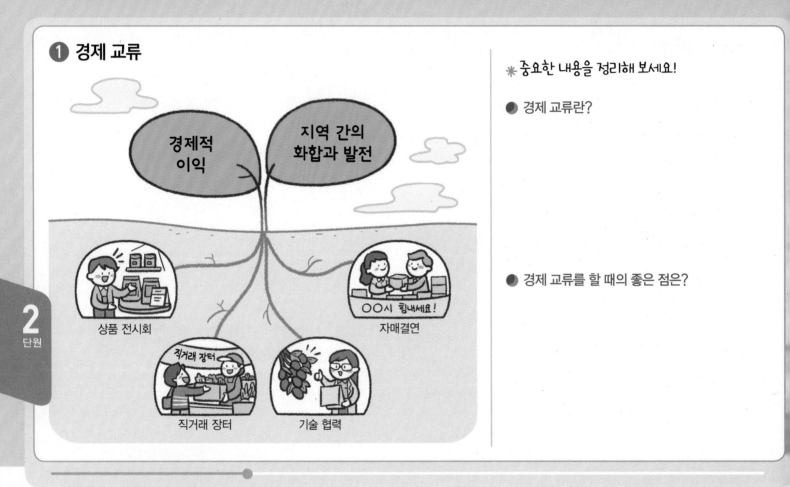

개념 확인하기

정답 25쪽

🌱 다음 문제를 읽고 답을 찾아 ☐ 안에 ✔표를 하시오.

1 경제적 이익을 얻기 위해 상품, 기술, 정보 등을 서로 주고받는 것을 무엇이라고 합니까?

ⓐ 경제 교류 ☐   ⓑ 정치 교류 ☐

2 다른 지역과 기술 협력을 하는 까닭은 무엇입니까?

ⓐ 지역마다 생산 기술이 같아서 ☐

ⓑ 더 나은 상품을 생산하기 위해서 ☐

ⓒ 생산에 드는 비용을 늘리기 위해서 ☐

3 각 지역의 대표 상품을 소개하고 유용한 정보를 주고받는 곳은 어디입니까?

ⓐ 교육청 ☐   ⓑ 보건소 ☐

ⓒ 미술관 ☐   ⓓ 상품 전시회 ☐

4 서로 돕거나 교류하기 위해 다른 지역과 친선 관계를 맺는 것은 무엇입니까?

ⓐ 자매결연 ☐   ⓑ 주민 투표 ☐

5 경제 교류를 할 때의 좋은 점은 무엇입니까?

ⓐ 지역 간에 화합할 수 있다. ☐

ⓑ 생산자만 경제적 이익을 얻는다. ☐

② 다양한 경제 교류

물자 교류

기술 교류

문화·관광 교류

↑ 조사 방법

인터넷 검색하기 　시장에서 조사하기 　지역 누리집, 신문 기사에서 찾기

✳ 중요한 내용을 정리해 보세요!

● 경제 교류의 종류는?

● 경제 교류 사례를 조사하는 방법은?

2 단원

개념 확인하기

정답 25쪽

🌱 다음 문제를 읽고 답을 찾아 ☐ 안에 ✔표를 하시오.

1 과일, 채소 등의 농산물을 교류하는 것은 어떤 교류입니까?

　㉠ 물자 교류 ☐ 　　㉡ 문화 교류 ☐
　㉢ 관광 교류 ☐ 　　㉣ 기술 교류 ☐

2 인터넷 쇼핑몰을 이용한 경제 교류의 장점은 무엇입니까?

　㉠ 상품을 바로 받을 수 있다. ☐
　㉡ 우리 지역의 상품만 살 수 있다. ☐
　㉢ 상품의 정보를 빠르게 살펴볼 수 있다. ☐

3 시장을 이용한 경제 교류의 장점은 무엇입니까?

　㉠ 시간에 관계없이 상품을 살 수 있다. ☐
　㉡ 신선하고 질 좋은 상품을 살 수 있다. ☐

4 상품을 직접 확인하고 살 수 있는 곳은 어디입니까?

　㉠ 전통 시장 ☐ 　　㉡ 인터넷 쇼핑몰 ☐

5 다양한 경제 교류를 조사하고 알게 된 점은 무엇입니까?

　㉠ 경제 교류로 산업이 발전하기도 한다. ☐
　㉡ 국가 간에는 경제 교류를 하지 않는다. ☐

1 다음 자료를 보고 알 수 있는 경제 교류의 대상은 어느 것입니까? (   )

미래엔

① 개인과 기업   ② 지역과 기업
③ 지역과 지역   ④ 국가와 국가
⑤ 개인과 개인

2 다음 상품 교류 지도를 만들 때 가장 마지막에 해야 할 일을 보기 에서 찾아 기호를 쓰시오.

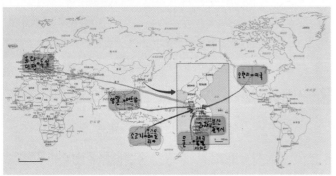

△ 상품 교류 지도

> **보기**
> ㉠ 지도에서 우리 지역의 위치를 찾아 표시합니다.
> ㉡ 생산지(원산지)와 우리 지역을 화살표로 연결합니다.
> ㉢ 상품의 이름과 생산지(원산지)를 각각 색이 다른 종이에 씁니다.
> ㉣ 상품의 생산지(원산지)에 상품의 이름과 생산지(원산지)를 쓴 색종이를 붙입니다.

(   )

3 경제 교류의 의미에서 □ 안에 들어갈 말로 알맞지 않은 것은 어느 것입니까? (   )

> 경제 교류란 경제적 이익을 얻기 위해 □ 을/를 서로 주고받는 것을 말합니다.

① 기술   ② 정보
③ 언어   ④ 관광 상품
⑤ 대표 상품

김영사, 동아출판, 비상교육

4 다음 직거래 장터에 간 소비자가 할 수 있는 말을 보기 에서 찾아 기호를 쓰시오.

> **보기**
> ㉠ 상품을 싸게 살 수 있어요.
> ㉡ 직접 팔아서 판매 소득이 높아졌어요.
> ㉢ 지역의 대표 상품을 더 많이 생산할 수 있어요.

(   )

5 옛날과 달리 오늘날 경제 교류가 다양해진 까닭을 두 가지 고르시오. (,   )

① 교통의 발달   ② 언어의 발달
③ 통신의 발달   ④ 인구의 감소
⑤ 환경 오염의 영향

6 경제 교류를 조사하는 방법으로 알맞지 <u>않은</u> 것은 어느 것입니까? (   )

① 인터넷 검색하기
② 위인전 찾아보기
③ 시장에서 조사하기
④ 신문 기사에서 찾기
⑤ 지역 누리집에서 찾기

7 인터넷 쇼핑몰에서 경제 교류를 조사하고 알게 된 점으로 알맞은 것에 ○표를 하시오.

(1) 생산자는 상품을 다른 지역에 팔 수 있습니다.
(　　)

(2) 소비자는 우리 지역의 상품만 살 수 있습니다.
(　　)

천재교육

8 다음 경제 교류 사례를 보고 알게 된 점으로 알맞은 것은 어느 것입니까? (   )

> 경기도와 광주광역시가 인공 지능 업무 협약을 맺었다. 두 지역은 협력 센터를 만들고, 인공 지능 기업과 기술 연구를 지원하는 노력을 하기로 했다.

① 두 지역은 문화 교류를 하고 있다.
② 두 지역은 기술 교류를 하고 있다.
③ 광주광역시만 경제적 이익을 얻는다.
④ 두 지역은 관광 상품을 교류하고 있다.
⑤ 두 지역은 경쟁하지 않아서 발전하기 어렵다.

9 다음 지도를 보고 바르게 말한 어린이를 쓰시오.

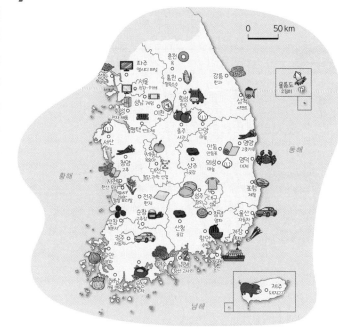

천재교육, 동아출판

△ 지역의 대표 상품 지도

> 은지: 지역마다 대표 자원이 똑같아.
> 동수: 각 지역의 특산물을 알 수 있어.
> 경미: 지역 간에 경제 교류가 활발하게 이루어지지 않아.

(   )

10 지역의 대표 상품을 소개하는 광고지를 만들 때 주의할 점으로 알맞은 것을 보기 에서 찾아 기호를 쓰시오.

> **보기**
> ㉠ 상품의 장점을 나타냅니다.
> ㉡ 과장하여 상품을 홍보합니다.
> ㉢ 최대한 많은 내용을 담습니다.

(   )

연습 🐱 도움말을 참고하여 내 생각을 차근차근 써 보세요.

1 다음은 우리 주변의 많은 상품이 어디에서 왔는지 조사하는 방법입니다. [총 8점]

⚠ (㉠) 인증 표시 확인하기

⚠ (㉡)에서 상품 소개 검색하기

⚠ 상품 정보 확인하기

⚠ (㉢)

(1) 위 ㉠, ㉡에 들어갈 알맞은 말을 각각 쓰시오. [2점]

㉠ ( ) ㉡ ( )

(2) 위에서 상품이 어디에서 왔는지 조사하기 위해 살펴본 것을 **보기**에서 찾아 쓰시오. [2점]

> **보기**
> • 생산지 • 내용량

( )

(3) 위 ㉢에 들어갈 조사 방법을 쓰시오. [4점]

> 🐱 제시된 자료와 관련 있는 조사 방법을 생각하며 써 보세요.
> **꼭 들어가야 할 말** 대형 할인점 / 광고지

_____

_____

2 다음은 재준이네 지역과 영희네 지역이 경제 교류를 하는 모습입니다. [총 10점]

> 재준이가 사는 지역에서는 질 좋은 포도를 생산해 영희네 지역에 팔아 지역을 홍보합니다. 영희가 사는 지역에서는 재준이가 사는 지역의 포도를 이용해 포도 식초, 포도잼, 포도즙과 같은 다양한 상품을 만들어 재준이네 지역에 팝니다.

(1) 재준이네 지역의 대표적인 교류 상품을 **보기**에서 찾아 기호를 쓰시오. [2점]

> **보기**
> ㉠ 귤 ㉡ 포도
> ㉢ 사과 ㉣ 한라봉

( )

(2) 위 모습을 보고, 다음과 같은 이점이 있는 지역은 재준이네 지역과 영희네 지역 중 어디인지 쓰시오. [2점]

> 질 좋은 생산물로 좋은 상품을 만들 수 있게 되었습니다.

( )

(3) 위와 같이 경제 교류가 발생하는 까닭을 다음 단어를 넣어 쓰시오. [6점]

> • 자연환경 • 생산 기술 • 자원

_____

_____

3 다음은 영수가 경제 교류 방법을 조사하여 정리한 것입니다. [총 10점]

⊙ 를 이용한 경제 교류

⚠ 인터넷

⚠ 스마트폰

⚠ 홈 쇼핑

알게 된 점

• 인터넷, 스마트폰 등을 이용해 지역의 정보를 쉽게 알릴 수 있습니다.

• 인터넷, 홈 쇼핑 등을 이용해 _____ⓒ_____

(1) 다음 설명을 읽고, 위 ⊙에 들어갈 알맞은 말을 쓰시오. [4점]

신문, 잡지, 영화, 텔레비전 등 많은 사람에게 대량으로 사실이나 정보를 전달하는 수단입니다.

( )

(2) 위에서 밑줄 친 ⓒ 부분에 들어갈 내용을 쓰시오. [6점]

_____

_____

4 다음은 경제 교류의 사례를 조사한 것입니다. [총 10점]

광명시   광명시 새소식 < 보도 자료

**광명시와 서귀포시,
지역 경제를 살리는 업무 협약 맺다**

광명시와 서귀포시는 관광객이 많이 찾는 광명 동굴에서 서귀포시의 유명 상품인 감귤 와인을 팔고 홍보도 하는 업무 협약을 맺었습니다.

이에 따라 ⊙ 는 국내 와인 판매의 중심지로서 더욱 자리를 잡고, ⓒ 는 감귤 와인을 홍보하고 팔 기회를 얻었습니다.

(1) 위 ⊙과 ⓒ에 들어갈 지역의 이름을 위 사례에서 찾아 각각 쓰시오. [2점]

⊙ ( )

ⓒ ( )

(2) 위와 같이 경제 교류의 사례를 조사하는 방법을 보기 에서 찾아 기호를 쓰시오. [2점]

보기

⊙ 시장에서 조사하기

ⓒ 지역 누리집에서 찾기

ⓒ 인터넷 쇼핑몰 방문하기

( )

(3) 위 두 지역의 경제 교류 사례를 조사하고 알게 된 점을 쓰시오. [6점]

• 우리 지역은 다른 지역과 협약을 맺고 경제적으로 협력하기도 합니다.

• _____

_____

11종 공통

1 다음 어린이들의 활동에 대한 설명으로 알맞은 것은 어느 것입니까? ( )

5,000원으로 둘 다 살 수 없네.

① 생산 활동을 하고 있다.
② 선택의 문제를 겪고 있다.
③ 경제활동이라고 할 수 없다.
④ 돈이 너무 많아서 생기는 문제이다.
⑤ 식당에서 판매하는 모든 음식을 시킬 것이다.

김영사, 동아출판, 미래엔, 비상교과서

2 다음 ☐ 안에 들어갈 알맞은 말은 어느 것입니까?
( )

> 가격, 성분, 용기의 디자인 등 사람들마다 중요하게 생각하는 선택의 ☐이/가 다르기 때문에 서로 다른 제품을 고를 수 있습니다.

① 방법
② 기준
③ 범위
④ 평균
⑤ 과정

천재교육, 천재교과서, 교학사, 금성출판사, 김영사, 동아출판, 미래엔, 비상교과서, 비상교육, 아이스크림 미디어

3 현명한 선택이 필요한 까닭으로 알맞은 것은 어느 것입니까? ( )

① 돈이 풍족하기 때문이다.
② 시간이 넉넉하기 때문이다.
③ 돈과 자원을 절약할 수 있기 때문이다.
④ 세상의 모든 사람이 부자이기 때문이다.
⑤ 내가 하고 싶은 것과 다른 사람이 하고 싶은 것이 항상 다르기 때문이다.

천재교육, 천재교과서, 교학사, 동아출판, 미래엔, 비상교과서, 비상교육

4 다음 평가표에 대한 설명으로 알맞은 것은 어느 것입니까? ( )

선택 기준 \ 신발	A	B	C
가격이 저렴한가?	4점	2점	3점
디자인이 예쁜가?	2점	5점	3점
튼튼하여 오래 신을 수 있는가?	3점	3점	5점
총점	9점	10점	11점

① 디자인이 가장 예쁜 신발은 C 신발이다.
② 돈을 가장 아낄 수 있는 신발은 B 신발이다.
③ 망가지지 않고 오래 신기 좋은 신발은 C 신발이다.
④ 점수가 가장 높은 A 신발을 선택하는 것이 현명하다.
⑤ 가격, 디자인, 튼튼함 중 한 가지만 고려해도 현명한 선택이라고 할 수 있다.

천재교육, 천재교과서, 교학사, 동아출판, 김영사, 미래엔, 비상교과서, 지학사

5 다음에서 설명하는 물건의 정보를 얻는 방법은 어느 것입니까? ( )

> • 여러 제품의 가격을 한눈에 비교할 수 있고 다른 소비자의 의견을 알 수 있습니다.
> • 과장되거나 틀린 정보인지 살펴보아야 합니다.

① 광고지 보기
② 인터넷 검색하기
③ 텔레비전 광고 보기
④ 직접 매장 방문하기
⑤ 주변 사람의 경험 듣기

11종 공통

6 다음 중 소비 활동으로 알맞은 것은 어느 것입니까?
( )

① 공연하기
② 생선 사기
③ 가축 기르기
④ 물건 배달하기
⑤ 옷 디자인하기

천재교육, 교학사, 금성출판사, 김영사, 동아출판, 미래엔, 비상교과서, 비상교육, 아이스크림 미디어, 지학사

7 생활에 필요한 것을 자연에서 얻는 생산 활동이 <u>아닌</u> 것은 어느 것입니까? ( )

①
△ 벼농사 짓기

②
△ 물고기 잡기

③
△ 닭 키우기

④
△ 김치 만들기

11종 공통

8 생산 활동에 대한 설명으로 알맞은 것은 어느 것입니까?
( )

① 생산 활동과 소비 활동은 동시에 일어날 수 없다.
② 생산 활동의 종류가 다르면 서로 영향을 주지 못한다.
③ 소비 활동을 하지 않으면 생산 활동을 할 필요가 없다.
④ 빵을 만드는 것은 생산 활동 중 생활에 필요한 것을 자연에서 얻는 활동이다.
⑤ 미역을 채취하는 것은 생산 활동 중 생활을 편리하고 즐겁게 해 주는 활동이다.

천재교육, 천재교과서, 교학사, 금성출판사, 김영사, 미래엔, 비상교과서, 비상교육, 지학사

9 다음 이야기를 읽고 알 수 있는 내용으로 알맞은 것은 어느 것입니까? ( )

> 날씨가 무더운 여름의 어느 날, 할아버지께서 수진이에게 용돈을 주셨습니다. 수진이는 그 후 매일 가게에서 아이스크림을 사 먹으며 더위를 달랬습니다. 일주일 뒤 용돈을 거의 다 쓴 수진이는 '여름 내내 쓸 수 있는 부채를 살걸.'이라며 후회했습니다.

① 수진이는 큰 만족감을 얻었다.
② 수진이는 용돈의 일부를 저축했다.
③ 수진이는 현명한 소비 생활을 했다.
④ 수진이는 자원을 절약하며 생활했다.
⑤ 수진이는 소비 계획을 세우지 않았다.

천재교육, 천재교과서, 교학사, 금성출판사, 김영사, 미래엔, 비상교과서, 비상교육, 지학사

10 소비 생활을 현명하게 하지 않을 때 발생할 일로 알맞은 것은 어느 것입니까? ( )

① 가족의 소득이 증가한다.
② 마음대로 군것질을 할 수 있다.
③ 가정의 살림살이가 어려워진다.
④ 하고 싶은 일을 모두 할 수 있다.
⑤ 사고 싶은 것을 모두 살 수 있다.

11종 공통

11 다음 대형 할인점의 상품을 보고 알맞게 설명한 것은 어느 것입니까? (   )

① 상품이 어디에서 왔는지 알 수 없다.
② 상품이 어디에서 왔는지 표기되어 있다.
③ 대형 할인점에 있는 상품이 온 곳은 모두 같다.
④ 대형 할인점에는 외국에서 들어온 상품만 있다.
⑤ 대형 할인점에는 우리나라에서 생산된 상품만 있다.

2 단원

천재교육, 천재교과서, 교학사, 금성출판사, 김영사, 동아출판, 비상교과서, 비상교육, 지학사

12 다음과 같이 스마트폰으로 찍어서 생산지(원산지)를 확인할 수 있는 것은 어느 것입니까? (   )

① 통계 자료
② 상품 안내판
③ 상품 품질 표시
④ 큐아르(QR) 코드
⑤ 대형 할인점의 광고지

11종 공통

13 다음과 같이 교류를 하는 까닭으로 알맞은 것은 어느 것입니까? (   )

① 기술이 같아서
② 인문환경이 같아서
③ 좋아하는 제품이 달라서
④ 생산되는 제품이 달라서
⑤ 다른 나라에 속해 있어서

11종 공통

14 경제 교류에 대한 설명으로 알맞은 것은 어느 것입니까?
(   )

① 물자만 경제 교류를 할 수 있다.
② 다른 나라와는 경제 교류를 할 수 없다.
③ 경제 교류로 더 나은 상품을 개발할 수 있다.
④ 경제 교류를 하는 대상은 개인과 기업뿐이다.
⑤ 지역 간에 경제 교류를 하면 한 지역은 피해를 본다.

천재교육, 천재교과서, 교학사, 금성출판사, 김영사, 미래엔, 비상교과서, 비상교육, 아이스크림 미디어, 지학사

15 다음 신문 기사에 나타난 경제 교류의 종류는 어느 것입니까? (   )

> 대전광역시는 부산광역시, 성남시, 안산시 등 여러 지역과 함께 '화려한 만남'이라는 교류 음악회를 열었다. 100여 명이 함께한 무대에서 각 지역의 색깔이 하나가 되어 관객들에게 감동을 주었다.

① 물자 교류   ② 기술 교류
③ 문화 교류   ④ 역사 교류
⑤ 교육 교류

16 인터넷 쇼핑몰을 이용한 경제 교류에 대한 설명으로 알맞은 것은 어느 것입니까? (   )

금성출판사, 김영사, 미래엔, 비상교과서, 비상교육

① 직접 상품을 보고 살 수 있다.
② 다양한 상품을 비교하기 어렵다.
③ 상품을 시간에 관계없이 사고팔 수 있다.
④ 상품이 생산된 지역의 정보를 알 수 없다.
⑤ 우리 지역에서 생산된 상품만 살 수 있다.

17 다음 경제 교류에 관한 설명에서 □ 안에 들어갈 장소가 아닌 곳은 어디입니까? (   )

천재교육, 금성출판사, 김영사, 비상교과서, 비상교육

> 교통의 발달로 전국 각지에서 상품을 빠르게 운반할 수 있기 때문에 [   ]에서의 경제 교류가 활발해졌습니다.

① 공청회   ② 전통 시장
③ 도매 시장   ④ 직거래 장터
⑤ 대형 할인점

18 다음 사진과 관련 있는 경제적 교류 방법의 장점으로 알맞은 것은 어느 것입니까? (   )

천재교육, 금성출판사, 미래엔, 비상교과서, 비상교육

① 시간이 지나서야 물건을 받을 수 있다.
② 장소나 시간에 관계없이 상품을 살 수 있다.
③ 장소나 시간에 관계없이 상품의 정보를 얻을 수 있다.
④ 신선하고 질이 좋은 상품을 직접 확인하고 살 수 있다.
⑤ 빠른 시간 내에 여러 상품의 특징과 내용을 한 눈에 살펴볼 수 있다.

19 다음 신문 기사와 관련 있는 경제적 교류는 어느 것입니까? (   )

비상교과서

> **□□시와 △△시의 경제적 협력**
>
> 경기도 □□시는 지난 3월 △△시 및 영농 조합과 포도주를 공급하는 업무를 협약했다. □□시와 △△시는 포도 재배 농민이 참여한 영농 조합과 함께 포도주를 판매하기로 했다.

① 대중 매체를 이용한 경제적 교류
② 대형 시장을 이용한 경제적 교류
③ 지역 간 대표 자원의 경제적 교류
④ 다양한 문화 활동과 함께하는 경제적 교류
⑤ 촌락과 도시의 생산물에 따른 경제적 교류

2
단원

20 다음 지도를 통해 알 수 있는 내용으로 알맞은 것은 어느 것입니까? (   )

천재교육, 김영사, 동아출판, 비상교과서

진도 완료 체크

① 각 지역의 지형
② 각 지역의 문화
③ 각 지역의 인구수
④ 각 지역의 교통수단
⑤ 각 지역의 대표 상품

· 답안 입력하기   · 온라인 피드백 받기

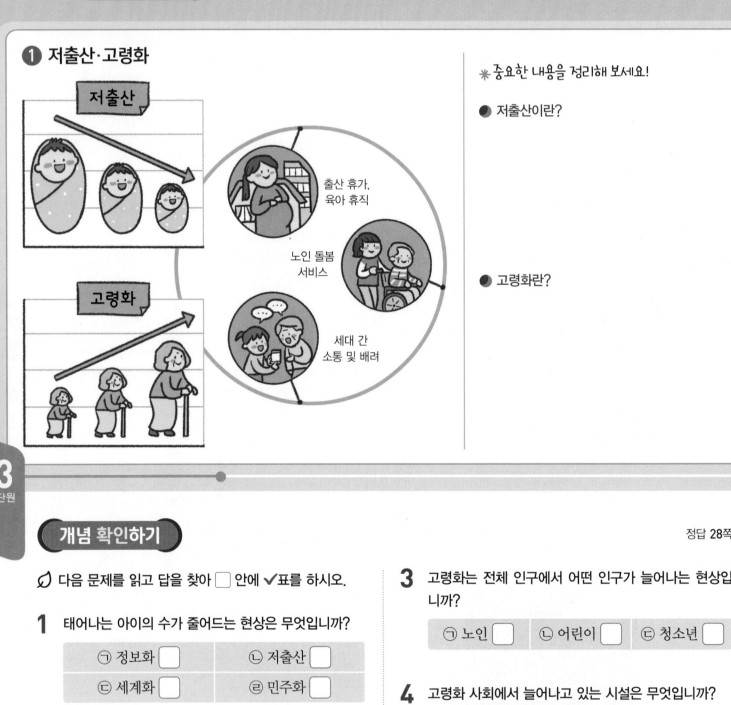

❶ 저출산·고령화

저출산

고령화

출산 휴가, 육아 휴직

노인 돌봄 서비스

세대 간 소통 및 배려

✳ 중요한 내용을 정리해 보세요!

● 저출산이란?

● 고령화란?

3
단원

개념 확인하기

정답 28쪽

🌿 다음 문제를 읽고 답을 찾아 ☐ 안에 ✔표를 하시오.

1 태어나는 아이의 수가 줄어드는 현상은 무엇입니까?

㉠ 정보화 ☐ ㉡ 저출산 ☐

㉢ 세계화 ☐ ㉣ 민주화 ☐

2 저출산으로 인해 나타나는 모습은 무엇입니까?

㉠ 폐교가 줄어든다. ☐

㉡ 가족 구성원의 수가 늘어난다. ☐

㉢ 일할 수 있는 사람이 점차 줄어든다. ☐

3 고령화는 전체 인구에서 어떤 인구가 늘어나는 현상입니까?

㉠ 노인 ☐ ㉡ 어린이 ☐ ㉢ 청소년 ☐

4 고령화 사회에서 늘어나고 있는 시설은 무엇입니까?

㉠ 노인정 ☐

㉡ 초등학교 ☐

㉢ 출산을 도와주는 병원 ☐

5 저출산·고령화 사회에서 우리가 가져야 할 태도는 무엇입니까?

㉠ 배려 ☐ ㉡ 경쟁 ☐ ㉢ 무관심 ☐

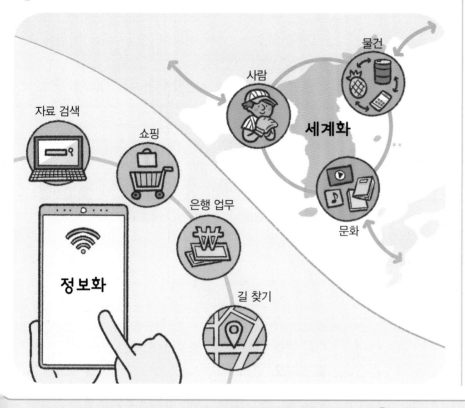

❷ 정보화 / 세계화

자료 검색

쇼핑

은행 업무

정보화

길 찾기

사람

물건

세계화

문화

✳ 중요한 내용을 정리해 보세요!

● 정보화란?

● 세계화란?

3
단원

개념 확인하기

정답 28쪽

✑ 다음 문제를 읽고 답을 찾아 ☐ 안에 ✔표를 하시오.

1 정보화 사회에서 가장 중요한 자원은 무엇입니까?

ⓙ 돈 ☐ ⓛ 땅 ☐

ⓒ 정보 ☐ ⓔ 노동력 ☐

2 이전과 달라진 정보화 사회의 모습은 무엇입니까?

ⓙ 시장에 가야 물건을 살 수 있다. ☐

ⓛ 실시간으로 교통 정보를 얻을 수 있다. ☐

ⓒ 은행에 직접 가야 은행 업무를 볼 수 있다. ☐

3 사람들이 창작물을 불법으로 내려받았을 때 침해하는 권리는 무엇입니까?

ⓙ 평등권 ☐ ⓛ 저작권 ☐ ⓒ 교육권 ☐

4 교통과 통신수단이 발달하여 국가 간 교류가 늘어나고 있는 현상은 무엇입니까?

ⓙ 산업화 ☐ ⓛ 고령화 ☐ ⓒ 세계화 ☐

5 세계화에 따라 우리 주변에서 점점 사라질 수 있는 것은 무엇입니까?

ⓙ 전통문화 ☐

ⓛ 세계의 다양한 음식 ☐

1 다음 대화를 읽고 알 수 있는 것을 두 가지 고르시오.
(,)

① 과학 기술이 발달하고 있다.
② 정보와 지식이 중요해지고 있다.
③ 사회 변화 속도가 느려지고 있다.
④ 태어나는 아이의 수가 늘어나고 있다.
⑤ 다른 나라와의 교류가 줄어들고 있다.

2 다음은 사회 변화를 나타낸 그래프입니다. 그래프의
제목으로 알맞은 것은 어느 것입니까? ( )

천재교과서

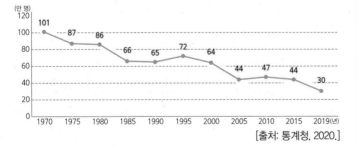

[출처: 통계청, 2020.]

① 노인 수 변화
② 외국인 수 변화
③ 출생아 수 변화
④ 어린이집 수 변화
⑤ 우리나라 인구 변화

3 다음 어린이들이 다니고 있는 학교의 모습을 찾아 ○
표를 하시오.

미진: 현수야, 벌써 학교에 가니? 나는 이번에
오후반이 되었어.
현수: 그래? 나는 오전반이라 지금 학교에 가야
하는데……

(1) ( )　　(2) ( )

4 다음 가족계획 포스터 중 가장 오래된 것을 찾아 기호
를 쓰시오.

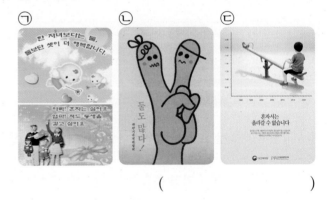

( )

교학사, 김영사, 비상교과서

5 고령화에 따른 문제를 해결하기 위한 방안을 보기 에
서 찾아 기호를 쓰시오.

보기
㉠ 노인 전문 시설의 수를 줄입니다.
㉡ 노인들이 일할 수 없도록 법을 만듭니다.
㉢ 노인을 돕기 위한 기초 연금 제도를 시행합
니다.

( )

6 정보화에 따라 나타나는 현상으로 알맞지 <u>않은</u> 것은 어느 것입니까? (   )

① 생활이 더욱 편리해진다.

② 정보가 중요한 자원이 된다.

③ 지식이 생활의 중심이 된다.

④ 원하는 정보를 얻기가 어려워진다.

⑤ 다른 사람들과 소통하기가 쉬워진다.

천재교육, 천재교과서, 교학사, 김영사,
미래엔, 아이스크림 미디어, 지학사

7 다음 보기 에서 정보화로 달라진 옛날과 오늘날의 일상생활 모습을 구분하여 기호를 쓰시오.

보기
㉠ 회사에 가지 않고 재택근무를 합니다.
㉡ 학교에 등교해야 수업을 받을 수 있습니다.
㉢ 학교에 가지 않고 온라인으로 수업을 합니다.
㉣ 언제 올지 모르는 버스를 정류장에서 기다립니다.

| (1) 옛날 | , |
| (2) 오늘날 | , |

8 정보화 사회의 문제를 해결하기 위해 노력하고 있는 어린이를 쓰시오.

윤서: 스마트폰 게임은 시간을 정해 놓고 하고 있어요.
남우: 인터넷에 있는 다른 사람의 창작물을 허락 없이 사용하고 있어요.
주헌: 사이버 공간에서는 얼굴이 보이지 않기 때문에 상대방을 존중하지 않고 있어요.

(   )

9 다음 사진에 나타난 세계화의 좋은 점은 어느 것입니까? (   )

⬆ 다른 나라의 물건을 삼.   ⬆ 다른 나라의 음식을 접함.

① 여러 나라의 문화가 비슷해진다.

② 우리의 전통문화가 더욱 다양해진다.

③ 전염병 치료제를 빠르게 개발하게 된다.

④ 전 세계가 함께 환경 문제를 해결하게 된다.

⑤ 세계의 다양한 문화와 물건을 쉽게 접할 수 있게 된다.

3
단원

10 세계화와 관련 있는 사진을 모두 찾아 기호를 쓰시오.

㉠  ㉡

⬆ 신입생이 9명인 초등학교 입학식   ⬆ 다른 나라에 가기 위해 공항에 간 사람들

㉢  ㉣

[출처: 뉴스뱅크]

⬆ 노인을 도와주는 돌봄 로봇의 개발   ⬆ 우리나라 운동 경기에서 활약하는 외국인 선수

(,   )

3. 사회 변화와 문화 다양성 | **43**

연습 🐱 도움말을 참고하여 내 생각을 차근차근 써 보세요.

1 다음은 사회가 변화하면서 달라진 일상생활의 모습입니다. [총 8점]

㉠

⬆ 늘어나는 노인정

㉡

⬆ 화상 통화

㉢

⬆ 쉽게 접할 수 있는 쌀국수

㉣

⬆ 다른 나라의 음식을 파는 가게

(1) 위의 ㉠ 노인정 외에 노인 전문 시설을 한 가지만 쓰시오. [2점]

(   )

(2) 위 ㉡과 관련 있는 사회 변화로 알맞은 것에 ○표를 하시오. [2점]

　㉮ 인터넷의 사용　　　　　　　(　　　)

　㉯ 학생 수의 증가　　　　　　　(　　　)

(3) 위 ㉢, ㉣에 나타난 예전에 비해 달라진 마을의 모습을 쓰시오. [4점]

> 🐱 예전과 달라진 일상생활의 변화 모습을 그림을 보며 써 보세요.
>
> **꼭 들어가야 할 말** 나라 / 음식 / 가게

_____

_____

2 다음은 지민이가 찾아본 신문 기사의 내용입니다.

[총 8점]

㉠

| ○○ 신문 | 20△△년 ○○월 ○○일 |

새학기가 시작되었지만 신입생이 없는 학교가 계속 늘어나고 있다. 많은 지역에서 초등학생 수가 지속적으로 감소해 매년 초등학생 수가 줄어들고 있다. 초등학생 수는 앞으로도 계속 감소할 것으로 예상된다.

㉡
| ○○ 신문 | 20△△년 ○○월 ○○일 |

◇◇ 지역에서는 노인 경제 활동 지원을 위해 '노인 일자리 급식 도우미 사업'이 활발하게 운영되고 있다. 이 사업으로 노인들은 일할 기회를 얻게 되었고, 학교에서는 학생들의 점심 식사를 도와주는 사람들이 늘어나게 되었다.

(1) 오른쪽 그래프와 관련 있는 신문 기사 내용을 위에서 찾아 기호를 쓰시오. [2점]

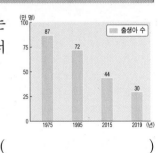

(   )

(2) 위와 같은 일들이 일어나고 있는 까닭을 쓰시오. [6점]

_____

_____

3 다음은 오늘날 사회 변화에 따라 발생하는 문제입니다. [총 10점]

(1) 위 그림의 문제와 관련 있는 사회 변화를 보기에서 찾아 기호를 쓰시오. [2점]

> **보기**
> ㉠ 세계화   ㉡ 정보화
> ㉢ 고령화   ㉣ 산업화

(   )

(2) 위 (1)번 답 사회의 특징을 바르게 말한 어린이를 쓰시오. [2점]

> 미나: 사회 변화의 속도가 느려요.
> 호성: 다른 사람과 소통하기가 어려워요.
> 은우: 지식이 사회의 중요한 자원이에요.

(   )

(3) 위 그림과 같은 문제를 예방할 수 있는 '사이버 예절 규칙'을 만들어서 쓰시오. [6점]

_____

_____

4 다음은 지민이와 아빠의 대화입니다. [총 10점]

> 지민: 아빠, 외국인이 우리나라에서 야구 선수를 할 수 있어요?
> 아빠: 그럼, 할 수 있지. 오늘날은 <u>세계 여러 나라가 다양한 분야에서 서로 영향을 주고받고 있기 때문이야.</u>

(1) 위 대화에서 밑줄 친 부분에 해당하는 사회 변화를 무엇이라고 하는지 쓰시오. [2점]

(   )

진도 완료 체크

3 단원

(2) 위 (1)번 답과 관련 있는 사례를 이야기한 어린이를 다음에서 찾아 이름을 쓰시오. [2점]

> 하진: 우리 학교 입학생이 계속 줄어들고 있어요.
> 지희: 할아버지와 할머니를 위한 시설이 늘어났어요.
> 수연: 우리나라에 온 다른 나라 가수의 공연을 봤어요.

(   )

(3) 위 (1)번 답이 우리 생활에 미치는 긍정적인 영향을 한 가지만 쓰시오. [6점]

_____

_____

❶ 문화

> 문화는 공통의 생활 방식입니다.

> 음식을 먹는 것은 같지만
> 환경과 생활 모습에 따라
> 음식을 여러 가지 방법으로 먹습니다.

✱ 중요한 내용을 정리해 보세요!

● 문화란?

● 문화가 다른 까닭은?

---

3 단원

개념 확인하기

정답 29쪽

🍃 다음 문제를 읽고 답을 찾아 ☐ 안에 ✔표를 하시오.

1 한 사회의 구성원들이 가지고 있는 공통의 생활 방식은 무엇입니까?

ㄱ 예술 ☐   ㄴ 문화 ☐   ㄷ 경제 ☐

2 문화는 어떤 특징이 있습니까?

ㄱ 환경에 따라 다르게 나타난다. ☐

ㄴ 가지고 있지 않은 나라가 많다. ☐

ㄷ 모든 나라에서 똑같이 나타난다. ☐

3 '식' 문화에 속하는 것은 무엇입니까?

ㄱ 집 ☐   ㄴ 음식 ☐   ㄷ 날씨 ☐

4 우리나라와 다른 나라의 식사 모습이 다른 까닭은 어느 것입니까?

ㄱ 언어가 달라서 ☐

ㄴ 생활 모습이 달라서 ☐

5 지역마다 사는 집의 모양이 다른 까닭은 어느 것입니까?

ㄱ 인종이 달라서 ☐

ㄴ 자연환경이 달라서 ☐

❷ 편견과 차별

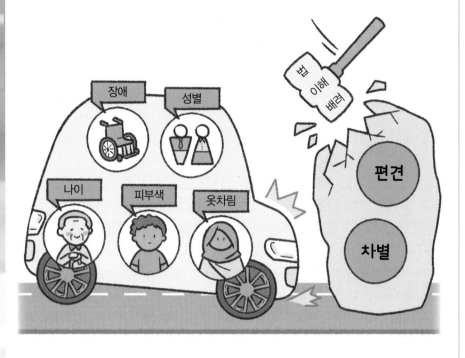

✳ 중요한 내용을 정리해 보세요!

● 편견이란?

● 차별이란?

● 편견과 차별을 해결하는 방법은?

개념 확인하기

정답 29쪽

🌱 다음 문제를 읽고 답을 찾아 ☐ 안에 ✔표를 하시오.

1 공정하지 못하고 한쪽으로 치우친 생각은 무엇입니까?

㉠ 편견 ☐   ㉡ 경쟁 ☐   ㉢ 존중 ☐

2 대상을 정당한 이유 없이 구별하고 다르게 대우하는 것은 무엇입니까?

㉠ 평등 ☐   ㉡ 자유 ☐   ㉢ 차별 ☐

3 여자 직원을 뽑지 않고 남자 직원만 뽑으려고 하는 회사는 무엇에 대한 차별을 하고 있습니까?

㉠ 나이 ☐   ㉡ 성별 ☐   ㉢ 종교 ☐

4 편견과 차별을 해결하기 위해 우리가 할 수 있는 일은 무엇입니까?

㉠ 나와 다른 점을 이해한다. ☐

㉡ 주변에 관심을 갖지 않는다. ☐

㉢ 한쪽으로 치우친 생각을 한다. ☐

㉣ 다른 문화를 이상하게 생각한다. ☐

5 차별을 없애려고 법을 만드는 기관은 어디입니까?

㉠ 학교 ☐   ㉡ 국회 ☐

㉢ 회사 ☐   ㉣ 경찰서 ☐

1 문화에 대한 설명으로 알맞지 <u>않은</u> 것은 어느 것입니까? (   )

① 언어, 종교 등은 포함되지 않는다.
② 주어진 환경에 적응하면서 만들어진다.
③ 추석에 먹는 음식이나 풍습도 포함된다.
④ 한 사회 사람들의 공통된 생활 방식이다.
⑤ 사람들이 여가를 즐기는 방식도 문화이다.

천재교과서, 교학사, 금성출판사, 김영사, 동아출판,
비상교과서, 비상교육, 아이스크림 미디어

2 다음 두 지역의 전통 의상이 다른 까닭은 어느 것입니까? (   )

⬥ 더운 나라의 전통 의상

⬥ 추운 나라의 전통 의상

① 인종이 달라서
② 언어가 달라서
③ 기술이 달라서
④ 자연환경이 달라서
⑤ 좋아하는 색깔이 달라서

3 우리나라의 전통문화에 대해 바르게 말한 어린이를 쓰시오.

> 성후: 설날에 떡국을 먹고 세배를 해요.
> 주이: 추석에 경단과 월병을 만들어 먹어요.
> 온유: 여름에는 가족들이 모두 모여 김장을 해요.

(   )

천재교육, 아이스크림 미디어

4 다음 그래프와 같은 현상이 발생하여 달라진 점을 두 가지 고르시오. (,   )

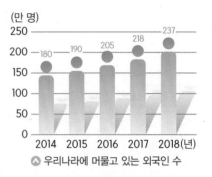

(만 명)
| | 2014 | 2015 | 2016 | 2017 | 2018(년) |
| 250 | 180 | 190 | 205 | 218 | 237 |

⬥ 우리나라에 머물고 있는 외국인 수

① 우리나라 인구가 줄어들게 되었다.
② 선택할 수 있는 문화가 적어지게 되었다.
③ 다양한 세계 음식을 접할 수 있게 되었다.
④ 유학생, 국제결혼 이주자 등을 볼 수 없게 되었다.
⑤ 피부색, 종교 등이 다른 사람들이 주변에 많아지게 되었다.

천재교육, 아이스크림 미디어

5 다음 사진과 같이 여러 분야의 일자리에서 일하며 우리나라 산업 발전에 이바지하고 있는 외국인은 누구입니까? (   )

① 관광객
② 유학생
③ 외국인 근로자
④ 북한 이탈 주민
⑤ 국제결혼 이주자

3
단원

천재교육, 교학사, 김영사, 비상교과서

6 외모에 대한 차별을 겪은 사람은 누구입니까? ( )

① 세령: 제가 믿는 종교가 이상하다고 사람들이 수 군거렸어요.

② 민우: 고속버스를 타고 싶은데 휠체어는 탈 수 없다고 했어요.

③ 동하: 회사에 면접을 보러 갔는데 남자라서 안 된다고 했어요.

④ 주미: 카페에서 일하고 싶은데 키가 작아서 곤란 하다고 했어요.

⑤ 윤성: 회사에 면접을 보러 갔는데 나이가 많다고 안 된다고 했어요.

7 다음 만화의 준혁이에 대한 설명으로 알맞은 것은 어 느 것입니까? ( )

① 한쪽으로 치우친 생각을 하고 있다.

② 우리나라 전통문화에 대해 잘 모르고 있다.

③ 다른 나라의 문화를 적극적으로 받아들이고 있다.

④ 수저가 없어도 밥을 먹을 수 있다고 생각하고 있다.

⑤ 나라마다 식사 문화가 다를 수 있다고 생각하고 있다.

8 다음 보기 에서 편견과 차별의 사례에 해당하는 것을 찾아 기호를 쓰시오.

보기
㉠ 학교에서 다문화 교육을 합니다.
㉡ 크레파스의 특정 색을 '살색'이라고 부릅니다.
㉢ 학급에서 축구를 할 때 여자, 남자 친구들이 같이 합니다.

( )

9 다음 편견과 차별을 없애기 위한 방법에서 ( ) 안의 알맞은 말에 ○표를 하시오.

위 사진과 같이 장애인에 대한 인식을 개선하 기 위한 (캠페인 / 기관 설립)을 통해 사람들 의 생각을 바꿀 수도 있습니다.

천재교육, 동아출판

10 유니버설 디자인에 대한 설명으로 알맞은 것에 모두 ○표를 하시오.

(1) 겉모습을 예쁘고 화려하게 하는 것에 초점을 둔 디자인을 말합니다. ( )

(2) 지하철의 낮은 손잡이, 횡단보도 앞에 있는 옐 로 카펫 등이 해당됩니다. ( )

(3) 성별, 나이, 장애, 언어 등에 상관없이 이용할 수 있는 환경을 만드는 것입니다. ( )

연습 🦉 도움말을 참고하여 내 생각을 차근차근 써 보세요.

1 다음은 사람들의 옷차림, 사는 집의 모습입니다.

[총 8점]

 ㉠
 ㉡
 ㉢
 ㉣

(1) 위와 같이 사람들이 오랜 시간을 함께 생활하면서 만들어지고 전해져 내려온 생활 방식을 무엇이라고 하는지 쓰시오. [2점]

(   )

(2) 위 ㉠~㉣ 중 다음 설명에 해당하는 것의 기호를 쓰시오. [2점]

> 더운 지역에 살기 때문에 천으로 된 긴 옷을 입고 있습니다.

(   )

(3) 위 ㉣ 집의 모양은 어떠한지 쓰시오. [4점]

🦉 ㉣의 집을 만든 재료와 자연환경을 생각하며 써 보세요.
꼭 들어가야 할 말 물 / 나무

_____

_____

2 다음은 우리 사회에서 볼 수 있는 편견과 차별의 모습입니다. [총 10점]

 ㉠
 ㉡
 ㉢
 ㉣

(1) 위에서 장애를 가지고 있어서 부당한 대우를 받는 상황을 찾아 기호를 쓰시오. [2점]

(   )

(2) 다음과 같은 상황을 위에서 찾아 기호를 쓰시오. [2점]

> 그 사람의 능력을 생각해 주지 않고 임신이라는 이유로 일자리 지원을 거절하는 상황입니다.

(   )

(3) 위와 같이 편견과 차별이 지속되면 사회적으로 어떤 문제가 발생할 수 있을지 한 가지만 쓰시오. [6점]

_____

_____

3 단원
진도 완료 체크

11종 공통

1 인구의 변화로 인해 나타나는 현상은 어느 것입니까?
( )

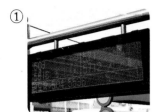

① 통신 기술이 발달하고 있음.
② 과학 기술이 발달하고 있음.

③ 다른 나라와 교류가 많아지고 있음.
④ 태어나는 아이의 수가 줄어들고 있음.

금성출판사, 미래엔

2 오늘날 초등학교에 대한 설명으로 알맞지 <u>않은</u> 것은 어느 것입니까? ( )
① 선생님이 수업을 한다.
② 디지털 교과서를 활용하기도 한다.
③ 오전반, 오후반으로 나눠 수업한다.
④ 학생이 없어서 문을 닫는 학교가 있다.
⑤ 컴퓨터와 같은 디지털 기기를 활용하여 수업한다.

천재교과서, 비상교과서

3 오른쪽 포스터를 보고 알 수 있는 사회 변화의 모습은 어느 것입니까? ( )
① 농업이 발달했다.
② 출산율이 낮아졌다.
③ 정보가 중요한 자원이 되었다.
④ 다른 나라와 교류하게 되었다.
⑤ 노인 인구가 줄어들게 되었다.

혼자서는
올라갈 수 없습니다

11종 공통

4 저출산으로 인해 변화하는 일상생활의 모습으로 알맞은 것은 어느 것입니까? ( )
① 일할 사람이 늘어나고 있다.
② 학교의 학급 수가 늘어나고 있다.
③ 가족의 구성원 수가 늘어나고 있다.
④ 출산을 도와주는 병원이 점점 사라지고 있다.
⑤ 노인을 대상으로 하는 산업이 발달하고 있다.

11종 공통

5 노인 전문 병원이나 노인정 등이 많이 나타나게 된 까닭으로 알맞은 것은 어느 것입니까? ( )
① 노인들이 많아졌기 때문에
② 통신수단이 발달했기 때문에
③ 환경 오염이 심각해졌기 때문에
④ 촌락의 인구가 감소했기 때문에
⑤ 도시의 인구가 증가했기 때문에

11종 공통

6 고령화에 대비하기 위한 방법으로 알맞은 것은 어느 것입니까? ( )
① 어머니의 육아 휴직을 금지시킨다.
② 노인을 위한 복지 정책을 점점 줄인다.
③ 55세가 넘으면 회사에 다니지 못하게 한다.
④ 나이가 많을수록 세금을 더 많이 내게 한다.
⑤ 노인들이 사회 활동을 할 수 있도록 지원한다.

11종 공통

7 다음 사진과 같은 일을 할 수 있는 사회에서 가장 중요한 자원은 어느 것입니까? ( )

① 인터넷으로 물건을 삼.
② 학생들이 온라인 수업을 함.

① 땅　　　② 석유　　　③ 정보
④ 기계　　　⑤ 농산물

3
단원

11종 공통

8 정보화 사회의 특징으로 알맞지 <u>않은</u> 것은 어느 것입니까? (   )

① 생활이 편리해졌다.
② 컴퓨터와 통신 기술이 발달했다.
③ 정보를 활용하여 여러 일을 해결할 수 있다.
④ 정보를 활용하여 새로운 자료를 만들 수 있다.
⑤ 정보를 얻기까지 많은 시간과 노력이 필요하다.

천재교과서

9 사회 변화에 따른 문제점에 대한 설명에서 □ 안에 들어갈 알맞은 말은 어느 것입니까? (   )

> 저작권 침해, 해킹 등은 □□□□□입니다.

① 환경 문제   ② 사이버 범죄
③ 차별과 편견   ④ 세계화의 문제
⑤ 세대 간의 갈등

천재교육, 천재교과서, 교학사, 금성출판사, 김영사, 동아출판, 미래엔, 비상교과서, 비상교육, 아이스크림 미디어

10 다음과 같은 노력으로 해결할 수 있는 정보화 사회의 문제점으로 알맞은 것은 어느 것입니까? (   )

> • 다른 사람의 저작물을 소중하게 생각합니다.
> • 허락받지 않은 프로그램, 글, 사진, 그림, 음악 등을 함부로 복제하거나 내려받지 않습니다.

① 저작권 침해
② 악성 댓글 확산
③ 거짓 소문 확산
④ 도시 인구 증가
⑤ 스마트폰 의존 현상 심화

11종 공통

11 세계화 현상이 나타나게 된 까닭으로 알맞은 것은 어느 것입니까? (   )

① 도시 인구의 증가
② 노인 인구의 감소
③ 어린이 인구의 증가
④ 문화의 중요성 감소
⑤ 교통·통신수단의 발달

천재교과서, 동아출판

12 다음 어린이가 말하는 행사를 하는 까닭은 어느 것입니까? (   )

나도 '지구촌 전등 끄기 행사'에 참여해야지.

① 세계화로 환경이 오염되어서
② 노인 인구가 줄어들고 있어서
③ 경제 발전을 빠르게 하기 위해서
④ 다른 나라와의 교류가 줄어들어서
⑤ 정보 기기를 다루지 못하는 사람이 많아서

11종 공통

13 다음과 같은 생활 모습과 관련 있는 말은 어느 것입니까? (   )

> • 옷을 입는 것   • 음식을 먹는 것
> • 집에서 사는 것   • 인사를 하는 것
> • 명절을 보내는 것   • 여가 시간을 보내는 것

① 예절   ② 공부
③ 문화   ④ 종교
⑤ 예술

11종 공통

14 문화의 모습으로 알맞지 <u>않은</u> 것은 어느 것입니까?
(   )

① 졸리면 하품을 한다.
② 설날에 세배를 한다.
③ 술래잡기와 공놀이를 한다.
④ 방과 후에 만화 영화를 본다.
⑤ 포크와 나이프를 사용해 음식을 먹는다.

3 단원

15 우리 사회의 편견과 차별의 문제를 다루고 있는 신문 기사의 제목으로 알맞은 것은 어느 것입니까? ( )

① ○○ 신문
여전한 남녀
임금 격차

② ○○ 신문
도로 공사로
교통 혼잡 심각해져

③ ○○ 신문
학교까지 거리가
너무 멀어요

④ ○○ 신문
비행기 소음 때문에
생활하기 힘들어요

16 다음 준혁이와 트리샤의 대화를 읽고 바르게 말한 어린이는 누구입니까? ( )

준혁: 깜짝이야! 왜 밥을 손으로 먹어? 수저를 써야지.
트리샤: 나는 주로 손으로 음식을 먹는데…….

① 선주: 음식을 먹을 때에는 꼭 수저를 써야 해요.
② 우겸: 나의 기준으로 다른 문화를 판단해야 해요.
③ 나리: 우리나라에 오면 우리 문화를 따라야 해요.
④ 세영: 우리나라 사람들이 먹는 방식이 옳은 거예요.
⑤ 진후: 음식을 먹는 방법은 나라마다 다를 수 있어요.

천재교육, 천재교과서, 교학사, 김영사, 동아출판, 비상교과서

17 다음 □ 안에 들어갈 알맞은 말은 어느 것입니까?
( )

여자 직원들이 우리 회사 일에 더 적합해.

우리 회사에는 남자 직원들이 많았으면 좋겠어.

□□□이/가 하는 일이 다르다고 생각하기 때문에 이런 차별의 모습이 나타납니다.

① 남녀   ② 장애인   ③ 임산부
④ 외국인   ⑤ 운동선수

18 다음 일기에 나타난 편견으로 알맞은 것은 어느 것입니까? ( )

20○○년 ○○월 ○○일   날씨: 맑음

오늘 학교에서 다음 주에 할 '학급 체육의 날'에 어떤 경기를 할지 이야기하는 시간이 있었다. 남자아이들 몇 명이 남자는 축구, 여자는 피구를 하자고 말했다. 나와 몇몇 여자아이들이 축구를 하고 싶다고 말했지만, 여자라서 축구를 못할 거라면서 끼워 주려고 하지 않았다.

① 여학생은 축구를 못한다는 편견
② 남학생은 축구를 못한다는 편견
③ 남학생은 피구를 싫어한다는 편견
④ 남학생이 축구보다 피구를 더 좋아한다는 편견
⑤ 남학생과 여학생이 모두 축구를 좋아한다는 편견

천재교육, 천재교과서, 금성출판사, 김영사, 동아출판, 비상교과서, 비상교육

19 편견과 차별이 없는 세상을 만들기 위해 많은 일을 하는 기관은 어디입니까? ( )

① 공항   ② 보건소
③ 도서관   ④ 소방서
⑤ 국가인권위원회

20 편견과 차별을 해결하기 위한 노력으로 알맞지 않은 것은 어느 것입니까? ( )

① 차별을 없애기 위한 법을 만든다.
② 사람들의 생각을 바꾸기 위한 캠페인을 한다.
③ 다양한 문화의 가치를 알리는 행사를 마련한다.
④ 다양한 문화를 가진 사람들에게 한국어 교육을 한다.
⑤ 다양한 문화를 가진 사람들이 직업을 갖지 못하도록 한다.

· 답안 입력하기   · 온라인 피드백 받기

11종 공통

1 우리 주변의 상품이 어디에서 왔는지 조사하는 방법으로 알맞지 **않은** 것은 어느 것입니까? (   )

① 상품 가격 확인하기
② 상품 정보 확인하기
③ 통계 자료 분석하기
④ 품질 인증 마크 확인하기
⑤ 누리집에서 상품 소개 검색하기

11종 공통

2 다음과 같이 다른 지역과 경제 교류를 하는 까닭은 어느 것입니까? (   )

강원도 평창군
경기도 용인시
충청남도 서천군
경기도 이천시
필리핀
노르웨이
부산광역시

① 우리 지역이 중심지이기 때문에
② 지역마다 대표 상품이 다르기 때문에
③ 경기도 용인시에 쌀이 풍부하기 때문에
④ 다른 지역에 품질이 좋은 상품이 없기 때문에
⑤ 필요한 상품은 우리 지역에서만 구할 수 있기 때문에

천재교육, 금성출판사, 김영사, 미래엔,
비상교과서, 비상교육, 지학사

3 다음과 같이 경제 교류를 하는 밑줄 친 이곳은 어디입니까? (   )

> 이곳에서는 생산자가 지역을 내세워 지역의 대표 상품을 직접 판매하여 소비자와 생산자 모두 경제적 이익을 얻을 수 있습니다.

① 소방서   ② 교육청
③ 경찰서   ④ 주민 센터
⑤ 직거래 장터

11종 공통

4 더 나은 상품을 개발하기 위해 필요한 것으로 알맞은 것은 어느 것입니까? (   )

① 기술을 협력한다.
② 연구비를 줄인다.
③ 상품의 가격을 올린다.
④ 지역 간에 교류를 하지 않는다.
⑤ 해외 제품의 기술을 허락 없이 따라 한다.

천재교육, 천재교과서, 교학사, 금성출판사, 미래엔,
비상교과서, 비상교육, 아이스크림 미디어, 지학사

5 경제 교류를 조사하는 방법으로 알맞지 **않은** 것은 어느 것입니까? (   )

① 지역 신문에서 지역 간 문화 교류 조사하기
② 지역 뉴스에서 지역 간 기술 협력 조사하기
③ 시장을 방문하여 지역 간 물자 교류 조사하기
④ 지역 누리집에서 지역 간에 발생하는 갈등 조사하기
⑤ 인터넷 쇼핑몰에서 판매하는 지역의 대표 상품 조사하기

금성출판사, 아이스크림 미디어

6 다음 일기에 나타난 경제 교류의 종류는 어느 것입니까? (   )

> ○○월 ○○일 ○요일   날씨: 맑음
>
> 오늘은 아빠와 함께 대형 할인점에 다녀왔다. 대형 할인점에서 아빠가 미국산 소고기를 사서 요리해 주셨다. 아빠가 해 주신 소고기 요리는 정말 맛있었다.

① 물자 교류   ② 문화 교류
③ 교육 교류   ④ 관광 교류
⑤ 기술 교류

김영사, 동아출판, 비상교과서

7 지역의 대표 상품을 사람처럼 만들어 소개하는 방법은 무엇입니까? (   )

① 누리집 만들기   ② 전단지 만들기
③ 캐릭터 만들기   ④ 상표 개발하기
⑤ 광고 제작하기

8 다음 신문 기사와 관련 있는 현상으로 알맞은 것은 어느 것입니까? (   )

> **초등학생 수, 매년 줄어들고 있다**
>
> 많은 지역에서 학생 수가 지속적으로 감소해 매년 초등학생 수가 줄어들고 있다. 초등학생 수는 앞으로도 계속 감소할 것으로 예상된다.

① 정보화 　② 저출산 　③ 산업화
④ 지역화 　⑤ 세계화

9 저출산 현상에 대한 대응으로 알맞은 것은 어느 것입니까? (   )

① 노인에게 적절한 일자리를 제공한다.
② 서로 다른 문화를 이해하고 존중한다.
③ 사회의 노력보다 개인의 노력을 강조한다.
④ 아이를 낳아 기르는 데 필요한 제도를 마련한다.
⑤ 아이를 보호하고 양육할 수 있는 기관의 수를 줄인다.

10 오늘날 다음과 같은 시설이 생기는 까닭으로 알맞은 것은 어느 것입니까? (   )

> 노인정, 노인 전문 병원, 요양원

① 노인들이 늘어났기 때문에
② 맞벌이 부부가 늘어났기 때문에
③ 지역 간의 교류가 활발해졌기 때문에
④ 해외여행을 가는 사람이 늘어났기 때문에
⑤ 태어나는 아이의 수가 줄어들고 있기 때문에

11 오른쪽과 같은 노력을 통해 대응할 수 있는 현상은 무엇입니까? (   )

🔵 자신의 노후 생활을 미리 준비함.

① 저출산 　② 지역화
③ 고령화 　④ 정보화
⑤ 세계화

12 다음 문제를 해결하기 위한 노력으로 알맞은 것은 어느 것입니까? (   )

① 내 정보가 유출되지 않도록 관리한다.
② 다른 사람의 창작물을 소중하게 생각한다.
③ 정보 기기를 이용하는 방법을 교육받는다.
④ 사이버 공간에서 대화할 때 예의를 지킨다.
⑤ 시간을 정해서 인터넷과 스마트폰을 사용한다.

13 세계화와 관련된 사례를 알맞게 말하지 <u>않은</u> 어린이는 누구입니까? (   )

① 남철: 중국에서 만든 인형을 샀어.
② 설아: 대만 영화를 영화관에서 봤어.
③ 소연: 베트남 음식인 쌀국수를 먹었어.
④ 진우: 민속촌에 가서 전통문화를 체험했어.
⑤ 민영: 길거리에서 우리나라에 여행을 온 외국인을 봤어.

14 세계화가 우리 생활에 미치는 긍정적인 영향으로 알맞은 것은 어느 것입니까? (   )

① 학생 수가 줄어드는 학교가 늘어나고 있다.
② 세계 여러 나라의 다양한 문화를 접할 수 있다.
③ 생활 속에서 우리의 전통문화가 점점 사라지고 있다.
④ 일할 사람이 줄어들며 경제에도 영향을 미치고 있다.
⑤ 휴대 전화를 이용해 어디서나 은행 업무를 쉽게 볼 수 있다.

11종 공통

15 문화에 대한 설명으로 알맞은 것은 어느 것입니까?
( )

① 우리나라의 문화가 제일 우수하다.
② 내가 믿는 종교와 관련된 문화만 옳다.
③ 문화 간에 공통점은 있지만 차이점은 없다.
④ 노인의 문화가 어린이의 문화보다 중요하다.
⑤ 사는 지역에 따라 문화가 다양하게 나타난다.

천재교육, 천재교과서, 교학사, 금성출판사, 김영사,
동아출판, 비상교과서, 비상교육, 지학사

16 다음 두 그림에서 찾아볼 수 있는 문화의 차이점으로 알맞은 것은 어느 것입니까? ( )

① 옷차림   ② 명절 풍습
③ 취미 생활   ④ 결혼식 모습
⑤ 음식을 먹는 방법

기말 범위

진도 완료 체크

11종 공통

17 다음과 같은 편견이 옳지 않은 까닭은 어느 것입니까?
( )

우리말을 잘 못할 것이다.

① 편견은 차별로 이어지지 않기 때문에
② 외국인은 우리말을 잘 못하기 때문에
③ 외국인은 우리말을 배우지 않았기 때문에
④ 외국에서 오래 살아야 우리말을 잘할 수 있기 때문에
⑤ 우리말을 잘하고 못하고는 피부색과 관련이 없기 때문에

천재교육, 천재교과서, 금성출판사, 미래엔

18 다음 사례에 대한 설명으로 알맞은 것은 어느 것입니까? ( )

소정: 장애로 휠체어를 타고 있는데 고속버스를 이용할 수 없어 불편해요.

① 소정이는 한쪽으로 치우친 생각을 하고 있다.
② 장애인은 원하는 곳에 갈 수 있는 권리가 없다.
③ 누구나 평등하게 시설을 이용할 수 있어야 한다.
④ 휠체어를 이용하는 장애인은 모든 버스에 탈 수 있다.
⑤ 소정이는 나이에 대한 차별을 받아 어려움을 겪고 있다.

11종 공통

19 편견과 차별을 없애기 위해 가져야 할 태도로 알맞지 않은 것은 어느 것입니까? ( )

① 나와 다른 문화도 이해한다.
② 상대방의 입장에서 생각한다.
③ 우리나라의 문화를 무시한다.
④ 다른 문화도 우리 문화처럼 존중한다.
⑤ 한쪽으로 치우치지 않는 생각을 하도록 노력한다.

11종 공통

20 편견과 차별이 없는 세상을 만들기 위해 어린이로서 할 수 있는 일은 어느 것입니까? ( )

① 편견이나 차별의 뜻이 담긴 말을 하는 사람을 처벌한다.
② 차별을 받는 사람들을 위해 알맞은 교육 기회를 제공한다.
③ 다양한 문화를 가진 가족들을 지원할 수 있는 제도를 만든다.
④ 다문화 가정 친구가 있다면 놀리지 않고 같이 잘 생활할 수 있도록 돕는다.
⑤ 법을 만들고 기관을 세워 편견과 차별을 없애기 위해 적극적으로 노력한다.

· 답안 입력하기   · 온라인 피드백 받기

우리 아이의 실력을 정확히 점검하는 기회

40년의 역사
전국 초·중학생 213만 명의 선택

HME 학력평가
해법수학 · 해법국어

응시 학년
수학 | 초등 1학년 ~ 중학 3학년
국어 | 초등 1학년 ~ 초등 6학년

응시 횟수
수학 | 연 2회 (6월 / 11월)
국어 | 연 1회 (11월)

주최 **천재교육** | 주관 **한국학력평가 인증연구소** | 후원 **서울교육대학교**

*응시 날짜는 변동될 수 있으며, 더 자세한 내용은 HME 홈페이지에서 확인 바랍니다.

온라인
학습북

수학 전문 교재

● 연산 학습

빅터연산	예비초~6학년, 총 20권
창의융합 빅터연산	예비초~4학년, 총 16권

● 개념 학습

개념클릭 해법수학	1~6학년, 학기용

● 수준별 수학 전문서

해결의법칙(개념/유형/응용)	1~6학년, 학기용

● 단원평가 대비

수학 단원평가	1~6학년, 학기용

● 단기완성 학습

초등 수학전략	1~6학년, 학기용

● 상위권 학습

최고수준 S 수학	1~6학년, 학기용
최고수준 수학	1~6학년, 학기용
최강 TOT 수학	1~6학년, 학년용

● 경시대회 대비

해법 수학경시대회 기출문제	1~6학년, 학기용

예비 중등 교재

● **해법 반편성 배치고사 예상문제**	6학년
● **해법 신입생 시리즈(수학/영어)**	6학년

맞춤형 학교 시험대비 교재

● **열공 전과목 단원평가**	1~6학년, 학기용(1학기 2~6년)

한자 교재

● **해법 NEW 한자능력검정시험 자격증 한번에 따기**	6~3급, 총 8권
● **씽씽 한자 자격시험**	8~7급, 총 2권
● **한자전략**	1~6학년, 총 6단계

배움으로 행복한 내일을 꿈꾸는
천재교육 커뮤니티 안내

 교재 안내부터 구매까지 한 번에!
천재교육 홈페이지

자사가 발행하는 참고서, 교과서에 대한 소개는 물론
도서 구매도 할 수 있습니다. 회원에게 지급되는 별을 모아
다양한 상품 응모에도 도전해 보세요!

 다양한 교육 꿀팁에 깜짝 이벤트는 덤!
천재교육 인스타그램

천재교육의 새롭고 중요한 소식을 가장 먼저 접하고 싶다면?
천재교육 인스타그램 팔로우가 필수!
깜짝 이벤트도 수시로 진행되니 놓치지 마세요!

 수업이 편리해지는
천재교육 ACA 사이트

오직 선생님만을 위한, 천재교육 모든 교재에 대한 정보가 담긴
아카 사이트에서는 다양한 수업자료 및 부가 자료는 물론
시험 출제에 필요한 문제도 다운로드하실 수 있습니다.

https://aca.chunjae.co.kr

 천재교육을 사랑하는 샘들의 모임
천사샘

학원 강사, 공부방 선생님이시라면 누구나 가입할 수 있는 천사샘!
교재 개발 및 평가를 통해 교재 검토진으로 참여할 수 있는 기회는 물론
다양한 교사용 교재 증정 이벤트가 선생님을 기다립니다.

 아이와 함께 성장하는 학부모들의 모임공간
튠맘 학습연구소

튠맘 학습연구소는 초·중등 학부모를 대상으로 다양한 이벤트와 함께
교재 리뷰 및 학습 정보를 제공하는 네이버 카페입니다.
초등학생, 중학생 자녀를 둔 학부모님이라면 튠맘 학습연구소로 오세요!

수학의 해법이 풀리다!

해결의 법칙
시리즈

단계별 맞춤 학습

개념, 유형, 응용의 단계별 교재로
교과서 차시에 맞춘 쉬운 개념부터
응용·심화까지 수학 완전 정복

혼자서도 OK!

이미지로 구성된 핵심 개념과 셀프 체크,
모바일 코칭 시스템과 동영상 강의로
자기주도 학습 및 홈 스쿨링에 최적화

300여 명의 검증

수학의 메카 천재교육 집필진과
300여 명의 교사·학부모의
검증을 거쳐 탄생한 친절한 교재

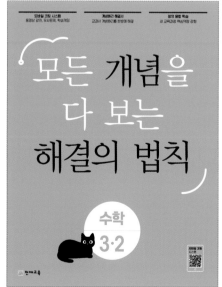
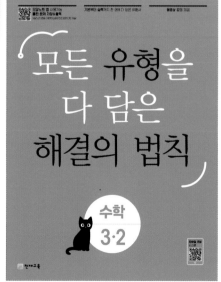

흔들리지 않는 탄탄한 수학의 완성! (초등 1~6학년 / 학기별)

우등생

천재교육

#홈스쿨링

우등생

정답은 정확하게
풀이는 자세하게

풀림
풀이집

사회 4·2

꼼꼼 풀이집

정답과 풀이

4-2

1. 촌락과 도시의 생활 모습

❶ 촌락과 도시의 특징

개념 다지기 　　　　　　　　　　　　11쪽

1 ㉠ 촌락 ㉡ 어촌　**2** ④　**3** ③　**4** ⑤
5 ㉡, ㉢　　　　**6** (2) ○

1 그 지역의 자연환경과 사람들이 주로 하는 일에 따라 촌락을 농촌, 어촌, 산지촌으로 구분할 수 있습니다.

2 ①~③은 어촌, ⑤는 산지촌과 관련 있습니다.

3 어촌 사람들은 양식장에서 물고기나 김, 미역 등 해산물을 기릅니다.

4 산지촌 사람들은 산에서 나무를 가꾸어 베거나 버섯을 재배하는 임업을 하기도 합니다.

> **왜 틀렸을까?**
> ①과 ②는 농업, ③과 ④는 어업과 관련 있는 일입니다.

5 도시에는 높은 건물과 아파트 단지가 많으며 버스, 지하철 등 교통수단이 발달했습니다.

6 세종특별자치시는 행정 복합 도시로 계획된 곳으로, 많은 중앙 행정 기관이 세종특별자치시로 옮겨졌습니다. (1) 전라남도 여수시는 큰 공장들이 있고 산업이 발달한 도시입니다.

개념 다지기 　　　　　　　　　　　　15쪽

1 ㉡　　　**2 ❶** 노인 **❷** 어린이　**3** ④　**4** ②
5 (2) ○　**6** (1) ㉠ (2) ㉢ (3) ㉡

1 촌락과 도시 모두 사람들이 모여 살고 있으며, 생활에 필요한 시설이 있습니다.

2 촌락의 14세 이하 인구 비율은 낮아지고, 65세 이상 인구 비율은 높아졌습니다.

3 도시에 살던 사람들이 촌락으로 삶의 터전을 옮기는 것을 귀촌이라고 합니다. 귀촌을 하는 사람이 많이 늘어나고 도시로 떠나는 사람이 줄어들면 촌락과 도시가 함께 발전할 수 있습니다.

4 촌락 사람들은 다양한 기계를 활용하여 일손 부족 문제를 해결하고 생산량도 늘리고 있습니다.

> **더 알아보기**
> **일손 부족 문제를 해결하기 위한 촌락의 노력**
> • 다양한 기계를 활용하여 힘을 덜 들이고 일할 수 있게 합니다.
> • 일손이 부족한 시기에 외국인 근로자들을 단기간 도입합니다.
> • 지방 자치 단체에서는 바쁜 시기에 일손을 지원하는 프로그램을 운영합니다.

5 많은 사람이 모여 사는 도시에는 주택 문제, 환경 문제, 교통 문제 등 다양한 문제가 나타나고 있습니다.

> **더 알아보기**
> **도시에서 발생하는 문제**
> • 주택 문제: 집값이 비싸 집을 구하기 어렵고, 지은 지 오래되어 새로 짓거나 고쳐야 할 주택이 많습니다.
> • 환경 문제: 자동차나 공장에서 나오는 매연으로 공기가 오염되고, 생활 하수나 공장 폐수 등으로 물이 오염됩니다.
> • 교통 문제: 도로에 차가 많아 복잡하고 주차 공간이 부족합니다.

6 도시에 사는 사람들은 문제를 해결하고 도시를 살기 좋은 곳으로 만들기 위해 노력하고 있습니다.

단원 실력 쌓기 　　　　　　　　　16~19쪽

Step 1
1 촌락　**2** 임업　**3** 도시　**4** 귀촌
5 버스 전용 차로제　**6** (2) ○　**7** ④
8 ①, ④　**9** ㉢　**10** ④　**11** ①
12 ③, ⑤　**13** ㉡　**14** ㉡　**15** ②

Step 2
16 ❶ 예 버섯 **❷** 예 계단식
17 (1) ㉠, ㉢ (2) 예 생활에 필요한 여러 시설이 있다. 사람들이 자연환경과 더불어 살아간다.
18 (1) 교통 문제 (2) 예 승용차 요일제를 실시한다. 차량 2부제를 시행한다. 자전거 도로를 만들어 가까운 거리는 자전거를 이용할 수 있게 한다.

> **16** 약초
> **17** (1) 도시
> 　　(2) 사람
> **18** (1) 교통
> 　　(2) 자전거

Step 3
19 ㉠ 어촌 ㉡ 예 갯벌 ㉢ 예 등대, 방파제
20 예 어촌 사람들은 바다에서 물고기를 잡거나 김과 미역 등을 기르는 어업을 한다.

1 촌락은 크게 농촌, 어촌, 산지촌으로 구분할 수 있습니다.

2 산지촌 사람들은 임업 이외에 목장에서 가축을 기르거나 경사진 밭과 계단식 논에서 농사를 짓기도 합니다.

3 도시는 사람들이 많이 모여 살면서 정치, 경제, 문화의 중심이 되는 곳입니다.

4 촌락에서는 귀촌하려는 사람들이 촌락에 잘 적응하도록 적극적으로 지원하고 있습니다.

5 도시의 교통 문제를 해결하기 위해 버스가 빠르게 다닐 수 있는 전용 차로를 만들었습니다.

6 (1)은 농촌, (2)는 산지촌의 자연환경과 모습을 나타낸 그림입니다.

7 ①~③ 외에도 농촌 사람들은 비닐하우스에서 채소, 꽃, 과일 등 다양한 작물을 재배하는 일을 하기도 합니다.

8 어촌에서는 등대, 부두, 방파제, 양식장, 수산물 직판장, 수산물 냉동 창고, 횟집 등의 시설을 볼 수 있습니다.

9 촌락은 자연환경의 영향을 많이 받기 때문에 계절이나 날씨에 따라 사람들의 생활 모습이 달라집니다.

10 도시에 가면 거리에 많은 사람이 오가는 모습을 볼 수 있습니다.

11 교통·산업·행정의 중심지인 서울특별시는 우리나라 최대의 도시입니다.

> **더 알아보기**
> **우리나라의 도시**
> • 서울특별시: 조선 시대부터 600년 넘게 우리나라의 수도인 곳입니다.
> • 부산광역시: 큰 항구가 있는 우리나라 제2의 도시입니다.
> • 대전광역시: 국토의 중심에 위치하여 수도권, 경상도, 전라도로 가는 교통이 편리합니다.

12 촌락의 젊은 사람들이 도시로 떠나면서 태어나는 아기는 매우 적으며, 학생 수가 줄어들어 문을 닫는 학교가 생겼습니다.

13 촌락에서는 생산물을 새로운 제품으로 만들거나 상품의 질을 높여 소득을 올리고 있습니다.

> **왜 틀렸을까?**
> ㉠ 일손 부족 문제를 해결하려는 노력입니다.
> ㉢ 인구를 늘리기 위한 노력입니다.
> ㉣ 다양한 시설을 만들기 위한 노력입니다.

14 제시된 그래프에서 ㉠은 촌락 인구, ㉡은 도시 인구를 나타내고 있습니다.

15 ①은 교통 문제, ③과 ④는 환경 문제, ⑤는 소음 문제의 해결 방안입니다. 도시 문제를 해결하려고 개인, 가족, 이웃, 정부, 공공 기관 등이 함께 노력하고 있습니다.

> **왜 틀렸을까?**
> ② 도시의 주택 문제를 해결하기 위해 집을 많이 지어 사람들이 쉽게 집을 구할 수 있게 합니다.

16 산지촌 사람들은 산에서 나무를 가꾸어 베거나 버섯을 재배하는 임업을 합니다. 임업 이외에 목장에서 가축을 기르는 일, 벌을 길러 꿀을 얻는 일, 경사진 밭과 계단식 논(다랑논)에서 농사를 짓는 일 등도 합니다.

17 촌락과 도시는 인구, 건물의 모습, 사람들이 하는 일, 교통 시설, 문화 시설 등에 따라 공통점과 차이점이 있습니다.

> **채점 기준**
>
> | (1) | '㉠', '㉣'을 모두 정확히 씀. | |
> |-----|------------------------------|---|
> | (2) | **정답 키워드** 사람 \| 시설 \| 자연환경
'사람들이 모여 산다.', '생활에 필요한 여러 시설이 있다.', '사람들이 자연환경과 더불어 살아간다.' 등의 내용을 정확히 씀. | 상 |
> | | 전라남도 담양군과 대전광역시의 공통점을 썼지만 표현이 부족함. | 중 |

18 도시의 교통 문제는 대중교통을 편리하게 이용할 수 있도록 버스 전용 차로제를 실시하거나 교통 시설을 늘리고 교통 체증을 줄여서 해결하려고 합니다.

> **채점 기준**
>
> | (1) | '교통 문제'라고 정확히 씀. | |
> |-----|----------------------------|---|
> | (2) | **정답 키워드** 승용차 요일제 \| 차량 2부제 \| 자전거 \| 거주자 우선 주차 제도
'승용차 요일제를 실시한다.', '차량 2부제를 시행한다.', '자전거 도로를 만들어 가까운 거리는 자전거로 이동할 수 있게 한다.', '대중교통 시설을 확충한다.', '거주자 우선 주차 제도를 실시한다.' 등의 내용을 정확히 씀. | 상 |
> | | 도시의 교통 문제를 해결하기 위한 노력을 썼지만 표현이 부족함. | 중 |

19 사람들이 주로 바다를 이용하여 생산 활동을 하는 곳을 어촌이라고 합니다. 어촌에 가면 어업이나 관광업을 하는 데 도움을 주는 시설을 볼 수 있습니다.

20 촌락에서는 농업, 어업, 임업 등 자연환경을 이용한 일을 합니다.

❷ 함께 발전하는 촌락과 도시

개념 다지기   23쪽

1 ⑩ 물건, 문화   **2** ㉢   **3** (1) ○   **4** ①, ②
5 ③   **6** 도시

1 사람들은 물건 이외에 문화나 기술 등을 주고받기도 합니다.

2 지역마다 생산되는 물건이 달라서 우리 지역에서 생산된 것들이 다른 지역에서 팔리고, 다른 지역에서 생산된 것들이 우리 지역에서 팔립니다.

3 각 지역이 교류하지 못한다면 필요한 물건을 구할 수 없어 불편을 겪게 됩니다.

4 지역마다 생산물이나 문화, 기술 등이 다르기 때문에 교류가 이루어집니다.

5 도시에 사는 사람들은 자연환경 감상, 전통문화 체험, 지역 축제 참여, 지역 생산물 구입 등을 위해 촌락을 찾습니다.

> **왜 틀렸을까?**
> ③은 촌락 사람들이 도시에 가는 까닭과 관련 있습니다.

6 로컬 푸드 매장을 통해 촌락 사람들은 생산물을 알맞은 가격에 팔 수 있습니다.

개념 다지기   27쪽

1 ③   **2** 이안   **3** ㉢   **4** ④   **5** ⑤

1 도시에는 공공 기관이 많이 모여 있습니다. 또 종합 병원, 놀이공원, 대형 상가, 대학교, 미술관, 공연장 등이 있어 사람들은 건강, 여가, 교육 등 다양한 서비스를 받습니다.

> **왜 틀렸을까?**
> ③ 정미소는 쌀 찧는 일을 전문적으로 하는 곳으로, 주로 농촌에서 볼 수 있는 시설 중 하나입니다.

2 촌락 사람들은 도시에 있는 공공 기관에서 민원 업무 등을 처리하려고 도시로 갑니다.

3 주말농장을 통해 교류하면 촌락 사람들은 사용하지 않는 땅을 도시 사람들에게 빌려줄 수 있고, 도시 사람들은 채소를 직접 길러 먹을 수 있습니다.

4 우리 지역에 관해 잘 아는 분, 지방 자치 단체 직원, 지역 문화원 직원 등 지역 교류에 대해 잘 아는 분께 여쭈어 보면서 우리 지역의 교류를 조사할 수 있습니다.

5 촌락과 도시 사람들은 농수산물 직거래 장터에서 교류하고 있습니다. 최근에는 온라인 농수산물 직거래 장터가 생겨 교류하기가 더욱 쉬워졌습니다.

단원 실력 쌓기   28~31쪽

Step ①

1 교류   **2** 상호 의존   **3** 자매결연   **4** 문헌
5 보고서   **6** (2) ○   **7** 이현   **8** ③
9 ③, ⑤   **10** (1) ○   **11** ①   **12** ②, ④
13 ㉢   **14** (1) ㉡ (2) ㉠   **15** ⑤

Step ②

16 ❶ ⑩ 문화 ❷ 다르기
17 (1) ㉡ (2) ⑩ 도시 사람들이 촌락에 와서 식당, 상점, 숙박 시설을 이용하기 때문에 촌락의 경제에 도움을 준다.
18 ⑩ 상호 의존 하는 관계를 맺고 있다. 서로 부족한 것을 채워 주며 함께 발전하고 있다.

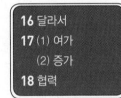

16 달라서
17 (1) 여가
     (2) 증가
18 협력

Step ③

19 ㉠ 조사 주제 ㉡ 조사 방법
20 ⑩ 도시에 사는 사람들은 신선한 농수산물을 싼 가격에 살 수 있다.

1 물건이나 문화, 기술 등을 개인, 지역, 나라 사이에 서로 주고받는 것을 교류라고 합니다.

2 상호 의존은 서로에게 의지하여 존재하는 것으로, 촌락과 도시는 상호 의존을 하고 있습니다.

3 지역과 지역, 학교와 학교, 회사와 촌락, 학교와 촌락 등 자매결연을 하는 형태는 다양합니다.

4 도서관이나 지역 문화원을 방문하여 우리 지역의 홍보 책자, 기록물, 지역 신문 등을 찾아 우리 지역의 교류 사례를 알아볼 수 있습니다.

5 교류의 모습을 조사하고 보고서를 작성합니다. 조사 보고서를 쓰면 조사하여 알게 된 내용을 체계적으로 정리할 수 있습니다.

6 ⑴은 다른 지역을 오고 가면서 다양한 물건, 문화, 기술 등을 수고받지 않기 때문에 교류라고 볼 수 없습니다. ⑵는 농업 기술을 주고받았으므로 교류에 해당합니다.

7 사람들은 물건뿐만 아니라 기술, 문화 등을 주고받습니다. 그리고 지역마다 자연환경과 인문환경이 다르기 때문에 필요로 하는 것을 한 지역에서만 얻기는 어렵습니다.

8 촌락과 도시는 생산물, 기술, 문화가 서로 다르기 때문에 교류를 통해 서로 부족한 것들을 채워 주면서 상호 의존 하고 있습니다.

9 촌락에 가서 자연환경, 특산물 등을 활용한 지역 축제를 즐길 수 있습니다. ①과 ②는 도시의 특징이며, 촌락에는 자연환경이 깨끗하게 보전된 곳이 많습니다.

10 소비자 가까이에서 생산된 농수산물을 로컬 푸드라고 합니다. 도시에 사는 사람들은 신선한 농수산물을 구입하려고 촌락에서 생산한 식재료를 판매하는 로컬 푸드 매장을 이용합니다.

11 도시 사람들이 촌락의 지역 축제에 와서 물건을 사거나 체험비, 숙박비 등을 내기 때문에 촌락 사람들의 소득이 늘어나게 됩니다.

12 촌락 사람들은 다양한 시설과 공공 기관을 이용하려고 도시를 찾습니다.

13 촌락에 사는 사람들이 도시에 있는 다양한 시설을 이용하면서 도시의 지역 경제를 활성화할 수 있습니다.

14 촌락에서는 일손이 부족해서 버려두고 있는 땅을 농장으로 만들어 도시 사람들에게 빌려주고 있습니다. 도시 사람들은 농작물을 키우며 먹을거리의 소중함과 촌락 사람들의 수고를 알게 됩니다.

15 인터넷 검색 누리집에 검색어를 입력하고, 교류 모습이 나타난 신문 기사를 찾을 수도 있습니다.

> **왜 틀렸을까?**
> ①과 ②는 문헌 조사, ③은 면담, ④는 현장 조사(답사)와 관련 있는 설명입니다.

16 지역에 따라 생산하는 물건, 발달한 기술과 문화가 달라 교류가 이루어집니다.

17 도시 사람들은 농수산물, 임산물과 같은 촌락의 생산물을 저렴하게 사거나 자연환경을 이용한 여가 생활을 하기 위해 촌락을 찾습니다. 도시 사람들이 촌락을 방문하면 촌락은 지역을 홍보하고 생산물을 판매할 수 있습니다.

> **더 알아보기**
>
> **촌락에서 여가 생활을 하면 좋은 점**
> • 도시에서 접하기 어려운 촌락의 자연환경을 감상하며 여가를 즐길 수 있습니다.
> • 다양한 촌락 체험을 바탕으로 여가 생활을 함께 즐기는 사람과 좋은 추억을 남길 수 있습니다.

18 촌락과 도시에 사는 사람들은 서로 필요한 것을 교류하면서 상호 의존 하고 있습니다.

19 조사 보고서에는 조사 주제, 조사 방법, 조사 자료, 조사하며 알게 된 점 등을 씁니다. 인터넷 검색 누리집의 뉴스 메뉴에 들어가 신문 기사를 검색하면 촌락과 도시의 교류 사례를 찾을 수 있습니다.

20 강원도 영월군 김삿갓면 주민들이 자매결연을 한 경기도 의정부시 신곡1동에서 농산물 직거래 장터를 열었습니다. 농산물 직거래 장터를 통해 촌락 사람들은 수확한 농산물을 제값에 팔 수 있으며, 도시 사람들은 신선한 농산물을 집 근처에서 싸게 살 수 있습니다. 이처럼 촌락과 도시의 사람들은 서로에게 보탬이 되는 사이입니다.

대단원 평가

32~35쪽

1 ④	**2** ②	**3** ②	**4** ㉡, ㉣

5 (1) 세종 (2) 예 교통이 편리하거나 산업이 발달하여 일자리가 많은 곳에 발달했으며, 계획하여 만들어진 곳도 있다.

6 ④ **7** (1) 많이 (2) 예 촌락에서는 자연환경을 직접 이용하는 생산 활동을, 도시에서는 사람들의 편리한 생활을 돕는 일을 하는 경우가 많다. **8** ㉠

9 ②, ⑤	**10** ③	**11** ②, ③	**12** ㉡
13 ①	**14** (1) ○	**15** ④	**16** ④

17 (1) 직거래 장터 (2) 예 중간 상인을 거치지 않아 더 높은 소득을 올릴 수 있다. **18** ①, ⑤

19 영리, 지우 **20** ③

1 정미소에서는 벼 열매의 껍질을 벗겨 우리가 먹는 쌀로 만드는 일을 합니다. ①은 비닐하우스, ②는 수산물 냉동 창고, ③은 농기계 정비소, ⑤는 축사, 목장 등과 관련 있는 설명입니다.

2 어촌 사람들은 어업 이외에 논밭에서 작은 규모로 농사 짓기, 해수욕장에 온 관광객에게 음식을 팔거나 숙박 장소 빌려주기 등의 일을 합니다.

3 산지촌 사람들은 산을 이용하여 생산 활동을 하며 살아 갑니다.

4 도시는 거리에 많은 사람이 오가며, 높은 건물이 많습니다.

5 우리나라의 도시는 사람이나 물건이 오고 가기 쉬운 곳이나 일자리가 많은 곳에 발달한 경우가 많으며, 새롭게 만들어진 곳도 있습니다.

채점 기준		
(1)	'세종'이라고 정확히 씀.	4점
(2)	**정답 키워드** 교통 | 산업 | 일자리 | 계획 '교통이 편리하거나 산업이 발달하여 일자리가 많은 곳에 발달했으며, 계획하여 만들어진 곳도 있다.' 등의 내용을 정확히 씀.	6점
	우리나라의 도시가 발달한 곳에 대해 썼지만 표현이 부족함.	3점

6 촌락과 도시는 인구, 건물의 모습, 사람들이 하는 일, 땅을 이용하는 모습, 교통 시설, 문화 시설 등에 따라 공통점과 차이점이 있습니다.

7 충청남도 태안군에는 자연환경을 이용하는 산업이 발달했고, 인천광역시에는 사람들의 편리한 생활을 도와주는 산업이 발달했습니다.

채점 기준		
(1)	'많이'에 ○표를 함.	4점
(2)	**정답 키워드** 자연환경 | 편리한 생활 | 돕는 '촌락에서는 자연환경을 직접 이용하는 생산 활동을, 도시에서는 사람들의 편리한 생활을 돕는 일을 하는 경우가 많다.' 등의 내용을 정확히 씀.	6점
	사람들이 하는 일과 관련하여 촌락과 도시의 차이점을 썼지만 표현이 부족함.	3점

8 ㉠은 65세 이상, ㉡은 14세 이하의 인구를 나타낸 것입니다.

9 촌락에서는 인구 변화와 함께 일손 부족, 소득 감소, 시설 부족 등의 문제가 나타나 불편을 겪기도 합니다.

10 외국에서 값싼 농수산물이 들어오면서 농수산물의 가격이 내려가 촌락 사람들의 수입이 줄어들었습니다.

11 좁은 면적에 많은 사람이 모여 사는 도시에는 다양한 문제가 나타나고 있습니다.

12 친환경 전기 자동차의 보급을 늘리고 쓰레기 종량제, 분리배출제 등을 실시하여 도시의 환경 문제를 해결할 수 있습니다.

13 오늘날에는 교통과 통신의 발달, 세계화 등으로 예전보다 교류가 활발히 이루어지고 있습니다.

14 지역마다 자연환경, 인문환경 등이 다르기 때문에 교류를 통해 필요한 것을 얻습니다.

15 도시에 사는 사람들은 촌락에서 산림욕, 등산, 낚시, 수영, 야영 등의 여가 생활을 할 수 있습니다.

16 도시 사람들이 촌락에 와서 식당, 숙박 시설 등을 이용하기 때문에 촌락의 경제에 도움을 줍니다.

17 농수산물 직거래 장터는 중간 유통 과정이 없기 때문에 촌락 사람들은 중간 상인에게 파는 것보다 높은 가격에 농수산물을 팔 수 있습니다.

채점 기준		
(1)	'직거래 장터'라고 정확히 씀.	4점
(2)	**정답 키워드** 높은 | 소득 '중간 상인을 거치지 않아 더 높은 소득을 올릴 수 있다.' 등의 내용을 정확히 씀.	6점
	농수산물 직거래 장터로 교류를 할 때 촌락 사람들에게 좋은 점을 썼지만 표현이 부족함.	3점

18 촌락 사람들은 도시에 있는 의료 시설, 상업 시설, 문화 시설, 공공 기관 등을 이용하기 위해 도시로 갑니다.

20 다양한 방법으로 교류 모습을 조사할 수 있습니다.

2. 필요한 것의 생산과 교환

❶ 경제활동과 현명한 선택

개념 다지기   **41**쪽

1 ④	**2** 선택	**3** ㉢	**4** ②, ⑤
5 ③	**6** (2) ○ (3) ○		

1 사람들이 살아가는 데는 생활을 편리하고 즐겁게 해 주는 활동과 다양한 물건이 필요합니다.

2 사람들은 생활하면서 여러 가지 크고 작은 선택의 문제에 부딪힙니다. 경제활동을 하는 모든 사람들은 선택의 문제를 겪습니다.

3 사람들에게 주어진 자원은 한정되어 있어서 사람들이 원하는 것을 모두 가질 수 없기 때문에 선택의 문제가 일어나게 됩니다.

4 현명한 선택은 주어진 자원을 낭비하지 않고 여러 가지를 신중히 고려하여 큰 만족감을 얻을 수 있는 선택을 말합니다. 물건의 선택 기준으로는 가격, 디자인, 품질 등을 고려할 수 있습니다.

5 현명한 선택을 할 때에는 가장 먼저 사고 싶은 물건을 생각해 보고 그 후 가진 돈을 파악합니다.

6 정보를 활용하면 품질이 좋은 물건을 싸게 살 수 있습니다.

> **왜 틀렸을까?**
> (1) 인터넷 검색으로 얻는 정보는 잘못된 정보일 수 있으므로 출처를 통해 믿을 만한 정보인지 확인해야 합니다.

개념 다지기   **45**쪽

1 ②, ④	**2** ㉡	**3** 소비	**4** ③
5 ③	**6** ②		

1 전문 시장에서는 여러 가지 물건 중에서 가장 마음에 드는 것을 고를 수 있고 다른 시장보다 물건을 싸게 살 수 있습니다. 전문 시장으로는 농수산물 시장, 꽃 시장, 가구 시장, 한약재 시장 등이 있습니다.

2 미용사가 머리를 손질해 주는 것은 생산 활동이지만, 우리가 미용실에서 머리를 손질받는 것은 소비 활동입니다.

3 생산은 사람들에게 필요한 물건을 만들거나 우리 생활을 편리하게 해 주는 활동을 말합니다.

4 ③ 외에도 생활에 필요한 것을 만드는 생산 활동으로는 아이스크림 만들기, 자동차 만들기 등이 있습니다.

> **왜 틀렸을까?**
> ① 생활을 편리하고 즐겁게 해 주는 활동입니다.
> ②, ④ 생활에 필요한 것을 자연에서 얻는 활동입니다.

5 자연에서 생산물을 얻은 뒤에 그 생산물을 이용하여 생활에 필요한 것을 만듭니다.

6 목돈을 마련하려고 소득의 일부를 저축하기도 합니다.

단원 실력 쌓기   **46~49**쪽

Step 1

1 경제활동	**2** (자원의) 희소성		**3** 시장
4 생산	**5** 소비	**6** ①	**7** ③
8 ①	**9** ④, ⑤	**10** 생산	**11** ㉢, ㉣
12 ④	**13** ①, ③	**14** ⑤	

Step 2

15 ❶ 예 희소 **❷** 예 한정

16 예 현명한 선택을 하지 않으면 돈과 자원을 낭비하고 후회하게 되기 때문이다. 현명한 선택을 하면 큰 만족감을 얻을 수 있기 때문이다.

17 (1) ㉡, ㉢ (2) 예 시장에서는 물건과 서비스를 거래한다. 생산과 소비와 같은 다양한 경제활동이 이루어진다.

> **15** 없는
> **16** 만족감
> **17** (1) 소비
>   (2) 시장

Step 3

18 (가), (라)   **19** 예 가정의 소득이 한정되어 있기 때문이다. 돈과 자원을 절약할 수 있기 때문이다.

20 ㉠ 계획 ㉡ 정보

1 사람들은 살아가는 데 필요하거나 원하는 것을 얻으려고 경제활동을 합니다.

2 사람의 욕구는 끝이 없는 반면, 원하는 것을 모두 갖기에는 돈이나 자원이 부족하기 때문에 선택의 문제가 일어납니다.

3 시장에서는 생산자와 소비자가 만나 물건이나 서비스를 사고팝니다. 오늘날에는 눈에 보이는 시장 외에도 인터넷 쇼핑몰이나 텔레비전 홈 쇼핑처럼 눈에 보이지 않는 시장도 있습니다.

4 생활에 필요한 물건을 자연에서 얻는 활동도 생산 활동에 포함됩니다.

5 사람들은 생산 활동에 참여하여 얻은 소득으로 자신에게 필요한 물건을 사거나 서비스를 이용합니다.

6 사람들마다 여러 가지 선택의 기준을 가지고 있어 선택의 결과는 달라질 수 있습니다.

7 희소성은 시대나 환경 변화 등 상황에 따라 달라질 수 있습니다.

> **왜 틀렸을까?**
> • 윤재: 절대적인 양을 기준으로 아주 적은 것은 '희귀'라고 합니다.
> • 동주: 옛날에는 자연환경이 깨끗해 물과 공기는 희소하지 않았으나 오늘날에는 환경 오염으로 깨끗한 물과 공기는 희소합니다. 이처럼 희소성은 상황에 따라 달라집니다.

8 정보를 활용하면 품질이 좋은 물건을 싼값에 살 수 있습니다.

> **왜 틀렸을까?**
> ② 물건을 사용해 본 주변 사람에게 물어보면 물건의 품질과 장단점 등을 자세히 알 수 있습니다.
> ③ 상점을 방문하면 판매원에게 궁금한 점을 물어볼 수 있고, 여러 물건을 직접 보고 비교할 수도 있습니다.
> ④ 인터넷에 검색하면 여러 물건의 가격을 한눈에 비교할 수 있고, 물건을 산 다른 사람들의 의견도 알 수 있습니다.

9 여러 가지를 신중히 고려하여 돈과 자원을 낭비하지 않고 가장 큰 만족감을 얻을 수 있는 선택을 현명한 선택이라고 합니다.

10 ㉮와 ㉯는 생산 활동으로 사람들에게 필요한 물건을 만들거나 서비스를 제공하는 활동을 말합니다.

11 농업, 어업, 임업 등이 자연에서 생산물을 얻는 활동입니다. ㉠은 생활을 편리하고 즐겁게 해 주는 생산 활동, ㉡은 생활에 필요한 것을 만드는 생산 활동입니다.

12 ④는 소비 활동에 해당합니다. 하나의 물건이 우리에게 오기까지 여러 생산 활동을 거칩니다.

13 소득의 일부는 저축하며, 물건을 살 때에는 꼭 필요한 것인지 따져 보아야 합니다.

14 필요성, 가격, 품질 등 필요한 정보를 찾아 활용할 때 현명한 소비 생활을 할 수 있습니다. 물건을 사기 전에 구매 방법과 물건의 특징 등을 찾아 활용할 수도 있습니다.

15 다이아몬드의 양이 적어도 다이아몬드를 원하는 사람이 더 적었다면 그 자원은 희소하지 않을 것입니다. 희소성은 사람들의 욕구에 따라 결정되는 상대적인 개념입니다.

16 여러 가지를 신중히 고려하여 이루어지는 현명한 선택은 돈과 자원을 낭비하지 않고 큰 만족감을 얻게 합니다.

채점 기준	
정답 키워드 낭비 | 만족감 '현명한 선택을 하지 않으면 돈과 자원을 낭비하고 후회하게 되기 때문이다.', '현명한 선택을 하면 큰 만족감을 얻을 수 있기 때문이다.' 등의 내용을 정확히 씀.	상
현명한 선택이 필요한 까닭을 썼지만 표현이 부족함.	중

17 생산 활동은 사람들에게 필요한 물건을 만들거나 우리 생활을 편리하게 해 주는 활동 등을 말합니다. 우리 생활을 편리하고 즐겁게 해 주는 활동을 서비스라고 합니다. 시장에서는 물건 외에도 서비스를 사고팔기도 합니다.

채점 기준		
(1)	'ⓒ', 'ⓒ'을 모두 정확히 씀.	
(2)	**정답 키워드** 물건 | 서비스 | 경제활동 '시장에서는 물건과 서비스를 거래한다.', '생산과 소비와 같은 경제활동이 이루어진다.' 등의 내용을 정확히 씀.	상
	시장의 특징을 썼지만 표현이 부족함.	중

18 생산한 것을 쓰거나 서비스를 이용하는 것을 소비라고 합니다.

19 소비 생활을 현명하게 하지 않으면 정작 필요한 물건을 사지 못하거나 하고 싶은 일을 못하게 될 수 있습니다.

채점 기준	
정답 키워드 소득 | 한정 | 절약 '가정의 소득이 한정되어 있기 때문이다.', '돈과 자원을 절약할 수 있기 때문이다.' 등의 내용을 정확히 씀.	상
현명한 소비 생활을 해야 하는 까닭을 썼지만 표현이 부족함.	중

20 가계부나 용돈 기입장을 작성하여 소비 계획을 세울 수 있습니다.

② 교류하며 발전하는 우리 지역

1 생산지   **2** ②   **3** (2) ○   **4** (1) ㉣ (2) ㉢

(3) ㉡ (4) ㉠   **5** ③   **6** ③

1 생산지는 어떤 물건이 생산된 국가 또는 지역을 말합니다.

> **더 알아보기**
>
> **생산지**
> 생산지란 생산물이 생산·채취된 국가 또는 지역으로 국제 거래
> 에서는 일반적으로 그 물품이 생산된 국가를 가리키며 '생산지
> (원산지): 국명 또는 국명산'으로 표시합니다(예 생산지(원산지):
> 중국 또는 중국산). 국내에서는 지역 또는 지방을 의미합니다.

2 품질 표시에는 상품의 생산지(원산지)와 상품의 성질
에 관한 정보가 담겨 있습니다.

3 우리 주변의 상품이 우리나라의 여러 지역뿐만 아니라
세계 여러 나라에서 온다는 것을 알 수 있습니다.

4 도시, 농촌, 어촌, 산지촌 간 경제 교류를 하면 각 지역
의 풍부한 생산물을 다른 지역에 팔 수 있습니다.

5 지역마다 자연환경, 생산 기술, 자원 등이 달라 경제
교류가 이루어지며, 경제 교류를 하면 우리 지역에서
부족한 상품을 다른 지역에서 사 올 수 있습니다.

> **더 알아보기**
>
> **경제 교류가 이루어지는 까닭**
> • 지역마다 자연환경, 생산 기술, 자원 등이 다르기 때문에
> • 우리 지역에서 많이 생산되는 상품은 다른 지역에 팔고, 생산
>   되지 않거나 부족한 상품은 다른 지역에서 사 오기 때문에
> • 다른 지역이나 다른 나라에서 만든 상품의 품질이 좋기 때문에

6 다른 지역과의 기술 협력으로 더 나은 상품을 개발하고
생산할 수 있습니다.

1 문화 교류   **2** ⑤   **3** 소영

4 ②   **5** 박람회   **6** ④

1 미국의 ○○○ 고등학교 학생들은 한국의 △△ 고등학
교의 문화 교류 프로그램에 참여하여 문화를 이해하는
뜻깊은 시간을 보냈습니다.

2 인터넷 쇼핑몰에서 멀리 있는 지역의 상품을 쉽고 편리
하게 살 수 있습니다.

3 대형 할인점을 이용하면 신선하고 질 좋은 상품을 직접
확인하고 살 수 있습니다.

> **왜 틀렸을까?**
>
> 지안: 인터넷 쇼핑몰의 단점을 말하고 있습니다.
> 은지, 선아: 인터넷 쇼핑몰의 장점을 말하고 있습니다.

4 경기도와 광주광역시는 인공 지능 산업 발전을 위해 협
력하기로 했습니다.

5 지역마다 자연환경, 생산 기술, 자원 등이 달라 지역의
대표 상품이 다르기 때문에 박람회를 열어 대표 상품을
홍보하고 판매합니다.

6 우리 지역의 대표 상품을 광고로 제작할 때에는 상품의
장점을 잘 보여 주어야 합니다.

Step ①

1 생산지(원산지)   **2** 경제 교류   **3** 예 박람회, 상품 전시회

4 물자   **5** 시장   **6** ③

7 ①, ③   **8** ⑤   **9** 연아

10 ③   **11** (1) ㉡ (2) ㉠ (3) ㉢

12 ㉢   **13** ③   **14** ③

Step ②

15 예 이익

16 (1) ㉢   (2) 예 지역마다 자연환경,
생산 기술, 자원 등이 다르기 때문이다.
우리 지역에서 많이 생산하는 상품은
다른 지역에 팔고, 생산되지 않거나 부
족한 상품은 다른 지역에서 사 오기 때문이다.

> **15** 상품
> **16** (1) 지역
>   (2) 다른
> **17** 인터넷

17 예 장소나 시간에 관계없이 상품을 사고팔 수 있다. 빠른
시간 내에 상품의 정보를 살펴볼 수 있다.

Step ③

18 특산물

19 경제 교류

20 예 상품을 소개하는 전단지를 만든다. 상품을 판매하는
누리집을 만든다. 상품의 장점을 잘 나타내는 상표를 개발한다.

1 생산지(원산지)를 확인하면 물건이 어디에서 왔는지 알 수 있습니다.

2 다양한 경제 교류의 대상은 경제 교류를 통해 경제적 이익을 얻습니다.

3 상품 전시회에서 지역의 우수한 상품을 소개합니다.

4 지역마다 생산된 물자가 달라 서로 교류함으로써 각 지역이 경제적 이익을 얻습니다.

5 시장에서 우리 지역과 다른 지역의 대표 상품을 찾아보고, 사람들이 어떤 상품을 많이 사 가는지 현장에서 조사할 수 있습니다.

6 상품 안내판을 보면 프라이팬이 독일에서 생산되었음을 알 수 있습니다.

7 상품 교류 지도를 보면 다양한 지역에서 생산된 상품이 이동하여 소비자에게 판매된다는 것을 알 수 있습니다.

> **왜 틀렸을까?**
> ② 지도의 상품들은 다른 지역, 다른 나라에서 온 상품들입니다.
> ④ 상품 교류로 우리 지역의 소비자는 지도에 표시한 상품을 살 수 있습니다.
> ⑤ 우리 지역은 다른 지역, 다른 나라와 경제적으로 밀접한 관계를 맺고 있습니다.

8 경제 교류를 하면 우리 지역에서 생산되지 않거나 구하기 어려운 상품을 다른 지역에서 사 올 수 있습니다. 지역마다 자연환경, 생산 기술이 달라서 풍부한 생산물이 다릅니다.

9 자매결연을 통해 지역 간에 서로 도움을 주고받고 경제 교류하며 화합할 수 있습니다.

> **더 알아보기**
> **지역과 지역 간의 교류 현황 확인하기**
> 각 시·군·구 누리집에 접속하면 국내 및 국외에서 자매결연을 한 도시를 확인할 수 있고 게시판 검색을 통해 교류 현황을 확인할 수 있습니다.

10 상품 전시회, 기술 협력 등 지역 간 경제 교류로 각 지역은 경제적 이익을 얻을 뿐만 아니라 지역 간의 화합과 발전을 가져올 수 있습니다.

11 여러 지역들은 다양한 경제 교류를 하며 생활에 필요한 물건이나 자원, 기술, 정보 등을 주고받습니다.

12 전통 시장을 이용한 경제 교류를 하면 신선하고 질 좋은 상품을 직접 보고 살 수 있습니다. 전통 시장에는 우리 지역에서 생산된 상품뿐만 아니라 다른 지역이나 다른 나라에서 생산된 상품도 있습니다.

13 수원시는 루마니아의 한 도시에서 행사를 열어 우리나라의 문화를 알리는 문화 교류를 하고 있습니다.

> **왜 틀렸을까?**
> ① 행사를 통해 수원시는 경제적 이익이 늘어납니다.
> ② 행사를 통한 경제 교류로 수원시를 알릴 수 있습니다.
> ④ 두 지역은 다양한 분야의 교류를 합니다.
> ⑤ 두 지역의 경제 교류는 지역 누리집에서 조사할 수 있습니다.

14 어린이 경제 신문의 내용을 보면 우리 지역은 사과를 재배하기에 좋은 환경이라는 것을 알 수 있습니다.

> **왜 틀렸을까?**
> ① 우리 지역의 땅은 많은 황토밭입니다.
> ② 캐릭터 만들기와 관련된 내용입니다.
> ④ 어린이 경제 신문을 만든 것입니다.
> ⑤ 우리 지역은 다른 지역과 교류를 합니다.

15 경제 교류는 개인, 기업, 지역, 국가 사이에서 다양하게 이루어집니다.

16 경제적 이익을 얻을 수 있기 때문에 경제 교류를 하기도 합니다.

> **채점 기준**

(1)	'ⓒ'이라고 정확히 씀.	
(2)	**정답 키워드** 자연환경 | 기술 | 상품(물건) '지역마다 자연환경, 생산 기술, 자원 등이 다르기 때문이다.', '우리 지역에서 많이 생산하는 상품은 다른 지역에 팔고, 생산되지 않거나 부족한 상품은 다른 지역에서 사 오기 때문이다.' 등의 내용을 정확히 씀	상
	'교류하는 상품이 다르다.' 등과 같이 경제 교류를 하는 까닭을 썼지만 표현이 부족함.	중

17 통신의 발달로 인터넷 쇼핑몰을 통해 다른 지역의 상품을 쉽고 편리하게 살 수 있습니다.

> **채점 기준**

정답 키워드 장소 | 시간 | 정보 '장소나 시간에 관계없이 상품을 사고팔 수 있다.', '빠른 시간 내에 상품의 정보를 살펴볼 수 있다.' 등의 내용을 정확히 씀	상
인터넷 쇼핑몰을 이용할 때의 장점을 썼지만 표현이 부족함.	중

18 각 지역에는 그 지역을 대표하는 특산물이 있습니다.

19 지역의 대표 상품을 다른 지역과 교류하면 경제적 이익을 얻을 수 있습니다.

20 지역의 대표 상품을 소개하기 위해 상품의 장점을 잘 보여 주는 전단지, 누리집, 상표, 광고 등을 제작할 수 있습니다.

대단원 평가
62~65쪽

1 ④　　**2** ①　　**3** ②, ⑤　　**4** ㉠　　**5** 예) 여러 물건의 가격을 한눈에 비교할 수 있다. 물건을 산 다른 사람의 의견을 알 수 있다.　　**6** ①　　**7** ㉠　　**8** ⑤
9 동현　　**10** ⑤　　**11** ③　　**12** ①, ③　　**13** ③
14 (1) 도시　(2) 예) 각 지역의 풍부한 생산물을 중심으로 경제 교류가 이루어진다.　　**15** ①　　**16** 직거래 장터
17 예) 소비자는 다른 지역의 상품을 살 수 있다. 소비자는 품질 좋은 상품을 싸게 살 수 있다.　　**18** ③　　**19** ㉠
20 ③

1 사람들은 경제활동을 하면서 원하는 것에 비해 가진 돈과 자원이 부족하여 여러 가지 선택의 문제에 부딪힙니다.

2 희소성은 상대적인 개념입니다. 자원의 양이 적어도 그것을 원하는 사람이 없으면 그 자원은 희소하지 않습니다.

3 현명한 선택을 하지 않으면 돈과 자원을 낭비하고 후회하게 됩니다.

4 정보를 활용하면 품질이 좋은 물건을 싸게 살 수 있습니다. 상점을 방문하면 판매원에게 궁금한 것을 물어볼 수 있고 물건을 직접 비교할 수 있습니다.

5 인터넷 검색으로 물건의 가격을 한눈에 비교하거나 물건을 산 다른 사람들의 의견을 알 수 있지만, 잘못된 정보도 있을 수 있으니 잘 확인해야 합니다.

채점 기준	
정답 키워드 가격 | 비교 | 의견 '여러 물건의 가격을 한눈에 비교할 수 있다.', '물건을 산 다른 사람들의 의견을 알 수 있다.' 등의 내용을 정확히 씀.	6점
인터넷 검색을 통해 물건의 정보를 얻을 때의 좋은 점을 썼지만 표현이 부족함.	3점

6 생산한 것을 사서 쓰거나 서비스를 이용하는 활동을 소비라고 합니다.

7 자동차나 김치를 만드는 것은 자연에서 얻은 생산물을 이용하여 생활에 필요한 것을 만드는 생산 활동입니다.

8 하나의 생산 활동은 다른 생산 활동과 소비 활동에 영향을 줍니다. 생산 활동에 참여하여 얻은 소득으로 소비를 합니다.

9 가정의 소득은 한정되어 있어서 현명한 소비 생활을 해야 합니다. 현명하게 소비 생활을 하지 않으면 돈이 부족해져서 필요한 물건을 사지 못하거나 하고 싶은 일을 못하게 됩니다.

10 정보를 활용하여 현명한 소비 생활을 할 수 있습니다. 물건을 사기 전에 구매 방법과 물건의 특징 등 필요한 정보를 찾아 활용해야 합니다.

11 상품 포장지에 직접 인쇄되어 있는 정보를 확인하면 상품의 생산지(원산지)를 확인할 수 있습니다.

12 제시된 표에서 우리 지역은 서울특별시로, 우리 주변의 상품이 우리나라의 여러 지역뿐만 아니라 세계 여러 나라에서 온다는 것을 알게 되었습니다.

13 도시, 농촌, 어촌, 산지촌 등 지역과 지역은 생산물을 교류합니다.

14 지역마다 자연환경, 생산 기술, 자원이 달라 풍부한 생산물이 다르기 때문에 도시와 촌락, 촌락과 촌락 사이에 경제 교류를 합니다.

채점 기준		
(1)	'도시'라고 정확히 씀.	4점
(2)	**정답 키워드** 풍부한 | 생산물 | 경제 교류 '각 지역의 풍부한 생산물을 중심으로 경제 교류가 이루어진다.' 등의 내용을 정확히 씀.	6점
	경제 교류하는 모습을 통해 알게 된 점을 썼지만 표현이 부족함.	3점

15 자매결연을 통해 서로 도움을 주고받거나 경제 교류를 하며 좋은 관계를 유지할 수 있습니다.

16 직거래 장터에서 지역의 대표 상품을 소개하거나 판매해 경제적 이익을 얻을 수 있습니다.

17 직거래 장터에서 소비자는 다른 지역의 상품을 싸게 살 수 있습니다.

채점 기준	
정답 키워드 다른 지역 | 상품 | 싸게 '소비자는 다른 지역의 상품을 살 수 있다.', '소비자는 품질 좋은 상품을 싸게 살 수 있다.' 등의 내용을 정확히 씀.	6점
직거래 장터를 통해 소비자가 얻는 경제적 이익을 썼지만 표현이 부족함.	3점

18 텔레비전 홈 쇼핑, 인터넷 쇼핑 등 대중 매체를 이용하여 다른 지역의 상품을 쉽고 편리하게 살 수 있습니다.

19 박람회를 통해 각 지역의 대표 상품을 소개하거나 판매해 경제적 이익을 얻을 수 있습니다. 지역을 내세워 상품을 판매하면 높은 신뢰를 바탕으로 상품을 많이 팔 수 있습니다.

20 대표 상품의 특징을 살려 사람처럼 캐릭터를 만들어 지역의 대표 상품을 소개하면 지역 간 경제 교류가 활발해지고 지역의 발전에 도움이 됩니다.

3. 사회 변화와 문화 다양성

① 사회 변화로 나타난 일상생활의 모습

개념 다지기 71쪽

1 ②, ③ 2 (1) ○ 3 (1) ㉠ (2) ㉡ 4 현수
5 ③ 6 ㉢

1 사회 변화는 인구 변화, 과학과 기술의 발달, 다른 나라와의 교류, 제도 변화, 사람들의 생각 변화 등에 따라 발생합니다.

2 인구의 변화에 따라 노인 인구가 많아져서 노인정이나 요양 병원과 같은 시설이 늘어났습니다.

> **왜 틀렸을까?**
> ⑵ 과학 기술의 발달에 따라 나타난 모습입니다.

3 요즘 우리 사회는 예전보다 태어나는 아이의 수가 줄어들고 있지만 노인의 수는 늘어나고 있습니다.

4 제시된 그래프를 보면 65세 이상 인구는 점점 늘어나고 있고, 14세 이하 인구는 점점 줄어들고 있습니다.

> **왜 틀렸을까?**
> 나윤: 65세 이상 인구는 점점 늘어나고 있습니다.
> 희재: 우리나라 전체 인구는 그래프로 확인할 수 없습니다.

5 저출산에 따른 학생 수의 감소는 전국 대부분 지역에서 뚜렷하게 나타나서 문을 닫거나 없어지는 학교가 늘어나고 있습니다.

6 고령화에 대응하기 위해 노인들이 일자리를 구하거나 다양한 활동을 할 수 있도록 지원을 해야 합니다.

개념 다지기 75쪽

1 ⑤ 2 ㉢ 3 ⑤ 4 ①, ⑤
5 누리 6 ③

1 정보 통신 기술의 발달로 지식과 정보가 생활의 중심이 되는 정보화 사회로 변화하고 있습니다.

2 과학과 기술의 발달은 우리 생활에 많은 영향을 주었고, 사람들은 일상생활에서 지식과 정보를 다양하게 활용하고 있습니다.

3 인터넷이나 스마트폰을 과다하게 사용하면 일상생활에 방해가 될 수 있습니다.

4 오늘날에는 교통·통신의 발달로 사람, 상품, 서비스, 문화 등의 국가 간 교류가 늘어나고 있습니다.

> **왜 틀렸을까?**
> ② 다른 나라의 문화를 접하기 쉽습니다.
> ③ 다른 나라에서 생산한 물건을 살 수 있습니다.
> ④ 우리나라 사람들이 다른 나라에 갈 수 있습니다.

5 세계화로 여러 나라가 서로 영향을 주고받으며 가까워졌지만 문제가 발생하기도 합니다.

> **더 알아보기**
> **세계화로 인해 나타나는 문제**
> • 다른 문화를 가진 사람들이 서로를 이해하지 못해 갈등이 생길 수 있습니다.
> • 여러 나라의 문화가 비슷해져서, 전통문화나 소수 민족의 문화가 사라지고 있습니다.
> • 지구의 환경이 오염되는 문제도 생기고 있습니다.

6 세계화로 나타나는 문제에 대응하기 위해 서로 다른 문화를 존중하고, 전통문화를 창조적으로 계승해야 합니다.

단원 실력 쌓기 76~79쪽

Step ①
1 적습니다 2 저출산 3 노인 4 정보화 5 세계화
6 ① 7 ③ 8 ② 9 시우 10 ②, ④
11 ③ 12 ⑤ 13 세계화 14 ⑤

Step ②
15 (1) ㉢ (2) 예 줄어들었다
16 (1) 저출산, 고령화 (2) 예 가족 구성원의 수가 줄어들고 있다. 일하는 노인이 늘어나고 있다.
17 (1) 세계화 (2) 예 서로 다른 문화를 이해하고 존중한다.

> 15 (1) 교류
>   (2) 오늘날
> 16 (1) 고령화
>   (2) 초등학생
> 17 (1) 교통
>   (2) 문화

Step ③
18 ㉠ 19 저작권 침해
20 예 사이버 공간에서 일어나는 문제를 줄일 수 있도록 법과 제도를 보완한다.

1 오늘날의 학교는 옛날에 비해 학급 수와 학생 수가 모두 줄어들었습니다.

2 요즘 우리 사회는 예전보다 태어나는 아이의 수가 줄어들고 있습니다.

3 오늘날 높아진 생활 수준, 의학 기술의 발달 등에 따라 고령화가 나타나고 있습니다.

4 정보화는 지식과 정보가 중심이 되어 사회 변화를 이끄는 것입니다.

5 오늘날에는 교통과 통신수단이 발달하여 국가 간 교류가 늘어나고 있습니다.

6 옛날과 오늘날의 학교 모습은 많이 달라졌지만, 선생님이 수업을 하고 교실에서 공부한다는 공통점이 있습니다.

> **왜 틀렸을까?**
> ② 옛날의 학교에는 오전반과 오후반이 있었습니다.
> ③ 오늘날의 학교에서는 디지털 기기를 활용하고 있습니다.
> ④ 옛날과 오늘날의 학교에서는 모두 선생님이 수업을 합니다.
> ⑤ 오늘날에는 옛날보다 한 교실에 있는 학생 수가 적습니다.

7 저출산으로 인해 초등학생 수, 아이를 낳을 수 있는 병원, 생산 가능 인구 등이 모두 줄어들고 있습니다.

> **더 알아보기**
> **사라지는 산부인과 병원**
> 어느 지역은 아이를 낳을 병원이 없어서 다른 지역으로 아이를 낳으러 가는 경우도 생겼습니다.

8 옛날에는 태어나는 아이의 수가 많았지만, 오늘날에는 적어졌기 때문에 시간이 흐르면서 가족계획 포스터의 내용이 달라졌습니다.

> **왜 틀렸을까?**
> ㉠은 2010년대 포스터이고, ㉡은 1980년대 포스터입니다.

9 고령화 문제를 해결하기 위해 개인과 사회 모두 준비하고 노력해야 합니다.

10 고령화로 경제, 의료, 복지 등 우리 사회의 다양한 분야에서 변화가 나타나고 있습니다.

11 정보화 사회가 되면서 가게에 직접 가지 않아도 물건을 살 수 있게 되었습니다.

12 사이버 공간에서 대화할 때에도 예의를 지키고 상대방을 존중해야 합니다.

> **더 알아보기**
> **사이버 폭력**
> 인터넷상에서 상대방이 원하지 않는 언어, 이미지 따위를 일방적으로 전달하여 정신적·심리적 압박을 느끼도록 하거나 현실 공간에서의 피해를 유발하는 일을 말합니다.

13 오늘날 교통과 통신수단의 발달로 세계가 하나로 연결되어 우리 생활 모습도 다양하게 변화하고 있습니다.

14 세계 여러 나라가 서로 교류하고 가까워지면서 전통문화가 사라지고 여러 문화가 비슷해지기도 합니다.

15 오늘날의 학교는 옛날에 비해 학급 수와 학생 수가 모두 줄었습니다.

> **왜 틀렸을까?**
> ㉠ 인구의 변화에 따라 달라진 모습입니다.
> ㉡ 과학 기술의 발달에 따라 달라진 모습입니다.

16 요즘 우리 사회는 예전보다 태어나는 아이의 수가 줄어들고 있지만 노인의 수는 늘어나고 있습니다.

채점 기준

(1)	'저출산', '고령화'에 모두 ○표를 함.	
(2)	**정답 키워드** 가족 구성원의 수 | 일하는 노인 '가족 구성원의 수가 줄어들고 있다.', '일하는 노인이 늘어나고 있다.', '초등학생 수가 줄어들고 있다.', '노인 전문 시설이 늘어나고 있다.', '일할 사람이 점차 줄어들고 있다.' 등의 내용을 정확히 씀.	상
	그래프를 보고 인구의 변화로 인해 나타나는 현상을 썼지만 표현이 부족함.	중

17 세계화로 인한 문제는 한 나라의 노력만으로 해결할 수 없으므로 세계 시민 모두가 공동체 의식을 지니고 문제를 해결하려고 노력해야 합니다.

채점 기준

(1)	'세계화'에 ○표를 함.	
(2)	**정답 키워드** 문화 | 이해 | 존중 '서로 다른 문화를 이해하고 존중한다.' 등의 내용을 정확히 씀.	상
	서로 다른 문화로 인해 발생하는 갈등을 해결하기 위한 방법을 썼지만 표현이 부족함.	중

18 인터넷과 스마트폰에 중독되면 일상생활에 방해가 되고, 공부하는 데 집중을 할 수가 없게 됩니다.

19 저작권은 창작물을 만든 사람이 창작물에 대해 갖는 권리입니다. 창작물은 사람의 정신적 노력에 의한 산물을 통틀어 이르는 말입니다.

> **더 알아보기**
> **개인 정보 유출을 방지하기 위한 방법**
> • 비밀번호를 자주 바꿉니다.
> • 보안 수준이 높은 비밀번호를 사용합니다.
> • 컴퓨터를 사용한 후에는 로그아웃을 합니다.
> • 친구에게도 개인 정보를 알려 주지 않습니다.

20 정보화 사회에서 나타나는 문제점을 해결하려면 개인과 사회의 다양한 노력이 필요합니다.

❷ 다양한 문화에 대한 이해와 존중

개념 다지기 83쪽

1 ②	2 ③	3 (2) ◯	4 윤우
5 (1) ⓛ (2) ㉠		6 ②	

1 문화는 한 사회의 사람들이 지니고 있는 공통의 생활 방식입니다.

2 의식주는 옷과 음식과 집을 통틀어 이르는 말로, 밥을 먹는 것은 '식' 문화와 관련 있습니다.

> **왜 틀렸을까?**
> ①, ②는 의, ④는 주 문화와 관련 있습니다.

3 의식주, 언어를 비롯하여 가족들과 여가 시간을 보내는 것, 공연을 하는 것, 추석에 송편을 빚는 것 등은 모두 문화라고 할 수 있습니다.

4 세계화의 영향으로 피부색, 언어, 종교, 출신 지역 등이 다른 사람들이 점점 늘어나고 있습니다.

> **왜 틀렸을까?**
> 영준: 국제결혼 이주자나 유학생은 외국인입니다.
> 지헌: 다른 나라의 문화를 접하기가 점점 쉬워지고 있습니다.

5 다양한 문화가 확산되면서 편견과 차별의 문제가 나타나고 있는데, 편견을 가지고 대상을 구별하고 다르게 대우해서 차별이 생깁니다.

6 성별을 이유로 직업을 구할 때 차별을 받는 경우가 있습니다. 일할 사람을 뽑을 때에는 일과 관련된 기준을 적용해야 하는데 일과 관련이 없는 성별은 기준이 될 수 없습니다.

개념 다지기 87쪽

1 ②	2 ①	3 주미	4 ②	5 ⓒ	6 ⓛ

1 성별에 관계없이 분홍색을 좋아할 수 있으므로 개인의 취향을 존중해야 합니다.

2 백인종, 흑인종, 황인종뿐만 아니라 나와 친구의 피부색도 조금씩 다 다르기 때문에 '살색'이라는 말은 피부색에 따라 사람을 차별할 수 있는 말입니다.

3 편견과 차별을 해결하기 위해 다른 사람과 나의 다른 점을 이해하고, 상대방의 처지에서 생각하려는 태도를 지녀야 합니다.

> **왜 틀렸을까?**
> 윤아: 나와 다른 점이 있는 사람을 이해합니다.
> 지후: 내 입장보다는 상대방의 처지에서 생각합니다.

4 우리 사회는 편견과 차별이 없는 세상을 만들려고 다문화 가족 지원 포털(다누리), 국가인권위원회, 무지개 청소년 센터 등과 같은 기관을 만들었습니다.

> **더 알아보기**
> **편견과 차별을 없애기 위해 만든 기관**
> • 다문화 가족 지원 포털(다누리): 한국 생활에 적응하는 데 꼭 필요한 정보와 최신 정보를 다양한 언어로 제공합니다.
> • 무지개 청소년 센터: 북한 이탈 청소년, 다문화 청소년, 중도 입국 청소년 등을 지원합니다.
> • 국가인권위원회: 누구나 존중받는 사회를 만들기 위해 노력합니다.

5 편견과 차별을 없애기 위해 우리 사회는 다양한 문화의 가치를 알리는 행사를 마련하기도 합니다.

6 제시된 질문에 모두 '그렇다'라고 대답했다면 다양한 문화에 대한 편견을 많이 가지고 있다는 뜻입니다.

단원 실력 쌓기 88~91쪽

Step 1

1 문화	2 환경	3 편견	4 상대방

5 예 국가인권위원회, 무지개 청소년 센터　　　**6** ⑤

7 준서	8 ②, ⑤	9 ⓒ	10 ①	11 ①
12 ⑤	13 ②	14 예 장애, 나이		

Step 2

15 (1) 문화 (2) 예 환경

16 (1) ⓛ (2) 예 공정하지 못하고 한쪽으로 치우친 생각을 하기 때문에 차별이 나타난다.

17 (1) 나연 (2) 예 다양한 문화를 존중하는 태도를 길러야 한다.

> **15** (1) 의식주
> (2) 문화
> **16** (1) 차별
> (2) 공정
> **17** (1) 다양성
> (2) 존중

Step 3

18 재성　　　　　**19** ⓛ

20 예 사람의 살색은 다양한데 특정한 색을 살색이라고 하고 있기 때문이다.

1 문화는 의식주, 언어, 종교 등을 모두 포함합니다.

2 여러 나라의 자연환경과 생활 모습이 달라서 주생활 모습이 다양하게 나타납니다.

3 공정하지 못하고 한쪽으로 치우친 생각 때문에 차별이 나타납니다.

4 더 나은 사회로 발전하려면 다른 사람을 배려하고 상대방의 입장에서 생각하는 태도를 지녀야 합니다.

5 국가인권위원회는 개인의 기본적 인권을 보호하고 증진하여 인간으로서의 존엄과 가치를 실현하고 민주적 기본 질서를 확립하도록 하는 국가 기관입니다.

6 의식주뿐만 아니라 사람들이 여가 생활을 즐기거나 인사를 하는 방법 등도 모두 문화라고 할 수 있습니다.

7 각 지역의 자연환경과 생활 모습이 달라서 그에 따라 집의 모습이 다양하게 나타납니다.

8 우리 사회에 다양한 문화적 배경을 가진 사람들이 늘어나면서 다양한 문화를 접할 수 있게 되었습니다.

9 편견을 가지고 대상을 구별하고 다르게 대우한다면 차별이 생길 수 있습니다.

10 면접관이 피부색을 보고 1번 면접자가 영어를 더 잘 가르칠 것 같다고 생각했으므로 성적이 더 좋은 2번 면접자는 부당한 대우을 받고 있습니다.

> **왜 틀렸을까?**
> ②, ③ 2번 면접자는 부당한 대우를 받고 있습니다.
> ④, ⑤ 면접관은 피부색에 대한 차별을 하고 있습니다.

11 여자가 축구를 하는 것도 개인의 취향이므로 존중해 주어야 합니다.

12 편견과 차별을 해결하기 위해 사회·제도적인 노력도 필요하지만 개인의 노력도 필요합니다.

> **왜 틀렸을까?**
> ①~④는 사회·제도적인 노력입니다.

13 편견과 차별이 없는 세상을 만들기 위해 다양한 문화를 가진 사람들에게 일상생활을 하는 데 도움이 되는 한국어 교육을 제공하기도 합니다.

14 유니버설 디자인이란 어떤 물건이나 시설 등을 누구나 손쉽게 이용할 수 있도록 만드는 것입니다.

15 각 사회의 문화는 옷을 입고 음식을 먹으며 집을 지어 생활한다는 비슷한 점이 있지만, 자세히 살펴보면 서로 다른 모습도 찾을 수 있습니다.

16 우리 주변에는 편견과 차별 때문에 어려움을 겪는 사람들이 많습니다.

채점 기준		
(1)	'ⓒ'이라고 정확히 씀.	
(2)	**정답 키워드** 치우친 생각 | 편견 '공정하지 못하고 한쪽으로 치우친 생각을 하기 때문에 차별이 나타난다.', '편견을 갖고 있기 때문에 차별이 나타난다.' 등의 내용을 정확히 씀.	상
	차별이 나타나는 까닭을 썼지만 표현이 부족함.	중

> **왜 틀렸을까?**
> ① 성별에 대한 차별이 나타나 있습니다.

17 다양한 문화에 대한 편견을 갖기보다는 문화 다양성 태도를 갖추도록 노력해야 합니다.

채점 기준		
(1)	'나연'이라고 정확히 씀.	
(2)	**정답 키워드** 다양한 문화 | 존중 '다양한 문화를 존중하는 태도를 길러야 한다.' 등의 내용을 정확히 씀.	상
	문화 다양성 태도를 지니지 않은 어린이에게 해 줄 수 있는 조언을 썼지만 표현이 부족함.	중

18 '미모'는 여성을 외모로 평가하는 표현이기 때문에 성별에 대한 차별을 나타내고 있습니다.

19 남자 의사에게는 남의사라는 표현을 쓰지 않기 때문에 여의사라는 표현은 성별에 대한 차별적 표현입니다.

20 특정한 색에 '살색'을 쓰면 피부색이 다른 사람들의 피부색은 살색이 아닌 것을 뜻하게 됩니다.

대단원 평가 92~95쪽

1 ② **2** 동연 **3** ② **4** ① **5** (1) 저출산 (2) 예 아이를 낳아 기르는 데 필요한 제도를 마련하고 정착시킨다. **6** 정보화 **7** ⑤ **8** ① **9** ②
10 ㉠ **11** (1) ㉡, ㉢ (2) ㉠, ㉤ (3) ㉣, ㉤
12 예준, 민서 **13** (1) ㉠ (2) 예 사람들이 사는 방식이나 환경에 따라 문화가 다양하게 나타나기 때문이다.
14 ③ **15** ④ **16** (1) ㉠ (2) 예 다양한 이유로 차별을 받고 있다. **17** ㉣ **18** ㉠ **19** ③
20 유나

1 오늘날 우리 주변에는 노인정이나 요양 병원과 같은 노인을 위한 시설이 많아지고 있습니다.

> **왜 틀렸을까?**
> ①, ③ 정보화와 관련 있습니다.
> ④ 세계화와 관련 있습니다.

2 전화 교환원과 버스 안내원은 사회가 변화했기 때문에 사라진 직업입니다.

> **더 알아보기**
> **사회 변화로 사라진 직업**
> • 전화 교환원: 사람들이 통화할 수 있도록 전화선을 연결해 주었습니다.
> • 버스 안내원: 버스에서 내릴 곳을 알려 주었습니다.

3 생산 가능 인구는 경제활동을 할 수 있는 사람으로, 생산 가능 인구가 점차 줄어들 것으로 예상하고 있습니다.

4 전체 인구에서 노인 인구가 차지하는 정도가 증가하여 일하는 노인이 많아지고 있습니다.

5 저출산으로 인해 다양한 문제가 나타나고 있기 때문에 대응할 수 있는 방안을 마련해야 합니다.

채점 기준		
(1)	'저출산'에 ○표를 함.	4점
(2)	**정답 키워드** 제도 | 책임 '아이를 낳아 기르는 데 필요한 제도를 마련하고 정착시킨다.', '아이를 기르는 책임이 남녀 모두에게 있다는 생각을 가진다.' 등의 내용을 정확히 씀.	6점
	저출산에 대응하기 위한 방법을 썼지만 표현이 부족함.	3점

6 정보화에 따라 우리는 언제 어디서나 쉽고 빠르게 정보를 얻을 수 있고, 여러 일을 해결할 수 있으며, 다른 사람들과 소통할 수 있습니다.

7 정보화로 숙제 내용을 알림장에 적지 않고 학교 누리집의 학급 게시판에서 확인하기도 합니다.

8 비밀번호나 전화번호와 같은 개인 정보가 유출되면 사생활을 보호받지 못합니다.

9 오늘날에는 교통·통신의 발달로 사람, 상품, 서비스, 문화 등의 국가 간 교류가 늘어나고 있습니다.

10 세계화로 우리의 전통문화가 점점 사라지는 문제점도 발생하고 있기 때문에 우리의 전통문화를 아끼고 보존하려는 노력이 필요합니다.

11 문화는 옷을 입는 것, 음식을 먹는 것, 집을 지어 사는 것 등과 모두 관련이 있습니다.

12 문화는 한 사회의 사람들이 지니고 있는 공통의 생활 방식으로, 우리 사회에는 다양한 문화들이 어우러져 있습니다.

> **왜 틀렸을까?**
> 지후: 제시된 사진에 나타난 모습은 모두 문화입니다.
> 소은: 사람들이 사는 사회에는 그 사회 나름의 문화가 있습니다.

13 옷을 입고, 음식을 먹고, 집에서 사는 것은 같지만, 그 모습은 자연환경과 생활 모습에 따라 다양하게 나타나고 있습니다.

채점 기준		
(1)	'㉠'이라고 정확히 씀.	4점
(2)	**정답 키워드** 사는 방식 | 환경 '사람들이 사는 방식이나 환경에 따라 문화가 다양하게 나타나기 때문이다.' 등의 내용을 정확히 씀.	6점
	각 나라마다 식사 모습이 다른 까닭을 썼지만 표현이 부족함.	3점

14 제시된 그래프를 보면 우리나라에 머무는 외국인 수가 늘어나고 있다는 것을 알 수 있습니다.

15 다양한 문화적 배경을 가진 사람들이 우리나라로 오기 때문에 우리 사회에서 다양한 문화를 접할 수 있게 되었습니다.

16 우리 주변에서 대상을 정당한 이유 없이 구별하고 다르게 대우하는 경우를 많이 볼 수 있습니다.

채점 기준		
(1)	'㉠'이라고 정확히 씀.	4점
(2)	**정답 키워드** 차별 | 받다 '다양한 이유로 차별을 받고 있다.' 등의 내용을 정확히 씀.	6점
	그림에 나타난 공통점을 썼지만 표현이 부족함.	3점

17 축구나 농구, 야구를 할 때 하고 싶은 친구들이 모두 참여할 수 있어야 편견과 차별이 없는 우리 반을 만들 수 있습니다.

18 편견과 차별을 해결하기 위해 우리는 한쪽으로 치우치지 않게 생각하도록 노력하고, 상대방의 처지에서 생각하려는 태도를 가져야 합니다.

19 나라에서는 편견과 차별이 없는 사회를 만들려고 다양한 노력을 하는데, 그중 국회에서는 관련 있는 법을 만드는 노력을 합니다.

20 제시된 포스터는 다양한 문화에 대한 공익 광고입니다. 서로 다른 문화를 편견 없이 받아들이는 사회에서 사람들은 차별을 받지 않고 행복하게 살아갈 수 있습니다.

1. 촌락과 도시의 생활 모습

① 촌락과 도시의 특징

개념 확인하기   4쪽

1 ㉠   **2** ㉠   **3** ㉡   **4** ㉠   **5** ㉢

1 농촌, 어촌, 산지촌처럼 주로 자연환경을 이용하여 생산 활동을 하며 살아가는 곳을 촌락이라고 합니다.

2 농사짓는 땅을 이용하여 생산 활동을 하는 곳을 농촌이라고 합니다. 농촌 사람들은 주로 농업에 종사하며 살아갑니다.

3 방파제는 파도를 막기 위해 항만에 쌓은 둑입니다. 어촌에서는 부두, 등대, 방파제, 양식장 등을 볼 수 있습니다.

4 많은 사람이 쉽고 빠르게 원하는 곳으로 이동하도록 하기 위해 도시에 교통이 발달했습니다.

5 도시 사람들은 다양한 일을 합니다.

> **더 알아보기**
>
> **도시 사람들이 하는 일 (예)**
> • 회사나 공장에서 일합니다.
> • 사람들에게 물건이나 음식을 판매합니다.
> • 시청, 도청, 교육청 등의 공공 기관이나 공연장, 박물관 등의 문화 시설에서 일합니다.

개념 확인하기   5쪽

1 ㉢   **2** ㉢   **3** ㉠   **4** ㉡   **5** ㉠

1 촌락에서는 일손 부족, 소득 감소, 교통·문화·의료·편의 시설 부족 등의 문제가 나타나고 있습니다.

2 촌락에서는 소득을 올리기 위해 생산물의 질을 높이고 다양화하며, 지역 특색을 활용한 관광지를 개발하고 있습니다.

3 도시에 많은 사람이 모여 살면서 도시에는 주택 문제, 환경 문제, 교통 문제 등이 발생하고 있습니다.

4 환경 문제를 해결하기 위해 물이나 공기를 깨끗하게 할 수 있는 시설을 늘립니다.

5 ㉡은 환경 문제를 해결하기 위한 노력입니다.

실력 평가   6~7쪽

1 (3) ○ (4) ○   **2** ②   **3** ①, ②   **4** ③
5 ㉠, ㉢   **6 ①** 부산광역시 **②** 세종특별자치시
7 일손   **8** ④   **9** ②, ⑤   **10** (1) ○

1 촌락은 주로 자연환경을 이용하여 생산 활동을 하며 살아가는 곳으로 농촌, 어촌, 산지촌이 있습니다.

> **왜 틀렸을까?**
>
> (1) 도시에 대한 설명입니다.
> (2) 촌락은 자연환경의 영향을 많이 받아 날씨를 중요하게 여깁니다.

2 제시된 그림은 사람들이 주로 넓은 들을 이용하여 농사짓는 곳인 농촌입니다. 농촌에서는 수로, 저수지, 정미소, 비닐하우스, 농산물 저장 창고 등과 같은 시설을 볼 수 있습니다. ①과 ③은 어촌, ④와 ⑤는 산지촌에 대한 설명입니다.

3 ③~⑤는 어촌 사람들이 하는 일과 관련 있습니다.

4 도시에 사는 사람들은 대부분 회사나 공장에 다니거나 사람들이 편리하게 생활하도록 도와주는 일을 합니다.

5 전라남도 담양군과 대전광역시는 둘 다 평평하고 넓은 들에 자리 잡은 지역이라는 공통점이 있지만, 차이점도 있습니다. 전라남도 담양군은 땅을 대부분 농경지로 이용하고, 대전광역시는 회사나 공장, 상점, 아파트 등을 지어 다양하게 이용합니다.

6 바다와 접해 있는 부산광역시에는 우리나라에서 제일 큰 항구가 있습니다. 세종특별자치시는 행정 복합 도시로 계획된 곳으로, 많은 중앙 행정 기관이 세종특별자치시로 옮겨졌습니다.

7 바쁜 시기에는 시청, 군청 등 공공 기관에서 일손을 지원하거나 일할 수 있는 사람들을 연결해 주기도 합니다.

8 촌락 사람들은 소득을 올리려고 농약이나 화학 비료의 사용을 줄인 친환경 농산물을 생산하고 있습니다.

9 도시의 주택 문제는 주택 건설을 확대하거나 너무 낡은 곳은 다시 짓는 등의 노력을 하여 해결하려고 합니다.

10 거주자 우선 주차 제도는 주택가에 주차 구획을 만들어 주민들이 주차할 수 있게 한 제도로, 부족한 주차 공간과 같은 교통 문제를 해결하려는 노력입니다.

서술형·논술형 평가 8~9쪽

1 (1) ㉠ 농촌 ㉡ 어촌 ㉢ 산지촌
  (2) 예 촌락마다 자연환경이 달라서 자연환경을 이용한 생산 활동이 다르기 때문이다.

2 (1) 어촌
  (2) 예 지역을 잘 아는 분께 여쭈어보기, 인터넷 이용하기
  (3) 예 바다에서 고기잡이를 한다. 평평한 땅에서 농사를 짓는다. 바닷바람을 이용해 풍력 발전을 한다.

3 (1) ㉡
  (2) ㈏ ○
  (3) 예 도시가 발달하면서 촌락 사람들이 일자리를 찾아 도시로 이동하여 촌락의 인구가 점점 줄어들었기 때문이다.

4 (1) ㉠ 환경 ㉡ 주택
  (2) 은빈
  (3) 예 좁은 면적에 많은 사람이 모여 살고 있기 때문이다.

---

1 (1) 촌락은 크게 농촌, 어촌, 산지촌으로 구분할 수 있습니다.

△ 농촌　　△ 어촌　　△ 산지촌

  (2) 농촌에서는 넓은 들판과 하천을, 어촌에서는 바다, 갯벌, 모래사장을, 산지촌에서는 높은 산과 울창한 숲을 볼 수 있습니다.

채점 기준

(1)	㉠ '농촌', ㉡ '어촌', ㉢ '산지촌'을 모두 정확히 씀.	3점
(2)	정답 키워드 자연환경 | 달라서 '촌락마다 자연환경이 달라서 자연환경을 이용한 생산 활동이 다르기 때문이다.' 등의 내용을 정확히 씀.	5점
	촌락마다 생산 활동이 다른 까닭을 썼지만 표현이 부족함.	3점

2 (1) 제주시 구좌읍은 제주특별자치도의 북동쪽에 있습니다. 구좌읍 앞쪽에는 바다가 있어 사람들은 바다를 이용하여 살아갑니다.

  (2) 현장 조사하기, 인터넷으로 관련 자료 수집하기, 지역 소개 자료 찾아보기, 다양한 지도나 사진 살펴보기, 지역을 잘 아는 분께 여쭈어보기 등의 방법으로 촌락을 조사할 수 있습니다.

  (3) 촌락에 사는 사람들은 주로 산, 들, 바다와 같은 자연환경을 이용하여 살아갑니다.

채점 기준

(1)	'어촌'이라고 정확히 씀.	2점
(2)	'지역을 잘 아는 분께 여쭈어보기', '인터넷 이용하기', '현장 조사하기', '지역을 소개한 자료 살펴보기' 등의 내용을 정확히 씀.	4점
(3)	정답 키워드 고기잡이 | 농사 | 풍력 발전 '바다에서 고기잡이를 한다.', '평평한 땅에서 농사를 짓는다.', '바닷바람을 이용해 풍력 발전을 한다.' 등의 내용을 정확히 씀.	6점
	제주시 구좌읍 사람들이 자연환경을 어떻게 이용하고 있는지 썼지만 표현이 부족함.	3점

3 (1) 촌락에서는 일을 할 수 있는 사람들이 줄어들면서 어려움을 겪기도 합니다.
  (2) 다양한 기계를 이용하여 일손 부족 문제를 해결하고 생산량도 늘리고 있습니다. ㈎는 소득 감소 문제를 해결하려는 노력과 관련 있습니다.
  (3) 일자리, 자녀 교육 등의 이유로 촌락 사람들이 도시로 이동하여 촌락의 인구는 점점 줄어들었습니다.

채점 기준

(1)	'㉡'이라고 정확히 씀.	2점
(2)	'㈏'에 ○표를 함.	2점
(3)	정답 키워드 도시 | 이동 | 촌락의 인구 | 감소 '도시가 발달하면서 촌락 사람들이 일자리를 찾아 도시로 이동하여 촌락의 인구가 점점 줄어들었기 때문이다.' 등의 내용을 정확히 씀.	6점
	촌락에서 일손 부족 문제가 발생하는 까닭을 썼지만 표현이 부족함.	3점

4 (1) 도시에 사는 사람들은 문제를 해결하고 도시를 살기 좋은 곳으로 만들려고 노력하고 있습니다.
  (2) 재원이는 교통 문제(주차 공간 부족) 해결 노력에 대해 말하고 있습니다.
  (3) 우리나라는 전체 인구 중 도시에 사는 인구가 매우 많습니다. 도시에 인구가 많아지면서 여러 가지 문제가 발생하고 있습니다.

채점 기준

(1)	㉠ '환경', ㉡ '주택'을 모두 정확히 씀.	2점
(2)	'은빈'이라고 정확히 씀.	2점
(3)	정답 키워드 좁은 면적 | 많은 사람 '좁은 면적에 많은 사람이 모여 살고 있기 때문이다.' 등의 내용을 정확히 씀.	6점
	환경 문제, 주택 문제 등의 도시 문제가 발생하는 원인을 썼지만 표현이 부족함.	3점

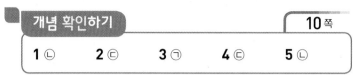

❷ 함께 발전하는 촌락과 도시

개념 확인하기
10쪽

1 ㉡ **2** ㉢ **3** ㉠ **4** ㉢ **5** ㉡

1 도시 사람들은 촌락에 가서 촌락의 전통과 문화를 체험할 수 있습니다.

2 ㉠과 ㉡은 촌락 사람들이 도시에 가는 까닭과 관련 있습니다.

3 도시에 사는 사람들은 촌락에 가서 산림욕, 야영, 등산, 낚시, 물놀이, 천문대 견학 활동 등 자연환경을 이용한 여가 생활을 할 수 있습니다.

4 촌락 사람들은 다양한 시설과 공공 기관을 이용하려고 도시를 방문합니다.

5 촌락에는 의료·상업·문화 시설 등이 부족한 반면 도시에는 이러한 시설이 집중되어 있습니다.

개념 확인하기
11쪽

1 ㉠ **2** ㉠ **3** ㉠ **4** ㉠ **5** ㉡

1 '상호'는 '서로', '모두'라는 뜻이며, '의존'은 '다른 것에 의지하여 존재한다.'라는 뜻입니다. 따라서 상호 의존은 서로 돕고 교류하며 의지하는 것을 말합니다.

2 촌락과 도시는 생산물, 기술, 문화 등이 서로 다릅니다. 그래서 촌락과 도시에 사는 사람들은 서로 필요한 것을 교류하면서 상호 의존 하고 있습니다.

3 촌락과 도시 사람들은 지역 축제, 농수산물 직거래 장터, 자매결연 등을 통해 다양한 교류를 하며 살아갑니다.

4 농수산물 직거래 장터에 참여한 촌락 사람들은 중간 상인에게 파는 가격보다 높은 가격에 농수산물을 팔 수 있습니다.

5 촌락에서 축제를 열면 축제 기간 동안 사람들이 많이 모여 경제활동이 활발하게 이루어질 수 있습니다. 그리고 촌락의 자랑거리인 자연환경이나 전통문화 등을 널리 알려서 고장에 대한 자긍심을 높일 수 있습니다.

실력 평가
12~13쪽

1 (2) ○ (3) ○ **2** ④ **3** ② **4** ①
5 ③, ⑤ **6** ⑤ **7** ㉠ **8** ③, ⑤
9 ㉠ 교류 ㉡ 의존 **10** ③

1 ㉮는 문화, ㉯는 물건을 주고받는 모습으로, 모두 교류에 해당합니다.

2 각 지역이 교류하지 못한다면 촌락은 공산품을, 도시는 농수산물을 구하는 데 어려움을 겪게 됩니다.

3 지역마다 자연환경, 생산물, 기술, 문화 등이 다르기 때문에 교류가 필요합니다.

4 최근 촌락에서는 도시 사람들이 촌락 생활을 체험하고, 여가를 즐길 수 있는 체험 마을이 늘어나고 있습니다. 촌락 체험 마을을 운영하면 도시 사람들이 체험비를 내고 참여하기 때문에 촌락 사람들의 소득이 늘어납니다.

5 도시 사람들은 촌락의 지역 축제에 참여하거나 촌락에서 생산한 농수산물을 사기 위해 촌락에 가기도 합니다.

6 도시는 의료 시설, 상업 시설, 문화 시설, 공공 기관 등을 촌락 사람들에게 제공합니다.

왜 틀렸을까?
⑤ 농기계 정비소는 주로 촌락(농촌)에서 볼 수 있습니다.

7 로컬 푸드 매장이나 농수산물 직거래 장터를 통해 도시 사람들은 싱싱한 농수산물을 싸게 살 수 있습니다. 그리고 촌락 사람들은 중간 상인을 거치지 않게 되어 더 높은 소득을 올릴 수 있습니다.

8 촌락에서는 자연환경과 특산물을 활용한 지역 축제가 많이 열립니다. 한편 지역 축제는 촌락뿐만 아니라 도시에서도 열립니다.

더 알아보기
지역마다 축제를 여는 까닭
• 축제 기간에 많은 사람이 모여서 경제활동을 더욱 활발하게 만들 수 있기 때문입니다.
• 다양한 놀이 문화나 체험 활동을 즐길 수 있기 때문입니다.
• 공동체 의식을 높이고 지역의 자랑거리를 널리 알릴 수 있기 때문입니다.

9 촌락과 도시는 다양한 교류를 통해 서로에게 보탬이 되는 사이로, 상호 의존 하는 관계입니다.

10 인터넷 검색 누리집에 검색어를 쓰고 교류 모습이 나타난 신문 기사를 찾을 수도 있습니다.

서술형·논술형 평가 14~15쪽

1 (1) 교류

(2) 예 지역마다 생산물, 문화, 기술 등이 다르기 때문에 교류가 이루어진다.

2 (1) 예 자연환경

(2) 예 경제

(3) 예 자연환경을 이용한 여가 활동을 즐길 수 있다.

3 (1) ❶ ㉢ ❷ ㉡ ❸ ㉠ ❹ ㉣

(2) 예 경제활동이 더욱 활발해진다. 사람들의 소득이 늘어난다.

4 (1) ㉡

(2) ㉣

(3) 예 촌락의 자연환경을 즐기거나 촌락의 특색 있는 문화를 체험할 수 있는 기회를 얻는다.

1 (1) 교류라는 말은 근원이 다른 물줄기가 서로 섞이어 흐르는 것을 뜻합니다. 문화나 사상이 서로 통할 때도 교류라는 말을 씁니다.

(2) 지역 간의 교류는 각 지역이 가지는 자연환경, 인문환경 등의 차이 때문에 이루어집니다.

채점 기준

(1)	'교류'라고 정확히 씀.	4점
(2)	**정답 키워드** 생산물 | 문화 | 기술 '지역마다 생산물, 문화, 기술 등이 다르기 때문이다.' 등의 내용을 정확히 씀.	6점
	지역 간에 교류가 이루어지는 까닭을 썼지만 표현이 부족함.	3점

2 (1) 촌락에는 자연환경이 깨끗하게 보전된 곳이 많습니다. 도시 사람들이 촌락에 가면 도시에서 접하기 어려운 깨끗한 자연환경을 즐길 수 있습니다.

(2) 촌락에 사는 사람들은 도시 사람들에게 음식을 팔거나 숙박 등의 서비스를 제공하면서 소득을 올릴 수 있습니다.

(3) 도시 사람들은 오대산 자락의 맑은 공기를 마시며 야영을 즐길 수 있고, 등산 등의 여가 활동을 할 수 있습니다.

더 알아보기

교류하며 즐기는 여가 생활의 좋은 점

• 소질을 계발할 수 있습니다.

• 일상에서 벗어나 새로운 경험을 할 수 있습니다.

• 평소에 하고 싶었지만 환경적 제약으로 하지 못한 여가 생활을 누릴 수 있습니다.

채점 기준

(1)	'자연환경'이라고 정확히 씀.	2점
(2)	'경제'라고 정확히 씀.	2점
(3)	**정답 키워드** 자연환경 | 여가 '야영, 등산과 같이 자연환경을 이용한 여가 활동을 즐길 수 있다.' 등의 내용을 정확히 씀.	6점
	㉢에 들어갈, 도시가 촌락과 교류하며 얻는 것을 썼지만 표현이 부족함.	3점

3 (1) 촌락 사람들은 의료·상업·문화 등 다양한 시설과 공공 기관을 이용하려고 도시를 찾습니다.

(2) 촌락 사람들은 도시의 시설을 이용하면서 주변 상점 등도 이용하기 때문에 도시의 경제에 도움을 줍니다.

채점 기준

(1)	❶ '㉣', ❷ '㉡', ❸ '㉠', ❹ '㉢'을 모두 정확히 씀.	4점
(2)	**정답 키워드** 경제활동 | 활발 | 소득 | 증가 '경제활동이 더욱 활발해진다.', '사람들의 소득이 늘어난다.' 등의 내용을 정확히 씀.	6점
	촌락 사람들이 다양한 시설을 이용하려고 도시를 방문할 때 도시의 좋은 점을 썼지만 표현이 부족함.	3점

4 (1) 도시 사람들은 촌락에 가서 일손 돕기, 공연 활동, 의료 봉사 등의 봉사 활동을 합니다. 봉사 활동으로 촌락과 도시 사람들이 친밀하게 지내면서 농수산물 직거래, 여가 활동 등의 교류 활동을 좀 더 활발하게 할 수 있습니다.

(3) 촌락에서 열리는 지역 축제를 통해 도시 사람들은 촌락의 특색 있는 전통문화를 경험하고 특산품을 살 수 있습니다.

채점 기준

(1)	'㉡'이라고 정확히 씀.	2점
(2)	'㉣'이라고 정확히 씀.	2점
(3)	**정답 키워드** 자연환경 | 문화 | 체험 '촌락의 자연환경을 즐기거나 촌락의 특색 있는 전통문화를 체험할 수 있다.', '특산품을 살 수 있다.' 등의 내용을 정확히 씀.	6점
	촌락에서 열리는 지역 축제를 통해 도시 사람들이 얻을 수 있는 이점을 썼지만 표현이 부족함.	3점

더 알아보기

촌락과 도시가 교류하면 좋은 점

• 국민의 삶의 질 향상에 도움이 됩니다.

• 촌락과 도시 간에 소통이 이루어지고, 상호 협력하게 됩니다.

온라인 학습 단원평가의 **정답**과 함께 **문항 분석**도 확인하세요.

단원평가

16~19쪽

문항 번호	정답	평가 내용	난이도
1	②	농촌의 특징 알기	보통
2	③	어촌 사람들이 하는 일 알기	보통
3	⑤	산지촌의 특징 알기	보통
4	④	도시의 특징 알기	쉬움
5	⑤	도시 사람들이 하는 일 알기	쉬움
6	①	우리나라의 도시 알기	보통
7	③	촌락과 도시의 특징 비교하기	어려움
8	②	촌락 문제 알기	어려움
9	④	촌락 문제를 해결하려는 노력 알기	보통
10	④	도시 문제를 해결하려는 노력 알기	쉬움
11	①	도시 문제 해결을 위해 우리가 할 수 있는 일 알기	쉬움
12	②	교류의 의미 알기	쉬움
13	①	생산물과 관련 있는 교류 사례 찾기	보통
14	④	도시 사람들이 촌락에 가는 까닭 알기	보통
15	③	도시 사람들이 농수산물 직거래 장터를 이용할 때의 좋은 점 알기	어려움
16	④	도시 사람들이 촌락에서 열리는 지역 축제에 참여할 때의 좋은 점 알기	보통
17	①	촌락 사람들이 도시에 가는 까닭 알기	보통
18	②	촌락과 도시의 교류 알기	어려움
19	④	촌락과 도시의 교류 사례 알기	쉬움
20	④	촌락과 도시의 교류 모습을 조사하는 방법 알기	보통

1 농촌에는 농사를 짓는 데 도움을 주는 시설들이 있습니다.

2 어촌 사람들은 어업 이외에 작은 규모로 농사짓기, 배 수리하기 등의 일을 합니다.

3 ①은 농촌, ②와 ③은 어촌에 대한 설명입니다. ④ 촌락은 자연환경의 영향을 많이 받아 계절과 날씨에 따라 생활 모습이 달라집니다.

4 도시에는 많은 사람이 모여 살고 있으며, 편의 시설이나 문화 시설 등이 발달했습니다.

5 ⑤ 은성이는 농촌에 사는 사람들이 하는 일에 대해 이야기하고 있습니다.

6 우리나라의 수도인 서울특별시는 교통·산업·행정의 중심지입니다.

7 촌락과 도시에는 생활에 필요한 시설이 있습니다.

8 촌락에는 일할 수 있는 젊은 사람들이 일자리를 찾아 도시로 떠나서 일손 부족 문제를 겪고 있습니다.

9 촌락의 인구를 늘리기 위해 귀촌하려는 사람들이 촌락에 잘 적응하도록 적극적으로 지원합니다.

10 제시된 방법은 쓰레기 문제를 해결하기 위해 개인과 공공 기관에서 할 수 있는 노력입니다.

11 층간 소음 문제를 해결하기 위해 실내에서 뛰지 않아야 합니다.

12 물건을 주고받는 교환은 교류에 속하는 뜻입니다.

13 지역마다 생산물이나 문화, 기술 등이 다르기 때문에 교류가 이루어집니다.

14 도시 사람들은 촌락을 방문하여 도시에서 접하기 어려운 깨끗한 자연환경을 즐길 수 있습니다.

15 농수산물 직거래 장터를 이용하는 도시 사람들은 신선한 생산물을 더욱 저렴하게 구입할 수 있습니다.

16 촌락에서 열리는 지역 축제에 참여한 도시 사람들은 촌락의 특색 있는 전통문화를 경험하고 특산품을 살 수 있습니다.

17 촌락에서는 문화 행사나 공연이 자주 열리지 않습니다.

18 촌락과 도시는 교류하면서 서로 도움을 주고받습니다.

19 기업이나 학교에서는 촌락의 마을과 자매결연을 하여 일손 돕기 봉사 활동을 하기도 합니다.

20 인터넷 조사, 문헌 조사, 면담, 현장 조사(답사) 등을 통해 교류 모습을 조사할 수 있습니다.

2. 필요한 것의 생산과 교환

❶ 경제활동과 현명한 선택

| 1 ㉠ | 2 ㉡ | 3 ㉢ | 4 ㉡ | 5 ㉡ |

1 사람들은 살아가는 데 필요하거나 원하는 것을 얻으려고 경제활동을 합니다.

2 사람들이 원하는 것은 많지만 주어진 자원은 한정되어 있어서 원하는 것을 모두 가질 수 없기 때문에 선택의 문제를 겪게 됩니다.

3 현명한 선택을 하면 가진 돈과 자원을 절약할 수 있고 같은 돈을 쓰더라도 더 큰 만족감을 얻을 수 있습니다.

4 현명한 선택을 할 때에는 가진 돈의 범위 안에서 물건을 선택하고 가격, 디자인, 품질 등 정보를 수집하고 분석합니다.

5 인터넷 검색을 통해 여러 물건의 가격을 한눈에 비교하고, 물건을 산 사람들의 의견을 알 수 있습니다.

| 1 ㉠ | 2 ㉠ | 3 ㉢ | 4 ㉢ | 5 ㉡ |

1 생활에 필요한 여러 가지 것들을 사고파는 곳을 시장이라고 합니다. 시장에서는 물건이나 서비스를 거래합니다.

2 생활에 필요한 물건을 만들거나 생활을 편리하게 해 주는 활동을 생산이라고 합니다.

3 버섯을 재배하는 것은 생활에 필요한 것을 자연에서 얻는 생산 활동입니다. 같은 종류의 생산 활동으로는 어업, 농업 등이 있습니다.

4 가정의 소득이 한정되어 있어서 현명한 소비 생활이 필요합니다. 현명한 소비 생활을 하면 돈과 자원을 절약할 수 있고 더 큰 만족감을 얻을 수 있습니다.

5 현명한 소비 생활을 하는 방법으로는 계획 세우기, 저축하기, 선택 기준 정하기, 정보 활용하기 등이 있습니다.

1 보령	2 (1) ㉢ (2) ㉠	3 ㉢	4 ⑤
5 ①, ⑤	6 윤성	7 ④	8 ①
9 ㉢	10 ③		

1 선택의 문제는 경제활동을 하는 모든 사람에게 일어납니다.

2 사람마다 중요하게 생각하는 것이 다르기 때문에 선택의 문제에서 선택하는 것도 각자 다를 수 있습니다.

3 자원의 희소성은 시대나 환경 등 상황에 따라 달라질 수 있습니다. 오늘날에는 옛날에 비해 깨끗한 물이 희소하기 때문에 생수를 사고팝니다.

4 직원의 외모는 식당을 고를 때 고려해야 할 점으로 알맞지 않습니다. 현명한 선택을 하려면 식당의 위치, 음식의 맛, 시설 등의 정보를 꼼꼼하게 확인해야 합니다.

> **더 알아보기**
> **현명한 선택을 하기 위해 고려할 점**
> • 나에게 꼭 필요한 것인지 생각해야 합니다.
> • 선택을 통해 내가 얻을 수 있는 편리함이나 즐거움은 무엇인지 생각해야 합니다.

5 정보를 활용할 때는 믿을 만한 정보인지 출처를 확인해야 합니다. 정보를 활용하면 품질이 좋은 물건을 싼값에 살 수 있습니다.

6 생산은 사람들에게 필요한 물건이나 서비스를 만드는 활동 등을 말합니다. 생산한 것을 쓰는 활동은 소비라고 합니다.

7 생산한 것을 사서 쓰는 것뿐만 아니라 서비스를 이용하는 것도 소비입니다.

8 수업을 하는 것과 배달을 하는 것은 우리 생활을 편리하고 즐겁게 해 주는 생산 활동입니다.

> **왜 틀렸을까?**
> ② 생활에 필요한 것을 만드는 활동입니다.
> ③, ④ 생활에 필요한 것을 자연에서 얻는 활동입니다.
> ⑤ 생산 활동이 아닌 소비 활동입니다.

9 하나의 생산 활동은 다른 생산 활동에 영향을 주고, 생산을 하지 않으면 소비를 할 수 없습니다.

10 미리 소비 계획을 세우면 돈을 낭비하지 않을 수 있습니다. 최근에는 환경을 생각하는 착한 소비의 필요성이 커지고 있습니다.

1 (1) 경제활동

(2) (자원의) 희소성

(3) 예 사람의 욕구는 끝이 없는 것에 비해, 주어진 자원은 부족한 상태를 말한다.

2 (1) ㉠, ㉢

(2) ㉮, ㉱

(3) 예 필요성, 가격, 품질 등을 고려해야 한다.

3 (1) ㉠, ㉢

(2) ㉡, ㉣

(3) 예 소비는 생산한 것을 쓰는 것이다.

4 (1) ㉡

(2) 예 용돈의 일부를 저축한다. 군것질을 줄인다. 꼭 필요한 곳에만 돈을 사용한다. 계획을 세워 용돈을 쓴다. 용돈 기입장을 쓴다.

---

1 (1) 경제활동은 살아가는 데 필요한 것을 만들고 이용하는 것과 관련된 모든 활동을 말합니다. 사람들이 살아가는 데는 다양한 물건과 서비스가 필요합니다.

(2) 사람들은 원하는 것을 모두 가질 수 없어 선택의 문제를 겪습니다. 경제활동에서 선택의 문제는 희소성 때문에 일어납니다.

(3) 희소성은 원하는 것에 비해 상대적으로 돈이나 자원이 한정되어 있는 상태를 말합니다.

채점 기준		
(1)	'경제활동'이라고 정확히 씀.	2점
(2)	'(자원의) 희소성'이라고 정확히 씀.	2점
(3)	**정답 키워드** 욕구 | 부족 '사람의 욕구는 끝이 없는 것에 비해, 주어진 자원은 부족한 상태를 말한다.' 등의 내용을 정확히 씀.	6점
	희소성의 의미를 썼지만 표현이 부족함.	3점

2 (1) 상점을 방문하면 여러 물건을 직접 비교할 수 있습니다. 물건을 산 다른 사람들의 의견은 인터넷 검색을 통해 알 수 있습니다.

(2) 현명한 선택을 할 때는 사고 싶은 물건을 생각한 뒤 가진 돈을 파악합니다.

(3) 여러 가지 정보를 찾아 활용하면 돈과 자원을 절약하고 큰 만족감을 주는 현명한 선택을 할 수 있습니다. 물건의 선택 기준으로는 필요성, 가격, 품질, 안전성 등을 고려할 수 있습니다.

채점 기준		
(1)	'㉠', '㉢'이라고 모두 정확히 씀.	2점
(2)	'㉮', '㉱'라고 모두 정확히 씀.	2점
(3)	**정답 키워드** 필요성 | 가격 | 품질 '필요성, 가격, 품질 등을 고려해야 한다.' 등의 내용을 정확히 씀.	6점
	물건을 선택할 때 미리 따져 봐야 하는 점을 썼지만 표현이 부족함.	3점

3 (1) 생활에 필요한 물건을 만들거나 우리 생활을 편리하고 즐겁게 해 주는 활동을 생산이라고 합니다. 물건을 배달하는 것과 머리를 손질해 주는 것은 우리 생활을 편리하게 해 주는 생산 활동입니다.

(2) 떡볶이를 사 먹는 것과 신발을 사는 것은 생산한 것을 쓰는 소비입니다.

(3) 소비는 생활에 필요한 물건이나 서비스를 돈을 내고 사용하는 활동을 말합니다.

채점 기준		
(1)	'㉠', '㉢'이라고 모두 정확히 씀.	2점
(2)	'㉡', '㉣'이라고 모두 정확히 씀.	2점
(3)	**정답 키워드** 생산 | 쓰는 '소비는 생산한 것을 쓰는 것이다.' 등의 내용을 정확히 씀.	6점
	소비의 의미를 썼지만 표현이 부족함.	3점

4 (1) 재준이는 용돈으로 피자, 축구공, 장난감을 샀기 때문에 돈이 모자라 친구 수현이의 생일 선물을 사지 못했습니다. 즉 용돈의 일부를 저축하지 않아 미래에 있을 지출을 대비하지 못했습니다. 용돈을 아끼지 않던 재준이는 현명한 소비 생활을 하지 못해 후회하고 있습니다.

(2) 현명한 소비 생활을 하는 방법으로는 소비 계획 세우기, 저축하기, 선택 기준 정하기, 정보 활용하기 등이 있습니다. 소득의 범위 안에서 꼭 필요한 것만 사는 것도 현명한 소비 생활입니다.

채점 기준		
(1)	'㉡'이라고 정확히 씀.	4점
(2)	**정답 키워드** 저축 | 계획 | 용돈 기입장 '용돈의 일부를 저축한다.', '계획을 세워 용돈을 쓴다.', '용돈 기입장을 쓴다.' 등의 내용 중 두 가지를 정확히 씀.	6점
	용돈을 현명하게 사용하는 방법을 한 가지만 썼거나 표현이 부족함.	3점

온라인 학습 단원평가의 **정답**과 함께 **문항 분석**도 확인하세요.

문항 번호	정답	평가 내용	난이도
1	③	산지촌의 특징 알기	쉬움
2	④	도시의 의미와 특징 알기	보통
3	④	도시가 위치하는 곳 알기	어려움
4	②	촌락의 문제 알기	보통
5	①	촌락 문제를 해결하려는 노력 알기	어려움
6	③	도시의 문제 알기	쉬움
7	①	도시 문제를 해결하려는 노력 알기	보통
8	②	교류의 의미와 특징 알기	쉬움
9	②	교류가 이루어지는 까닭 알기	보통
10	④	촌락과의 교류가 없다면 발생할 일 알기	어려움
11	②	촌락 사람들이 도시를 방문하는 까닭 알기	쉬움
12	⑤	촌락과 도시의 교류 방법 알기	보통
13	⑤	촌락과 도시의 관계 알기	보통
14	③	선택의 문제가 일어나는 까닭 알기	보통
15	③	현명한 선택을 할 때 선택 기준 알기	쉬움
16	①	물건의 정보를 얻는 방법 알기	쉬움
17	④	생산과 소비 구분하기	보통
18	④	생산 활동의 종류 알기	보통
19	①	생산과 소비의 관계 알기	어려움
20	⑤	현명한 소비 생활을 하는 방법 알기	보통

1 산지촌에서는 산을 이용하여 생산 활동을 합니다.

2 도시에는 많은 사람이 살고 교통이 편리하여 다양한 시설과 공공 기관이 위치합니다.

3 도시는 교통이 편리하거나 일자리가 많은 곳에 발달하며, 처음부터 계획하여 만들어지기도 합니다.

4 그래프에서 촌락의 인구가 점차 줄어드는 것을 알 수 있으므로 촌락의 일손 부족 문제를 짐작할 수 있습니다.

5 다양한 기계를 이용하여 일손 부족 문제를 해결하고 생산량을 늘릴 수 있습니다.

6 도시에는 좁은 면적에 많은 사람이 모여 살기 때문에 여러 가지 문제가 나타납니다.

7 도시 문제를 해결하기 위해 개인이 할 수 있는 일에는 음식 남기지 않기, 쓰레기 분리배출하기, 일회용품 사용 줄이기 등이 있습니다.

8 사람이 오고 가는 것도 교류입니다. 사람들은 문화를 알리거나 공부나 일을 하려고 다른 지역으로 갑니다.

9 지역마다 생산물, 기술, 문화가 다르기 때문에 교류가 이루어집니다.

10 촌락이 없다면 자연환경을 이용한 여가 활동과 촌락에서만 할 수 있는 여러 체험 활동을 하기 어려워집니다.

11 촌락 사람들은 백화점이나 대형 상점가, 종합 병원 등을 이용하려고 도시로 이동하기도 합니다.

12 농수산물 직거래 장터에서 중간 상인을 거치지 않아 촌락 사람들은 농수산물을 더 높은 가격에 팔 수 있습니다.

13 촌락과 도시는 교류하면서 함께 발전하며 상호 의존 하고 있습니다.

14 희소성이란 경제활동을 할 때 필요한 자원이 사람들의 욕구를 충족하기에는 부족한 상태를 말합니다.

15 현명한 선택을 하기 위해서는 필요성, 가격, 품질 등을 미리 꼼꼼하게 따져 보아야 합니다.

16 음악을 듣는 것은 물건의 정보를 얻는 방법이라 보기 어렵습니다. 정보를 활용하면 질 좋은 물건을 싸게 살 수 있습니다.

17 생산 활동이란 생활에 필요한 물건을 만들거나 서비스를 제공하는 활동입니다.

18 생활을 즐겁게 해 주는 활동을 서비스라고 합니다. 공연하기는 서비스를 제공하는 활동입니다.

19 생산과 소비는 서로 영향을 주고받습니다.

20 평소에 저축을 꾸준히 하면 미래의 예상치 못한 지출에 대비할 수 있습니다.

❷ 교류하며 발전하는 우리 지역

개념 확인하기　　　　　30쪽

1 ㉠	2 ㉡	3 ㉣	4 ㉠	5 ㉠

1 경제 교류란 경제적 이익을 얻기 위해 상품, 기술, 정보 등을 서로 주고받는 것을 말합니다.

2 지역마다 생산 기술이 달라서 지역끼리 기술을 협력하여 더 나은 상품을 만들고, 생산에 드는 비용을 줄일 수 있습니다.

3 상품 전시회에서 지역의 상품을 널리 알릴 수 있고, 여러 가지 유용한 정보를 주고받을 수 있습니다.

4 다른 지역과 자매결연을 하여 서로 도움을 주고받거나 경제 교류하며 화합할 수 있습니다.

5 지역 간 경제 교류로 각 지역이 경제적 이익을 얻을 뿐만 아니라 지역 간의 화합과 발전도 가져올 수 있습니다.

> **왜 틀렸을까?**
> ㉡ 지역 간 경제 교류로 소비자는 다른 지역의 상품을 살 수 있고, 생산자는 여러 지역에 상품을 판매할 수 있기 때문에 소비자와 생산자 모두 경제적 이익을 얻습니다.

개념 확인하기　　　　　31쪽

1 ㉠	2 ㉢	3 ㉡	4 ㉠	5 ㉠

1 지역에서 풍부하게 생산되는 물자가 다르기 때문에 지역 간에 물자를 교류합니다.

2 인터넷 쇼핑몰을 이용하면 상품의 정보를 빠른 시간 내에 살펴보고 상품을 살 수 있습니다.

3 시장을 이용하면 신선하고 질 좋은 상품을 확인하고 살 수 있습니다.

4 전통 시장에서 상품을 직접 확인하고 살 수 있습니다.

> **왜 틀렸을까?**
> ㉡ 인터넷 쇼핑몰에서는 상품을 직접 확인하고 살 수 없어 광고 상품이 실제 상품과 다를 수 있습니다.

5 지역 간의 경제 교류로 물건을 생산하는 공장과 일자리가 많아져 지역의 산업을 더욱 발전시킬 수 있습니다.

실력 평가　　　　　32~33쪽

1 ④	2 ㉡	3 ③	4 ㉠	5 ①, ③
6 ②	7 (1) ○	8 ②	9 동수	10 ㉠

1 통계 자료를 보고 상품의 생산지(원산지)를 비롯하여 다양한 정보를 얻을 수 있습니다.

2 상품 교류 지도를 만들 때 우리 지역의 위치를 찾아 표시한 후 상품의 이름과 생산지(원산지)를 쓴 색이 다른 종이를 생산지(원산지)에 붙이고, 우리 지역과 화살표로 연결합니다.

3 경제적 이익을 얻기 위해 상품, 기술, 정보 등을 서로 주고받는 것을 경제 교류라고 합니다.

4 직거래로 소비자는 다른 지역의 상품을 싸게 살 수 있고, 생산자는 지역의 대표 상품을 소개하거나 판매하여 소득이 높아질 수 있습니다.

5 교통의 발달로 전국 각지에서 상품을 빠르게 운반할 수 있게 되었고, 통신의 발달로 시간과 장소에 관계없이 물건을 사고팔 수 있게 되었습니다.

6 경제 교류를 조사하는 방법으로 인터넷 검색하기, 시장에서 조사하기, 지역 누리집과 신문 기사에서 찾기, 지역을 잘 아는 어른께 여쭈어보기 등이 있습니다.

> **더 알아보기**
> **경제 교류를 조사하는 다양한 방법**
> 지역 방송을 보거나 지방 자치 단체 홍보물에서 지역 축제를 홍보하는 자료를 볼 수도 있습니다.

7 인터넷 쇼핑몰에서는 우리 지역의 대표 상품뿐만 아니라 여러 지역의 대표 상품을 팔기 때문에 소비자는 다양한 상품을 편리하게 살 수 있습니다.

8 경기도와 광주광역시는 인공 지능 산업 발전을 위해 협력하고 있습니다.

> **왜 틀렸을까?**
> ③ 경기도와 광주광역시 모두 경제적 이익을 얻습니다.
> ⑤ 두 지역은 협력하여 지역의 산업을 발전시킬 수 있습니다.

9 특산물은 어떤 지역의 특별한 산물이라는 뜻으로, 지역의 대표 상품을 부르는 다른 말입니다. 지역 간 경제 교류는 대표 상품을 중심으로 활발하게 이루어집니다.

10 광고하고 싶은 지역의 대표 상품을 한 가지 정한 후, 상품의 장점을 바탕으로 정보를 한눈에 알아보기 쉽게 설명합니다.

서술형·논술형 평가 34~35쪽

1 (1) ㉠ 품질 ㉡ 예 누리집
  (2) 생산지
  (3) 예 대형 할인점의 광고지를 확인한다.
2 (1) ㉡
  (2) 영희네 지역
  (3) 예 자연환경과 생산 기술, 자원 등이 다르기 때문이다.
3 (1) 대중 매체
  (2) 예 물건을 쉽고 편리하게 사고팔 수 있다.
4 (1) ㉠ 광명시 ㉡ 서귀포시
  (2) ㉡
  (3) 예 각 지역은 서로 협력해 경제적 이익을 얻을 수 있다.

1 (1) ㉠은 품질로, 품질 인증 표시에는 상품의 재배 조건과 상품의 생산지(원산지)가 담겨 있습니다. ㉡은 누리집으로, 누리집에서 상품 소개 검색을 하면 상품의 가격, 상품의 생산지(원산지) 등을 조사할 수 있습니다.

(2) 생산지란 어떤 물건을 만들어 내거나 물건이 저절로 생겨난 국가 또는 지역으로, 생산지를 조사하면 상품이 어디에서 왔는지 알 수 있습니다.

(3) 대형 할인점의 광고지를 보면 상품의 이름, 상품 가격, 할인 정보뿐만 아니라 상품의 생산지(원산지)도 알 수 있습니다.

채점 기준

(1)	㉠ '품질', ㉡ '누리집' 등을 모두 정확히 씀.	2점
(2)	'생산지'라고 정확히 씀.	2점
(3)	**정답 키워드** 대형 할인점 | 광고지 '대형 할인점의 광고지를 확인한다.' 등의 내용을 정확히 씀.	4점
	'광고지를 확인한다.' 등과 같이 일부 내용만 쓰거나 표현이 부족함.	2점

2 (1) 재준이가 사는 지역은 질 좋은 포도가 대표적인 교류 상품으로, 다른 지역에 대표 상품을 팔아 지역을 홍보합니다.

(2) 영희네 지역은 재준이네 지역에서 사 온 포도로 다양한 상품을 만듭니다. 각 지역은 경제적 이익을 얻고자 서로 도움을 주고받습니다.

(3) 지역마다 자연환경과 생산 기술, 자원 등이 다르기 때문에 경제 교류를 통해 우리 지역에서 많이 생산되는 상품을 다른 지역에 팔 수 있습니다.

채점 기준

(1)	'㉡'이라고 정확히 씀.	2점
(2)	'영희네 지역'이라고 정확히 씀.	2점
(3)	**정답 키워드** 자연환경 | 생산 기술 | 자원 | 다르다 '자연환경과 생산 기술, 자원 등이 다르기 때문이다.' 등의 내용을 정확히 씀.	6점
	'자연환경과 생산 기술이 다르기 때문이다.' 등과 같이 일부 내용만 쓰거나 표현이 부족함.	3점

3 (1) 인터넷, 스마트폰, 홈 쇼핑 등 대중 매체를 이용하면 지역의 정보를 쉽게 알릴 수 있습니다. 통신의 발달로 직접 판매 장소에 가지 않아도 대중 매체를 이용하여 다른 지역의 상품을 쉽고 편리하게 살 수 있습니다.

(2) 대중 매체를 이용하여 경제 교류를 하면 장소나 시간에 관계없이 편리하게 상품을 사고팔 수 있고, 빠른 시간 내에 상품의 가격, 상품이 생산된 지역의 자연환경, 역사 등의 정보를 살펴볼 수 있습니다.

채점 기준

(1)	'대중 매체'라고 정확히 씀.	4점
(2)	**정답 키워드** 쉽고 | 편리하게 '물건을 쉽고 편리하게 사고팔 수 있다.' 등의 내용을 정확히 씀.	6점
	'물건을 살 수 있다.' 등과 같이 일부 내용만 쓰거나 표현이 부족함.	3점

4 (1) 지역 간 경제 교류로 광명시의 관광 산업이 발전할 수 있고, 서귀포시의 감귤 와인 생산 활동이 활발해질 수 있습니다.

(2) 제시된 경제 교류 사례는 광명시의 누리집에서 조사할 수 있습니다.

(3) 제시된 두 지역은 업무 협약을 맺어 광명시는 국내 와인 판매의 중심지로 더욱 자리 잡고, 서귀포시는 감귤 와인을 홍보하고 팔 기회를 얻었습니다.

채점 기준

(1)	㉠ '광명시', ㉡ '서귀포시'를 모두 정확히 씀.	2점
(2)	'㉡'이라고 정확히 씀.	2점
(3)	**정답 키워드** 협력 | 경제적 이익 | 화합 | 발전 '각 지역은 서로 협력하여 경제적 이익을 얻을 수 있다.', '지역 간에 화합과 발전을 가져올 수 있다.' 등의 내용을 정확히 씀.	6점
	경제 교류 사례를 조사하고 알게 된 점을 썼지만 표현이 부족함.	3점

온라인 학습 단원평가의 **정답**과 함께 **문항 분석**도 확인하세요.

단원평가 36~39쪽

문항 번호	정답	평가 내용	난이도
1	②	희소성과 선택의 문제 관계 알기	보통
2	②	선택의 문제에서 선택의 결과가 사람마다 다른 까닭 알기	어려움
3	③	현명한 선택이 필요한 까닭 알기	보통
4	③	평가표를 통해 현명한 선택을 하는 방법 알기	쉬움
5	②	물건의 정보를 얻는 방법 알기	보통
6	②	생산과 소비 구분하기	쉬움
7	④	생산 활동의 종류 알기	쉬움
8	③	생산 활동의 특징 알기	어려움
9	⑤	현명한 소비 생활의 의미 알기	보통
10	③	현명한 소비 생활이 필요한 까닭 알기	보통
11	②	다양한 상품의 생산지(원산지) 조사하기	쉬움
12	④	생산지(원산지)를 확인하는 방법 알기	쉬움
13	④	경제 교류가 이루어지는 까닭 알기	보통
14	③	경제 교류에 대해 알기	어려움
15	③	경제 교류의 종류 알기	보통
16	③	인터넷 쇼핑몰을 이용한 경제 교류의 특징 알기	보통
17	①	시장을 이용한 경제 교류의 특징 알기	보통
18	④	시장을 이용한 경제 교류의 장점 알기	보통
19	③	지역 간에 이루어지는 경제 교류 알기	어려움
20	⑤	지역의 대표 상품 지도 알기	쉬움

1 경제활동을 하는 모든 사람은 선택의 문제를 겪습니다.

2 사람마다 중요하게 생각하는 기준이 달라서 선택의 결과는 각자 다를 수 있습니다.

3 현명한 선택을 하지 않으면 돈이나 자원을 낭비하고 후회하게 됩니다.

4 현명한 선택을 하는 방법에는 여러 가지 선택 기준을 정해 물건을 평가하여 점수가 가장 높은 물건을 선택하는 것이 있습니다.

5 인터넷을 이용해 시간과 장소에 상관없이 제품의 정보를 얻을 수 있습니다.

6 생산한 것을 사서 쓰거나 서비스를 이용하는 활동을 모두 소비 활동이라고 합니다.

7 김치를 만드는 것은 자연에서 얻은 생산물인 배추를 이용해 생활에 필요한 것을 만드는 활동입니다.

8 생산과 소비는 동시에 일어날 수 있으며 생산 활동은 다른 생산 활동과 소비 활동에 영향을 줍니다.

9 수진이는 물건의 선택 기준과 소비 계획을 세우지 않아 현명한 소비 생활을 하지 못했습니다.

10 현명하지 못한 소비 생활을 하면 돈이 모자라 필요한 물건을 사지 못하거나 하고 싶은 일을 못할 수 있습니다.

11 대형 할인점에 있는 상품이 어디에서 왔는지 알아보는 방법은 다양합니다.

12 큐아르(QR) 코드란 상품 포장지에 표시된 정사각형의 정보 무늬로, 그 상품의 정보를 표시한 것입니다.

13 지역마다 자연환경, 기술 등이 다르기 때문에 각 지역의 풍부한 생산물을 중심으로 경제 교류를 합니더.

14 지역끼리 가지고 있는 기술을 협력하면 서로 가진 기술과 정보를 공유하여 더 좋은 상품을 만들 수 있습니다.

15 대전광역시는 여러 지역과 함께 공연을 하는 교류 음악회를 통해 문화 교류를 했습니다.

16 인터넷 쇼핑몰을 이용하면 장소나 시간에 관계없이 상품을 사고팔 수 있습니다.

17 교통의 발달로 전통 시장, 대형 할인점, 직거래 장터, 도매 시장에서 경제 교류가 활발해졌습니다.

18 시장을 이용하면 상품을 사러 직접 가야 하는 단점이 있지만, 상품을 직접 보고 살 수 있습니다.

19 제시된 신문 기사는 국내의 두 지역이 대표 자원을 통해 경제 교류를 하는 모습입니다.

20 각 지역이 대표 상품을 중심으로 경제활동을 활발히 하여 우리 주변에서 대표 상품을 쉽게 접할 수 있습니다.

3. 사회 변화와 문화 다양성

1 사회 변화로 나타난 일상생활의 모습

개념 확인하기   40쪽

| 1 ㉡ | 2 ㉢ | 3 ㉠ | 4 ㉠ | 5 ㉠ |

1 우리 사회에서는 결혼과 출산에 관한 생각의 변화, 여성의 사회 참여 증가 등에 따라 저출산이 나타나고 있습니다.

2 저출산에 따라 자녀의 수가 줄어드는 등 가족 구성이 달라지고 있습니다.

3 높아진 생활 수준, 의학 기술의 발달 등에 따라 고령화가 나타나고 있습니다.

4 고령화에 따라 노인 전문 시설이 많아지고 노인과 관련된 산업이 발전하고 있습니다.

5 저출산·고령화에 따라 우리는 세대 간에 서로 배려하는 태도를 가져야 합니다.

개념 확인하기   41쪽

| 1 ㉢ | 2 ㉡ | 3 ㉡ | 4 ㉢ | 5 ㉠ |

1 지식과 정보가 사회의 가장 중요한 자원이 되는 현상을 정보화라고 합니다.

2 정보화 사회에서는 실시간으로 교통 정보를 얻어 빠른 길로 갈 수 있습니다.

3 저작권은 창작물을 만든 사람이 창작물에 대해 갖는 권리입니다.

4 세계 여러 나라가 다양한 분야에서 교류하고 가까워지면서 서로 영향을 주고받는 것을 세계화라고 합니다.

5 세계 여러 나라가 서로 교류하고 가까워지면서 전통문화가 사라지고 여러 문화가 비슷해지고 있는 문제가 발생하기도 합니다.

실력 평가   42~43쪽

| 1 ①, ② | 2 ③ | 3 (2) ○ | 4 ㉡ | 5 ㉢ |
| 6 ④ | 7 (1) ㉡, ㉣ (2) ㉠, ㉢ | 8 윤서 | 9 ⑤ |
| 10 ㉡, ㉣ |

1 사회 변화에 따라 사람들의 생활 모습이 크게 바뀌고 있습니다.

2 제시된 그래프의 가로축은 아이들이 태어난 연도를, 세로축은 그해에 태어난 아이 수를 뜻합니다.

3 옛날의 학교는 학생 수가 많아서 오전반, 오후반으로 나누어 운영하기도 했습니다.

4 ㉠은 2000년대 포스터, ㉡은 1980년대 포스터, ㉢은 2010년대 포스터입니다.

5 기초 연금은 노후 보장과 복지 향상을 위해 소득이 높지 않은 어르신에게 일정 금액을 지급하는 제도입니다.

6 정보화에 따라 우리는 언제 어디서나 쉽고 빠르게 정보를 얻을 수 있게 되었습니다.

7 옛날에는 버스가 언제 올지 몰라서 답답한 경우가 많았지만 오늘날에는 스마트폰을 이용하여 버스 도착 시간을 실시간으로 알 수 있습니다.

8 정보화 사회에서 나타나는 문제점을 해결하기 위해 개인은 인터넷과 스마트폰의 올바른 사용 습관을 기르려고 노력할 수 있습니다.

9 세계화로 세계 여러 나라에서 만든 다양한 물건을 더 싸고 쉽게 살 수 있게 되었고, 세계의 다양한 문화를 접할 수 있게 되었습니다.

10 ㉠은 저출산과 관련 있고, ㉢은 고령화와 관련 있습니다.

서술형·논술형 평가   44~45쪽

1 (1) 예 요양원, 노인 전문 병원

(2) (가) ○

(3) 예 샌드위치, 쌀국수 등 다양한 나라의 음식을 파는 가게가 많이 생겨났다.

2 (1) ㉠

(2) 예 우리 사회에서 저출산·고령화 현상이 일어나고 있기 때문이다.

3 (1) ㉡

(2) 은우

(3) 예 음악 파일이나 동영상 파일을 불법으로 내려받지 맙시다. 확신할 수 없는 정보를 함부로 퍼뜨리지 맙시다.

4 (1) 세계화

(2) 수연

(3) 예 세계 여러 나라의 물건을 쉽게 살 수 있다. 세계 여러 나라의 다양한 문화를 접할 수 있다.

1 (1) 오늘날 늘어나는 노인을 위한 시설인 노인 전문 병원, 노인정 등이 많아지고 있습니다.

(2) 과학 기술이 발달하여 인터넷을 사용하는 사람들이 많아졌습니다.

(3) 한 사회의 여러 분야에서 이미 있어 온 것들이 새롭게 바뀌고 사람들의 생활 모습이 달라지는 것을 사회 변화라고 합니다.

채점 기준		
(1)	'요양원', '노인 전문 병원' 등을 정확히 씀.	2점
(2)	㈎에 ○표를 함.	2점
(3)	**정답 키워드** 나라 | 음식 | 가게 '샌드위치, 쌀국수 등 다양한 나라의 음식을 파는 가게가 많이 생겨났다.' 등의 내용을 정확히 씀.	4점
	㉢, ㉣과 관련 있는 예전에 비해 달라진 마을의 모습을 썼지만 표현이 부족함.	2점

2 (1) 저출산에 따른 학생 수의 감소는 전국 대부분 지역에서 뚜렷하게 나타나고 있습니다.

(2) 저출산·고령화 현상에 따라 초등학생 수가 줄어들고, 활동하는 노인들이 늘어나고 있습니다.

채점 기준		
(1)	'㉠'이라고 정확히 씀.	2점
(2)	**정답 키워드** 저출산 | 고령화 '우리 사회에서 저출산·고령화 현상이 일어나고 있기 때문이다.' 등의 내용을 정확히 씀.	6점
	신문 기사와 같은 현상이 나타나는 까닭을 썼지만 표현이 부족함.	3점

3 (1) 정보화로 인해 개인 정보 유출과 감시, 인터넷 중독, 사이버 범죄 등의 문제가 발생하고 있습니다.

(2) 정보 통신 기술의 발달로 지식과 정보가 생활의 중심이 되는 정보화 사회로 변화하고 있습니다.

(3) 인터넷을 이용할 때 영화 파일이나 프로그램을 불법으로 내려받아 남에게 피해를 주는 경우도 있습니다.

채점 기준		
(1)	'㉡'이라고 정확히 씀.	2점
(2)	'은우'라고 정확히 씀.	2점
(3)	**정답 키워드** 불법 | 내려받다 '음악 파일이나 동영상 파일을 불법으로 내려받지 맙시다.', '확신할 수 없는 정보를 함부로 퍼뜨리지 맙시다.' 등의 내용을 정확히 씀.	6점
	사이버 예절 규칙을 썼지만 표현이 부족함.	3점

4 (1) 오늘날에는 교통과 통신수단의 발달로 세계가 하나로 연결되었습니다.

(2) 세계화의 영향으로 우리의 생활 모습은 다양하게 변화하고 있습니다.

> **왜 틀렸을까?**
> 하진: 저출산과 관련 있는 설명입니다.
> 지희: 고령화와 관련 있는 설명입니다.

(3) 세계화로 발생하는 문제는 한 나라의 노력만으로 해결할 수 없으므로 세계 시민 모두가 공동체 의식을 지니고 문제를 해결하려고 노력해야 합니다.

채점 기준		
(1)	'세계화'라고 정확히 씀.	2점
(2)	'수연'이라고 정확히 씀.	2점
(3)	**정답 키워드** 물건 | 문화 '세계 여러 나라의 물건을 쉽게 살 수 있다.', '세계 여러 나라의 다양한 문화를 접할 수 있다.' 등의 내용을 정확히 씀.	6점
	세계화의 긍정적인 영향을 썼지만 표현이 부족함.	3점

❷ 다양한 문화에 대한 이해와 존중

개념 확인하기				46쪽
1 ㉡	2 ㉠	3 ㉡	4 ㉡	5 ㉡

1 문화는 의식주, 언어, 종교 등 한 사회의 구성원늘이 가지고 있는 공통의 생활 방식입니다.

2 문화는 사람들이 주어진 환경에 적응하거나 환경을 극복하면서 만들어 온 것입니다.

3 우리가 밥을 먹는 것은 식생활과 관련 있는 문화입니다.

4 사람들이 사는 환경과 사는 방식이 다르기 때문에 식사 모습도 다르게 나타납니다.

5 자연환경에 따라 집의 모습이 다양하게 나타납니다.

개념 확인하기				47쪽
1 ㉠	2 ㉢	3 ㉡	4 ㉠	5 ㉡

1 편견과 차별은 사람들 사이에 갈등과 문제를 일으킵니다.

2 차별은 편견을 가지고 대상을 구별하고 다르게 대우하는 것입니다.

3 직업을 구할 때 성별을 이유로 차별을 받는 경우가 있습니다.

4 서로 다른 문화가 편견 없이 받아들여지고 함께할 때, 우리의 문화가 더욱 풍부해지고 다양해집니다.

5 우리는 사회 곳곳에서 다양한 문화를 존중하려 노력하고 있습니다.

실력 평가　　48~49 쪽

1 ①	**2** ④	**3** 성후	**4** ③, ⑤	**5** ③
6 ④	**7** ①	**8** ㉡	**9** 캠페인	
10 (2) ○ (3) ○				

1 문화는 사람들이 주어진 환경에 적응하거나 환경을 극복하면서 만들어 온 것입니다.

3 우리나라 사람들은 추석에 반달 모양의 송편을 빚어 먹고 차례를 지냅니다. 그리고 겨울에 가족들과 함께 김장을 합니다.

4 세계화의 영향으로 피부색, 언어, 종교, 출신 지역 등이 다른 사람들이 점점 늘어나면서 우리는 이전보다 더 다양한 문화를 접하게 되었습니다.

5 우리나라에 머무는 외국인 수가 늘어나고 있는데 그중 외국에서 우리나라로 일을 하러 오는 근로자들도 많습니다.

6 직업을 구할 때 나이, 성별, 외모 등이 판단의 기준이 되어서는 안 됩니다.

7 식사할 때 수저를 사용하지 않는 것은 문화의 차이이며, 나라마다 식사 문화는 다를 수 있습니다.

8 모든 사람의 피부색이 '살색'이 아니기 때문에 '살색'이라는 말은 피부색에 따라 사람을 차별할 수 있는 말이 될 수 있습니다.

9 우리 사회는 편견과 차별이 없는 세상을 만들려고 다양한 노력을 하고 있습니다.

10 유니버설 디자인을 적용하면 디자인을 바꾸는 것만으로도 모든 사람이 함께 시설을 이용할 수 있게 됩니다.

서술형·논술형 평가　　50 쪽

1 (1) 문화

(2) ㉠

(3) 예 물 위에 나무로 만들었다.

2 (1) ㉠

(2) ㉣

(3) 예 사람들이 자신의 능력을 발휘하지 못해 사회의 발전이 늦어진다. 사회 분위기가 나빠진다.

1 (1) 문화는 한 사회의 사람들이 지니고 있는 공통의 생활 방식입니다.

(2) 더운 지역과 추운 지역에서 입는 전통 의상은 다릅니다.

(3) ㉠은 더운 지역, ㉡은 추운 지역에서 입는 옷차림입니다. ㉢은 이동식 집이고, ㉣은 물 위에 지은 수상 가옥입니다.

채점 기준		
(1)	'문화'라고 정확히 씀.	2점
(2)	'㉠'이라고 정확히 씀.	2점
(3)	**정답 키워드** 물 | 나무 '물 위에 나무로 만들었다.' 등의 내용을 정확히 씀.	4점
	수상 가옥의 모양이 어떠한지 썼지만 표현이 부족함.	2점

2 (1) 우리 주변에는 피부색, 언어, 종교, 출신 지역, 성별, 나이, 장애, 외모 등을 이유로 편견이나 차별을 받는 사람들이 있습니다. 차별을 받으면 부당한 대우에 화가 나고, 존중받지 못한다는 생각이 들 수 있습니다.

(2) 일할 사람을 뽑을 때에는 일과 관련한 기준을 적용해야 합니다.

(3) ㉠은 장애에 대한 차별, ㉡은 남녀에 대한 차별, ㉢은 나이에 대한 차별, ㉣은 임신이나 출산에 대한 차별을 보여 주고 있습니다.

채점 기준		
(1)	'㉠'이라고 정확히 씀.	2점
(2)	'㉣'이라고 정확히 씀.	2점
(3)	**정답 키워드** 발전 | 분위기 '사람들이 자신의 능력을 발휘하지 못해 사회의 발전이 늦어진다.', '사회 분위기가 나빠진다.' 등의 내용을 정확히 씀.	6점
	편견과 차별이 지속될 때 나타날 수 있는 사회적인 문제를 썼지만 표현이 부족함.	3점

온라인 학습 단원평가의 **정답**과 함께 **문항 분석**도 확인하세요.

51~53쪽

단원평가

문항 번호	정답	평가 내용	난이도
1	④	사회 변화의 모습 알기	쉬움
2	③	초등학교의 변화 알기	보통
3	②	저출산으로 인한 변화 알기	보통
4	④	저출산의 영향 알기	보통
5	①	고령화의 영향 알기	보통
6	⑤	고령화에 대비하는 방법 알기	보통
7	③	정보화에 대해 알기	쉬움
8	⑤	정보화 사회의 특징 알기	쉬움
9	②	정보화 사회의 문제 알기	어려움
10	①	정보화 사회의 문제 알기	보통
11	⑤	세계화의 배경 알기	보통
12	①	세계화의 영향 알기	어려움
13	③	문화의 의미 알기	쉬움
14	①	문화의 모습 알기	보통
15	①	편견과 차별 사례 알기	어려움
16	⑤	편견과 차별 사례 알기	보통
17	①	성별에 따른 차별 알기	쉬움
18	①	교실에서 발생하는 편견과 차별 알기	어려움
19	⑤	편견과 차별을 해결하는 기관 알기	보통
20	⑤	편견과 차별을 해결하는 방법 알기	쉬움

온라인 학습북 48~53쪽

1 저출산, 고령화 등은 인구 변화에 따라 나타나는 사회 변화 모습입니다.

2 옛날의 초등학교에는 학생 수가 많았기 때문에 오전반, 오후반으로 나누어서 운영하기도 했습니다.

3 오늘날의 가족계획 포스터를 보면 저출산으로 인해 아이를 많이 낳으라고 권하고 있습니다.

4 계속된 저출산으로 일할 사람이 줄어들고 있으며, 우리나라의 경제 성장에도 걸림돌이 되고 있습니다.

6 고령화에 대비하기 위해 노인들을 위한 복지 제도를 늘려야 하고, 노인들이 사회 활동을 할 수 있도록 지원해야 합니다.

7 정보화는 사회가 발전하는 데 정보가 중요한 자원이 되어 사회가 크게 변화하는 것입니다.

8 정보화 사회에서는 사람들이 원하는 정보를 쉽고 빠르게 얻게 되어 생활이 편리해졌습니다.

9 정보화 사회에서 사이버 폭력, 저작권 침해, 해킹 등의 사이버 범죄가 매우 심각해지고 있습니다.

10 다른 사람이 만든 저작물을 허락 없이 사용하면 만든 사람에게 손해를 끼치게 됩니다.

11 세계화란 교통·통신수단이 발달하면서 세계 여러 나라들이 다양한 분야에서 교류하고 가까워지는 것을 말합니다.

12 사람들은 '지구촌 전등 끄기 행사'에 참여해서 다 같이 불을 끄고 환경의 소중함을 생각합니다.

14 문화는 사람들이 가지고 있는 공통의 생활 방식을 말합니다. 이러한 생활 방식은 사람들이 오랜 시간을 함께 생활하면서 만들어지고 전해져 내려온 것입니다.

16 준혁이는 음식을 먹을 때 수저를 꼭 써야 한다고 생각하는데, 그것은 공정하지 못하고 한쪽으로 치우친 생각입니다.

17 제시된 그림에는 성별 때문에 부당한 대우를 받는 모습이 담겨 있습니다. 이와 같은 차별은 남자와 여자가 하는 일이 따로 있다고 생각하기 때문에 나타나게 됩니다.

18 제시된 일기에서 여학생은 축구를 못한다는 편견과 남학생은 여학생보다 축구를 잘할 것이라는 편견을 찾아볼 수 있습니다.

19 다문화 가족 지원 포털(다누리), 무지개 청소년 센터, 국가인권위원회 등은 편견과 차별을 없애기 위해 노력하는 기관입니다.

온라인 학습 단원평가의 **정답**과 함께 **문항 분석**도 확인하세요.

단원평가 기말 범위　　　　54~56쪽

문항 번호	정답	평가 내용	난이도
1	①	상품의 생산지(원산지)를 확인하는 방법 알기	쉬움
2	②	경제 교류가 이루어지는 까닭 알기	보통
3	⑤	직거래 장터의 좋은 점 알기	보통
4	①	기술 협력의 좋은 점 알기	보통
5	④	경제 교류를 조사하는 방법 알기	어려움
6	①	경제 교류의 종류 알기	보통
7	③	지역의 대표 상품을 소개하는 방법 알기	쉬움
8	②	저출산으로 나타나는 현상 알기	쉬움
9	④	저출산에 대한 대응 알기	보통
10	①	고령화로 나타나는 현상 알기	쉬움
11	③	고령화에 대한 대응 알기	보통
12	②	정보화 사회의 문제점과 해결 방안 알기	보통
13	④	세계화의 사례 알기	보통
14	②	세계화의 긍정적인 영향 알기	어려움
15	⑤	문화의 특징 알기	어려움
16	⑤	다양한 문화의 차이점 알기	쉬움
17	⑤	편견을 가지면 안 되는 까닭 알기	어려움
18	③	장애에 대한 차별 알기	보통
19	③	편견과 차별을 해결하는 방법 알기	쉬움
20	④	편견과 차별을 해결하는 방법 알기	보통

1 상품의 가격만으로는 상품이 어디에서 왔는지 알 수가 없습니다.

2 지역마다 자연환경이 다르기 때문에 각 지역의 풍부한 생산물을 중심으로 경제 교류를 하고 있습니다.

3 직거래로 생산자는 상품의 판매 소득을 높일 수 있고, 소비자는 싸게 상품을 살 수 있습니다.

4 기술 협력으로 기술과 아이디어를 공유하고 새로운 상품을 개발해 경제적 이익을 얻을 수 있습니다.

5 지역 누리집에서 지역 간에 경제 교류를 하며 협력하는 사례를 찾아볼 수 있습니다.

6 시장이나 대형 할인점에서는 우리나라의 여러 지역이나 다른 나라에서 생산된 상품이 교류됩니다.

7 대표 상품의 특징을 바탕으로 사람처럼 캐릭터를 만들어 소개할 수 있습니다.

8 매년 초등학생 수가 줄어드는 까닭은 저출산과 관련이 있습니다.

9 저출산 현상을 극복하기 위해 아이를 낳아 기르는 데 필요한 비용을 지원하고, 제도를 마련합니다.

10 노인 인구가 많아지면서 노인들을 위한 시설이 늘어나고 있습니다.

11 고령화 사회에 대비하여 자신의 노후 생활을 미리 준비하면 안정적인 노후 생활을 할 수 있습니다.

12 다른 사람이 만든 창작물을 허락 없이 사용하면 만든 사람에게 손해를 끼칠 수 있습니다.

13 오늘날에는 교통과 통신수단이 발달하여 국가 간에 사람, 상품, 서비스, 문화 등을 교류합니다.

14 세계화로 세계의 다양한 물건을 더 싸고 쉽게 살 수 있고, 다양한 문화를 접할 수 있게 되었습니다.

15 문화는 지역, 나이, 성별 등에 따라 다양하게 나타납니다. 서로 다른 문화를 존중해야 합니다.

16 왼쪽 그림에서는 젓가락을 사용하고 있지만, 오른쪽 그림에서는 포크와 나이프를 사용하고 있습니다.

17 우리말을 잘하고 못하고는 피부색과 관련이 없습니다.

18 소정이는 휠체어를 타고 있는데 고속버스에 탈 수 없어 장애에 대한 차별을 받고 있습니다.

19 편견과 차별을 해결하려 노력할 때 사회에 다양한 문화가 어우러져 더 좋은 사회가 될 수 있습니다.

20 편견과 차별을 없애려면 일상생활에서 도움이 필요한 사람들을 적극적으로 도와주어야 합니다.

영어 알파벳 중에서 가장 위대한 세 철자는
N, O, W
곧 지금(NOW)이다.

The three greatest English alphabets are N, O, W,
which means now.

월터 스콧

언젠가는 해야지, 언젠가는 달라질 거야!
'언젠가는'이라는 말에 자신의 미래를 맡기지 마세요.
해야 할 일, 하고 싶은 일은 지금 당장 실행에 옮기세요.
가장 중요한 건 과거도 미래도 아닌 바로 지금이니까요.

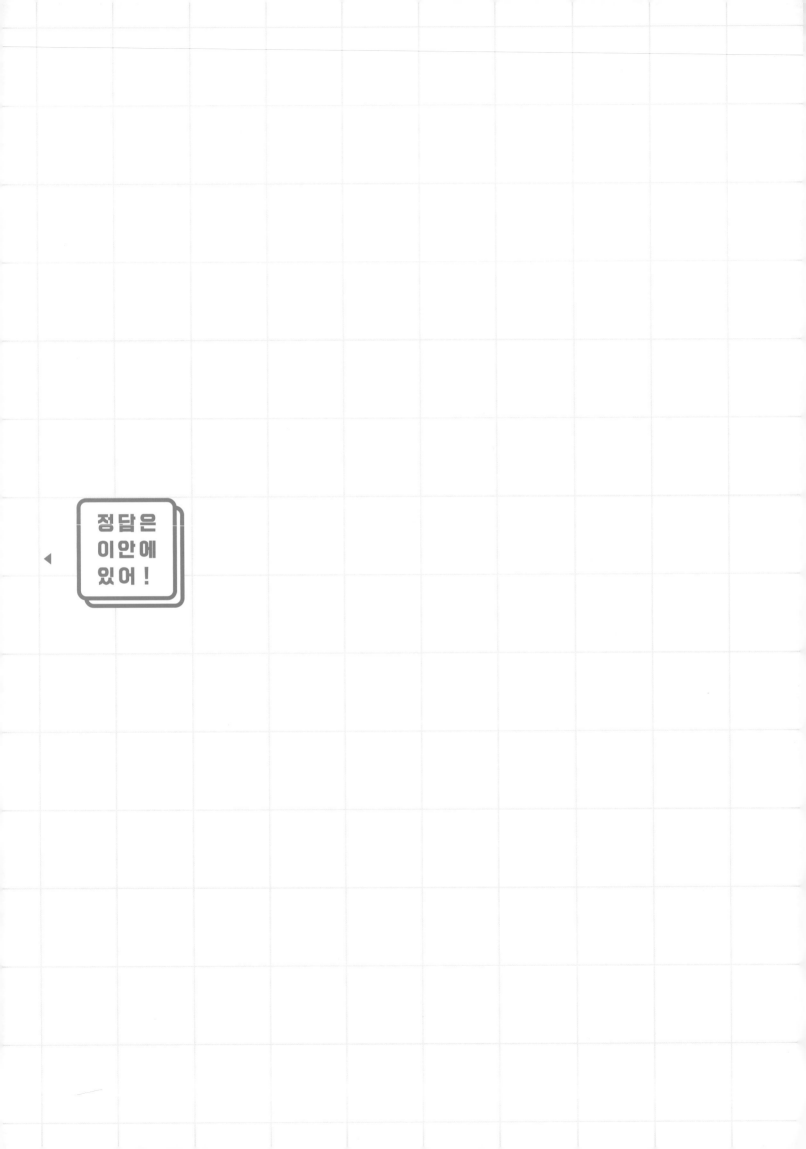

정답은
이안에
있어!

어떤 교과서를
쓰더라도 언제나

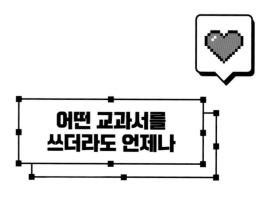

어떤 교과서를
쓰더라도 언제나

우리 아이만
알고 싶은
상위권의
시작

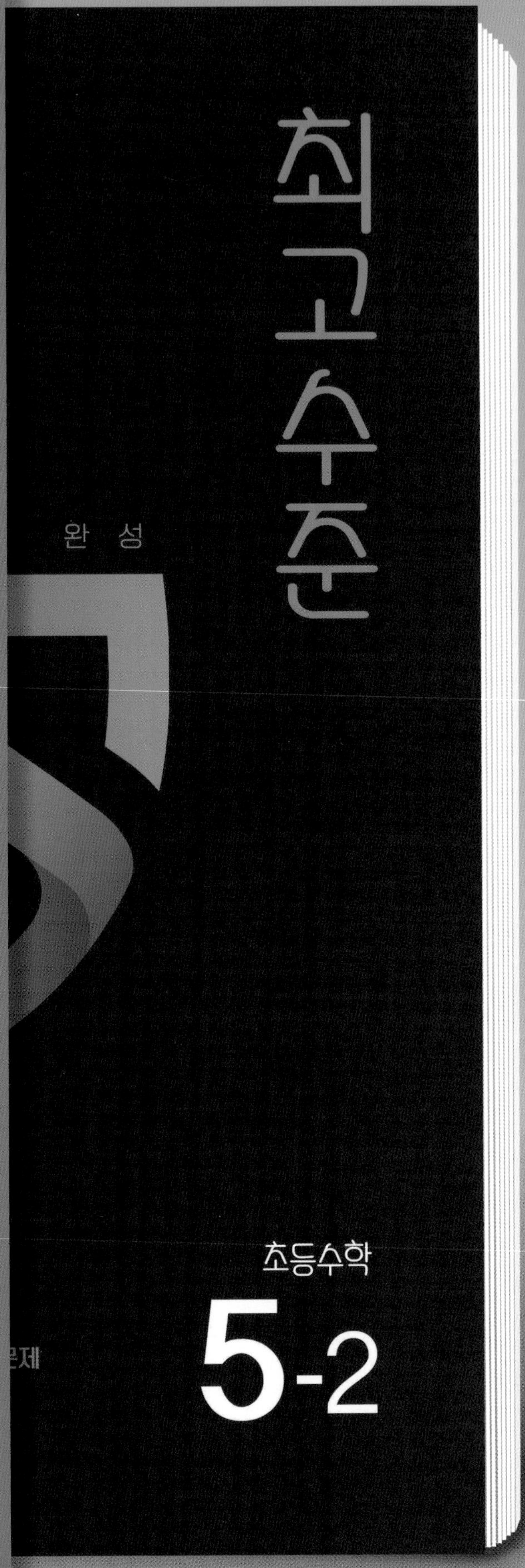

완 성

최고수준

초등수학

5-2

최고를
경험해 본 아이의 성취감은
학년이 오를수록
빛을 발합니다

* 1~6학년 / 학기 별 출시
동영상 강의 제공

손과 뇌가 좋아하는 **교과 퍼즐**

창의가 바삭

쿠키

기획·디자인 **진선주**

손과 뇌가 좋아하는 교과 퍼즐 창의가 바삭 쿠키를 소개합니다.

미션을 완성하며
창의력, 사고력을 키워요!

자투리 시간을
슬기롭게 보내요!

긍정 발랄 라미

모든 일을 해결하는 활발한 오지랖 대마왕

도도 시크 모모

까칠하지만 수줍어하는 은근 츤데레

유리 멘탈 네네

겁도 많고 마음도 여린 순둥이

호기심 대장 별

사고뭉치지만 독특한 아이디어 왕

혼자서도 재미있고
함께해도 신나요!

자유롭게 펼쳐서
마음대로 해 봐요!

좋아 싫어 리스트

내가 좋아하는 것과 싫어하는 것을 적어 보세요.

좋아해 👍

1

2

3

4

5

정말 좋아!

I love it!

싫어해 👎

1

2

3

4

5

Oh, no!

너무 싫어!

3

단어 게임

주어진 모음과 자음을 사용해 단어를 완성하세요. 아래 그림이 힌트예요. (정답 51쪽)

모음 ㅏㅑㅓㅕㅗㅛㅜㅠㅡㅣ 자음 ㄱㄴㄷㄹㅁㅂㅅㅇㅈㅊㅋㅌㅍㅎ

1
ㄹ ㅍ ㅕ ㄴ ㅣ ㅇ

| 연 | 필 |

2
ㄱ ㅈ ㅓ ㅈ ㄴ ㅏ ㅓ

| | | |

3
ㄹ ㅏ ㄷ ㅅ ㅣ ㅏ

| | | |

4
ㄲ ㅏ ㅅ ㄴ ㅣ

| | |

5
ㄱ ㄲ ㅓ ㅗ ㄸ ㅇ ㅣ

| | | |

6
ㅁ ㅏ ㄴ ㅈ ㅕ ㅈ ㅇ

| | | |

글자 알 뽑기

'여름'하면 무엇이 생각나나요? 글자를 뽑아서 빈칸을 채워 보세요.

수 영 복

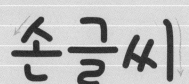
손글씨
연습장

나의 손글씨는 어떻게 생겼나요?
여러가지 손글씨를 연습해 보세요.

나의 이름을 써 보세요.

안녕, 내 이름은

안녕, 내 이름은

안녕, 내 이름은

안녕, 내 이름은

어른 글씨

축하해요!

축하해요!

HELLO!

HELLO!

귀여운 글씨

사랑해요.

사랑해요.

1 2 3
4 5 6
7 8 9

봄이 오나 봐.

봄이 오나 봐.

별 연습하기

☆ ☆

☆

시인 글씨

그림 퀴즈

그림을 보고 떠오르는 단어를 알아맞혀 보세요. (정답 51쪽)

1

#도마

#뱀

도	마	뱀

2

#종

3

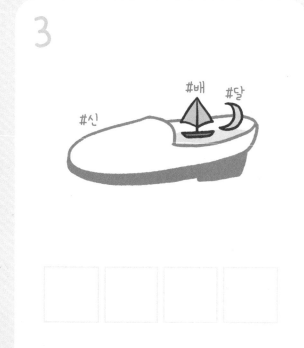

#신

#배 #달

4

스파

대체 뭐가
보인다는 거야?

뭐가 보이니?

사물을 눈으로 볼 때 실제와 다르게 느끼는 것을 착시 현상이라고 해요.
그림에 뭐가 보이나요? 내가 원하는 그림으로 보이도록 색칠해서 완성해 보세요.

마음의 문을
열어 봐.

아니, 이런 일이!

말풍선을 채워서 만화를 완성해 보세요.

상자는 몇 개일까?

택배가 와서 밖으로 나가 보니 상자가 쌓여 있네요.
상자는 모두 몇 개일까요? (정답 51쪽)

정답: 개

모양 추리 게임

어떤 악기일까요? 계속 보고 있으면 아름다운 소리를 내는 어떤 물건이 보일 거예요. (정답 51쪽)

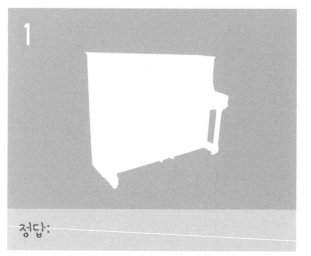

1

정답:

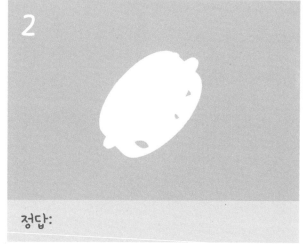

2

정답:

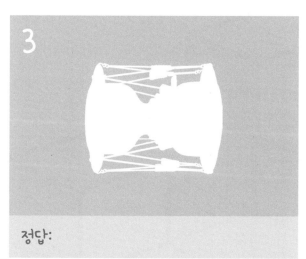

3

정답:

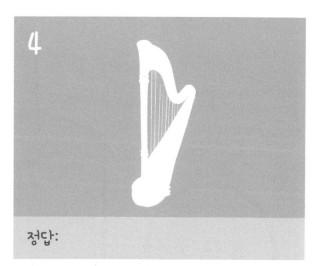

4

정답:

5

정답:

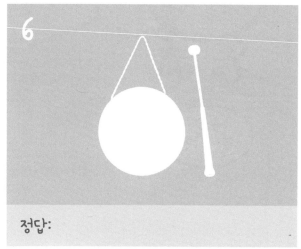

6

정답:

정답: 피아노, 장구, 큰북, 하프, 첼로(바이올린), 징

속담 퀴즈

그림이 설명하는 속담을 알아맞혀 보세요. (정답 52쪽)

1

#계란

#바위

계란으로

2

#재

#밥

3

너 미워!

#떡

알았으니까
한 개 더 줘!

13

나의 **감정** 그리기

선만으로도 기분을 표현할 수 있는 걸 아나요? 여러가지 감정을 선으로 마음껏 표현해 보세요.

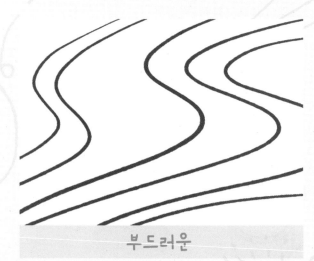

부드러운

혼란스러운

행복한

화난

느긋한

문어 낱 말 퀴즈

문어가 엉망으로 만들어 놓은 글자들을 나열해 빈칸을 채워 보세요. (정답 52쪽)

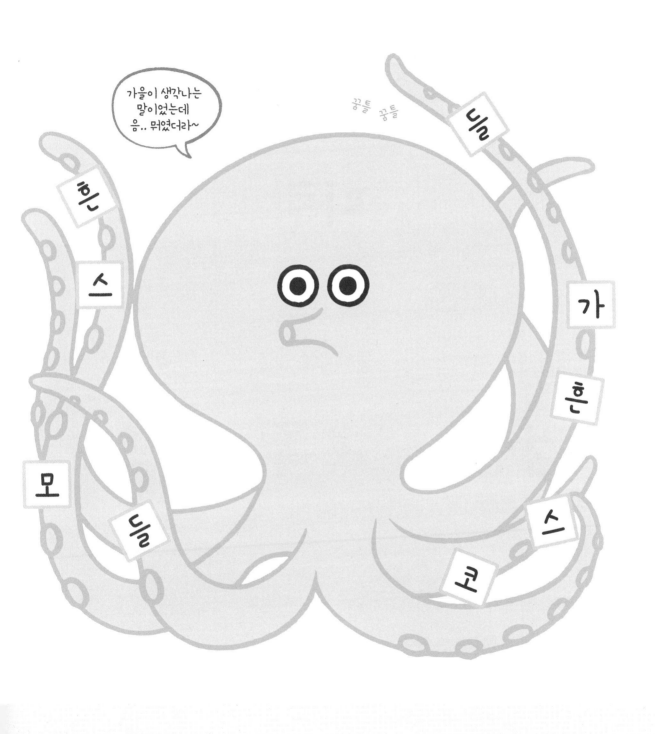

 # 3초 퀴즈

창의융합 #뇌운동 #손발력

세상에서 가장 쉬운 3초 퀴즈! 질문에 맞는 정답을 3초 안에 외쳐 보세요.
생각보다 쉽지 않을 걸요. (정답 52쪽)

헉!
헷갈린다!

1 글자 무슨 색? 빨강	**2** 글자 무슨 색? 파랑	**3** 글자 무슨 색? 노랑
4 글자 무슨 색? 검정	**5** 글자 무슨 색? 초록	**6** 글자 읽어 봐! 보라
7 손가락 몇 개? 	**8** 파란 구슬 몇 개? 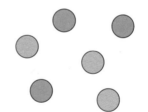	**9** 틀린 곳을 찾아라! 

16

풍선 타고 두둥실 🎈

수막 #덧셈 #계산력

풍선 한 개는 1kg을 하늘에 뜨게 할 수 있어요.
라미, 네네, 모모를 태운 바구니가 하늘로 떠오르려면 몇 개의 풍선이 필요할까요? 필요한 만큼의 풍선을 색칠해 보세요.
(정답 53쪽)

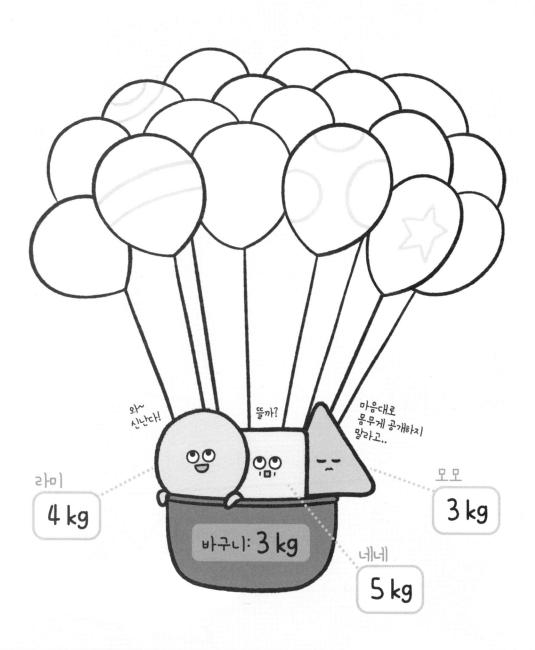

와~
신난다!

뜰까?

마음대로
몸무게 공개하지
말라고..

라미
4 kg

바구니: 3 kg

네네
5 kg

모모
3 kg

정답 [　　　　　　] 개

17

그러데이션 만들기

딱 어떤 색깔이라고 말하기 힘든 예쁜 단풍이나 노을진 하늘을 본 적이 있나요?
색깔이 한쪽은 짙고 다른 쪽으로 갈수록 점점 옅게 나타나는 것을 '그러데이션'이라고 해요.
손의 힘을 점점 빼면서 색연필로 여러 가지 그러데이션을 만들어 보세요.

연습

1 2 3 4 5

칸 별로 점점 연하게 칠해 보세요.

힘을 점점 빼면서..

이번엔 두 가지 색으로!

 빨강+노랑 파랑+노랑 초록+노랑 보라+분홍

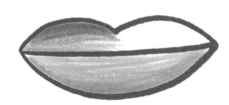 

몇 시에 만날까?

두 시계 바늘이 가장 가까워지는 시간은 언제일까요? (정답 53쪽)

마음이 아른아른

사람 또는 사물의 모양이나 움직임을 흉내 낸 말을 '의태어'라고 해요.
의태어를 보고 생각나는 단어나 나만의 느낌을 써 보세요.

반짝반짝.. 하늘의 별, 너의 눈동자, 아이디어!

데굴데굴..

흔들흔들..

느릿느릿..

울긋불긋..

보송보송..

울퉁불퉁..

소시지 끝말잇기

줄줄이 소시지에 끝말잇기 단어를 넣어 보세요.

두 글자 단어

단어 두 개

둘 중 하나 골라서 이어 가기!

완성!

글씨체 만들기

글자의 모양으로 단어의 뜻을 표현할 수 있어요. 나만의 글씨체를 만들어 보세요.

1. **빨리빨리** -----

2. **푹신푹신** -----

3. **삐죽삐죽** -----

4. **동글동글** -----

5. **반짝반짝** -----

23

패턴 디자이너

미술 #그리기 #창의력

멋진 옷이나 알록달록 벽지처럼 어떤 모양이 일정하게 반복되는 것을 패턴이라고 해요.
칸을 채워서 나만의 패턴을 만들어 볼까요?

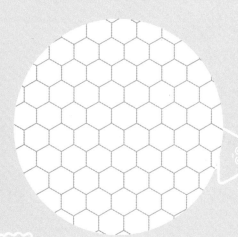

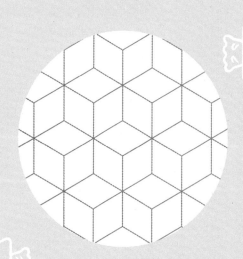

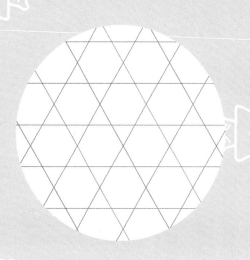

바나나 먹기

친구랑 가위바위보를 해서 이긴 사람만 한 칸을 칠하세요. 색을 많이 칠한 사람이 승!

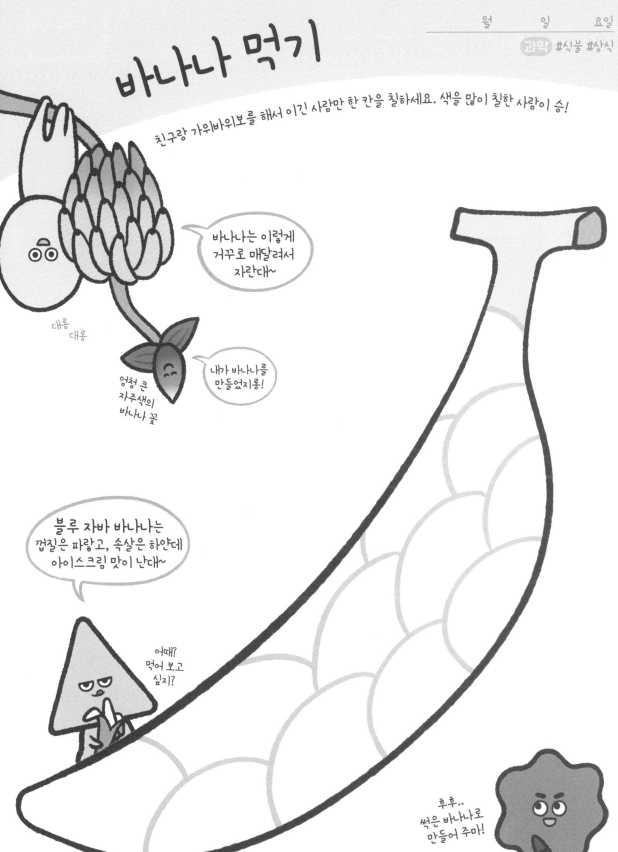

시원한 자몽주스

자몽주스에 얼음을 한 개 넣을 때마다 눈금이 하나씩 올라가요.
눈금의 200만큼 들어있는 자몽주스에 얼음을 넣어서 300까지 올라오도록 만들고 싶다면 얼음을 몇 개 넣어야 할까요?
(정답 53쪽)

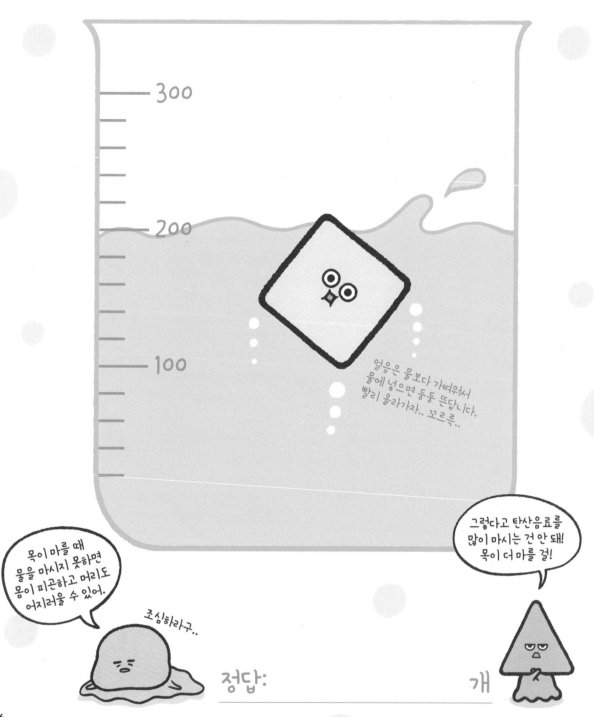

300

200

100

얼음은 물보다 가벼워서
물에 넣으면 둥둥 뜬답니다.
빨리 올라가자.. 꼬르륵..

그렇다고 탄산음료를
많이 마시는 건 안 돼!
목이 더 마를 걸!

목이 마를 때
물을 마시지 못하면
몸이 피곤하고 머리도
어지러울 수 있어.

조심하라구..

정답: _____   개

네 글자 완성하기

빈칸을 채워서 네 글자 단어를 완성해 보세요.

1 호 랑 ☐ ☐

2 ☐ ☐ 구 마

3 감 기 ☐ ☐

4 해 바 ☐ ☐

5 치 즈 ☐ ☐

6 ☐ ☐ 께 끼

7 동 서 ☐ ☐

슈퍼

마켓!

우먼!

27

균형 맞추기

양팔저울은 두 개의 접시 위에 놓인 물건의 무게가 다르면 한 쪽으로 기울어져요.
그림처럼 저울의 균형을 유지하려면 오른쪽 접시에 무엇을 몇 개 놓아야 할까요? (정답 53쪽)
★ 똑같은 캐릭터나 물건을 여러 개 놓아도 괜찮아요. (예. 모모 2명, 우산 2개, 아령 1개)

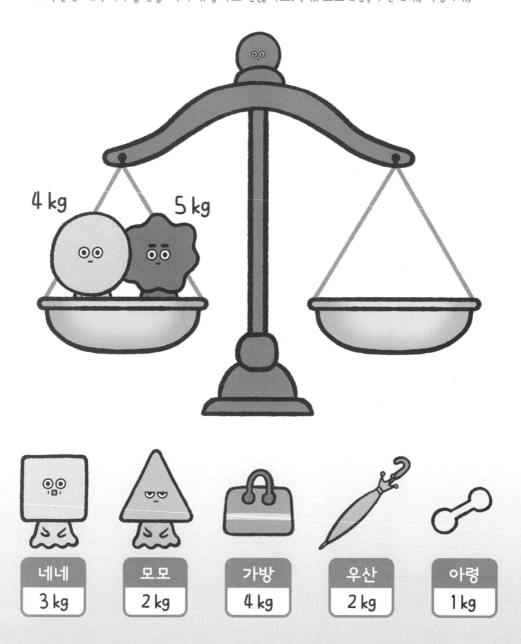

네네	모모	가방	우산	아령
3 kg	2 kg	4 kg	2 kg	1 kg

정답

쉿! 비밀이야

너만 믿고
기다릴게.

놀이터에서 친구와 만나기로 했는데, 몇 시에 만나는지 비밀이래요.
대신 비밀 쪽지를 주더니 구구단의 3단과 6단을 모두 찾으면 약속 시간을 알 수 있대요.
구구단의 3단과 6단을 색칠해서 암호를 풀어 보세요. (정답 54쪽)

8	3	25	5	24	18	30	0	47
13	12	101	7	14	19	1	6	16
43	9	55	10	22	10	5	36	23
2	27	5	11	4	29	21	73	67
26	6	70	20	35	24	100	38	59
44	21	19	13	12	32	98	88	31
17	18	20	76	42	22	46	74	61
82	15	80	62	12	48	27	54	77

언제 만나자는 거지?
그냥 말해 주면 안 되나?

정답: _____ 시

타임

미래의 사람들에게 전달하고 싶은 기록이나 물건을 담는 그릇을
'타임캡슐'이라고 해요.
나의 물건이나 편지를 타임캡슐에 담아 100년 후 누군가에게 전달할 수
있다면 무엇을 담고 싶나요? 그림이나 글로 나만의 타임캡슐을 채워 보세요.

100년 후
외계인이
발견하겠지!?

스피드 3단 퀴즈

주어진 문제를 최대한 빨리 풀어 보세요. 얼마나 걸리나요? (정답 54쪽)

수학 미술 체육 #상식 #덧셈 #계산력

1. 개미 다리 개수는?

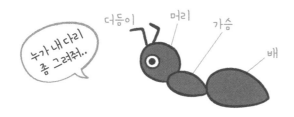

더듬이 머리 가슴 배

누가 내 다리 좀 그려줘..

 개

2. 축구 선수는 모두 몇 명?

손 말고 발로 뻥!

 명

3. 한 시간은 몇 분?

째깍 째깍

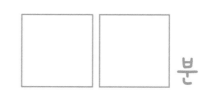 분

모두 더하면 얼마?

31

이행시 짓기

주어진 낱말로 이행시를 지어 보세요.

나 나는 심심할 때

이 이행시를 짓는다.

우

산

누

나

방

귀

장

미

자

두

생

일

어

묵

우

주

인

기

빈 곳에 어떤 모양이 올 차례일까요? (정답 54쪽)

무슨 규칙이 있는 걸까..

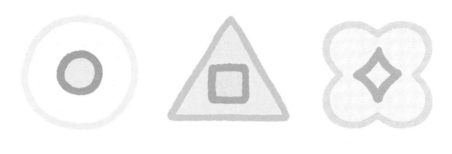

뒤죽박죽 놓인 거 아니었어?

1

2

3

4

문구점에서..

동생에게 10,000원이 든 지갑을 주고 심부름을 시켰어요.
동생이 아래의 물건들을 사서 돌아왔다면, 지갑에는 얼마가 남았을까요? (정답 54쪽)

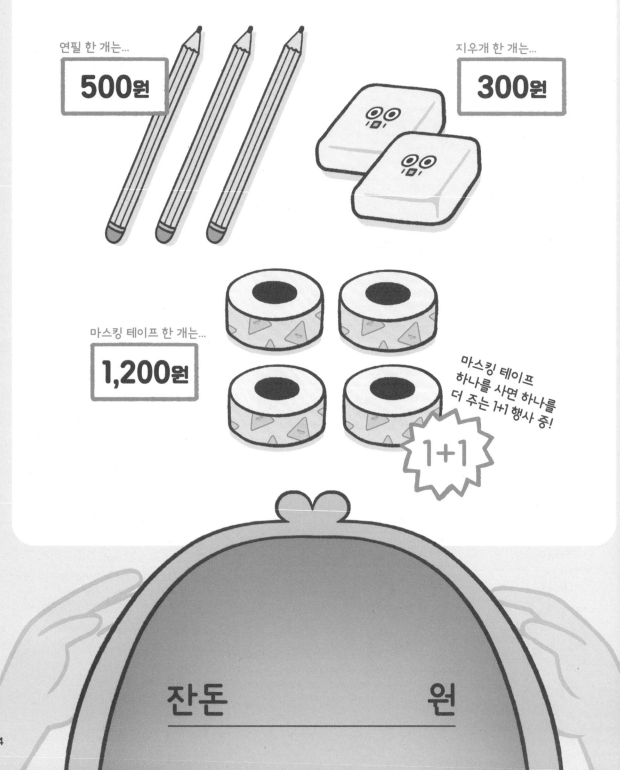

연필 한 개는...

500원

지우개 한 개는...

300원

마스킹 테이프 한 개는...

1,200원

마스킹 테이프 하나를 사면 하나를 더 주는 1+1 행사 중!

1+1

잔돈   원

복불복 호빵 먹기

야채, 팥, 피자, 딸기 호빵이 각각 2개씩 있어요. 8개의 호빵을 라미, 모모, 별, 네네가 사이좋게 2개씩 나누어 먹었어요.
누가 어떤 맛을 먹었을까요? 호빵도 먹음직스럽게 색칠해 보세요. (정답 55쪽)

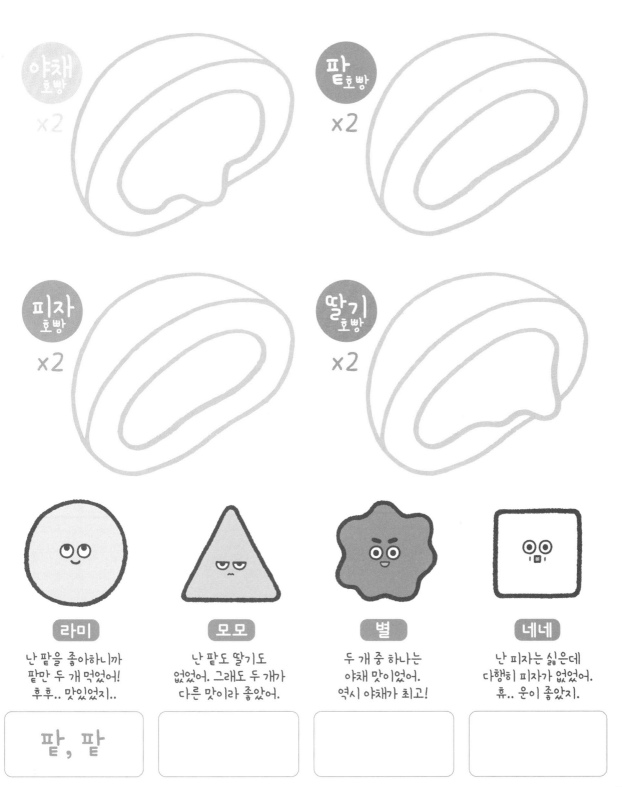

라미

난 팥을 좋아하니까
팥만 두 개 먹었어!
후후.. 맛있었지..

모모

난 팥도 딸기도
없었어. 그래도 두 개가
다른 맛이라 좋았어.

별

두 개 중 하나는
야채 맛이었어.
역시 야채가 최고!

네네

난 피자는 싫은데
다행히 피자가 없었어.
휴.. 운이 좋았지.

팥, 팥

어디일까요?

우리나라의 지역 이름을 알아맞혀 보세요. (정답 55쪽)

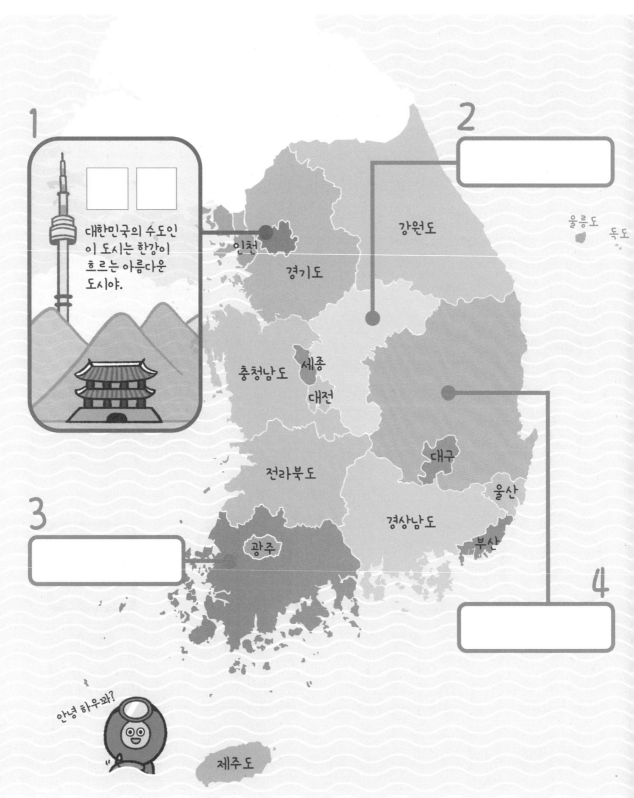

1

대한민국의 수도인 이 도시는 한강이 흐르는 아름다운 도시야.

2

강원도

울릉도

독도

인천

경기도

충청남도

세종

대전

전라북도

대구

울산

경상남도

부산

3

광주

4

안녕 하우꽈?

제주도

길어지는 단어 기차

장소와 관련된 단어를 떠올리며 칸을 채워 보세요.

학교 에 가면   책   도 있고   도 있고   도 있고

도 있지.   도 있고

시장 에 가면   도 있고   도 있고   도 있고

도 있지.   도 있고

바다 에 가면   도 있고   도 있고   도 있고

도 있지.   도 있고

병원 에 가면   도 있고   도 있고   도 있고

도 있지.   도 있고

37

알쏭달쏭 이모티콘

창의융합 #연상 #추리력

친구에게 이야기책을 추천해 달라고 했더니 문자가 왔어요.
그런데 이모티콘을 보고 어떤 이야기인지 맞혀 보래요. 이야기책의 제목은 무엇일까요? (정답 55쪽)

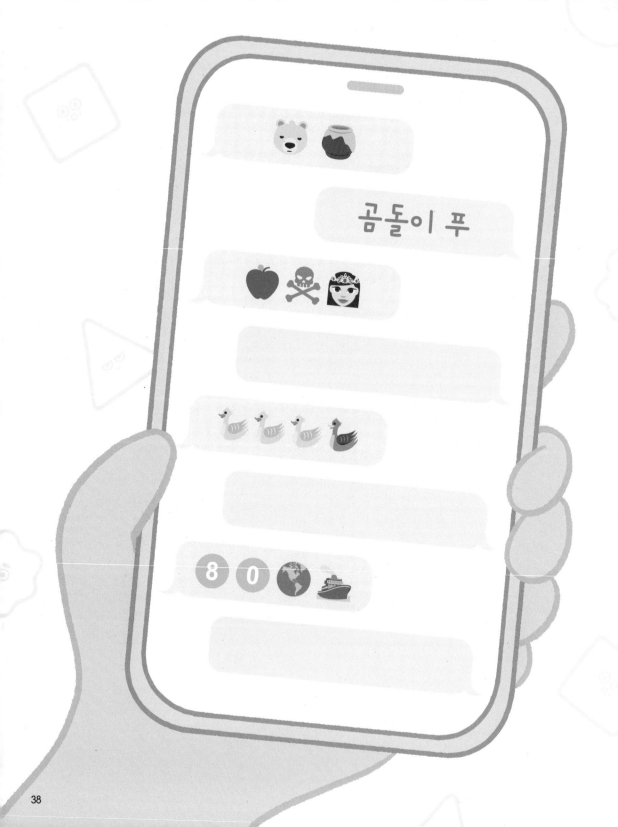

곰돌이 푸

태극기 그리기

가~라 중 태극기를 바르게 그린 것은 무엇일까요? (정답 55쪽)

가

나

다

라

뭐가 먼지
모르겠어!

태극기는
그릴 줄 알지?

정답을 확인한 후 태극기를 바르게 색칠해 보세요.

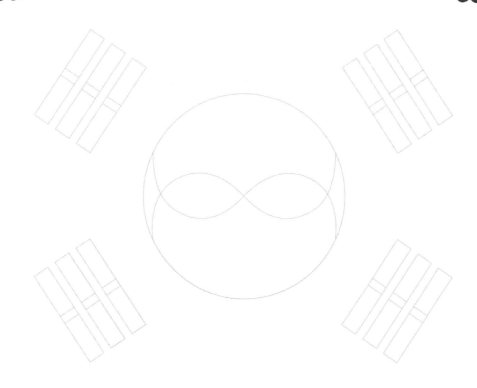

39

세모 아트

물병 속에는 여러가지 모양의 도형이 숨어 있어요.
세모만 찾아서 색칠해 보세요. 멋진 작품이 나타날 걸요~! (정답 56쪽)

이등변 삼각형

마름모

사다리꼴

정삼각형

오각형

평행사변형

잠이 안 와요...

잠이 안 올 때 어떻게 하나요?
나만의 잠들기 비법을 써 보세요.

말똥 말똥

양 한 마리..
양 두 마리..

 하나 따뜻한 우유를 마신다. 그래도 안 되면..

 둘

 셋

 넷

 다섯

 여섯

상추를 먹으면
잠이 온다던... 쿨...

횡단보도 건너기

신호등의 색깔이 초록불로 변했어요. 라미가 어떻게 행동해야 횡단보도를 안전하게 건널까요?
아래의 보기에서 알맞은 말을 골라 빈칸을 채워 보세요. (정답 56쪽)

초록불이 켜졌다고
바로 뛰어가면 안 돼!

1 일단 [ ] [ ] [ ]

2 [ ] [ ] 를
살피기

3 [ ] 을 들고
조심해서 건너기

비오는 날엔 눈에 띄는
밝은 색이나 투명 우산을
쓰면 좋아!

운전하는 어른들에게
더 잘 보이거든~

보기 1. 휴대폰, 멈추기   2. 좌우, 엄마   3. 짐, 손, 돈

42

내가 만드는 창의 놀이

내가 만드는 창의 놀이

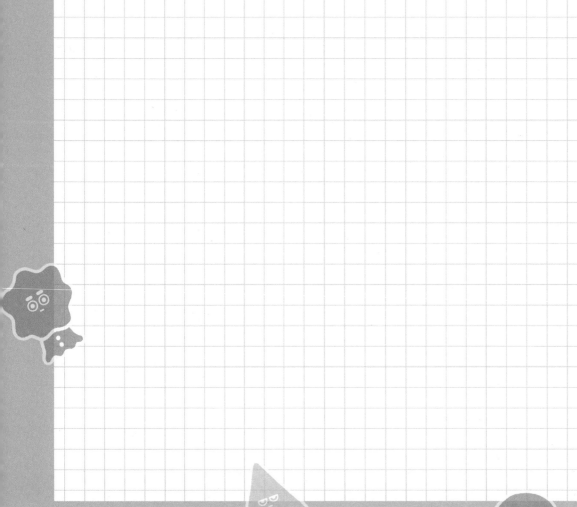

내가 만드는 창의 놀이

내가 만드는 창의 놀이

내가 만드는 창의 놀이

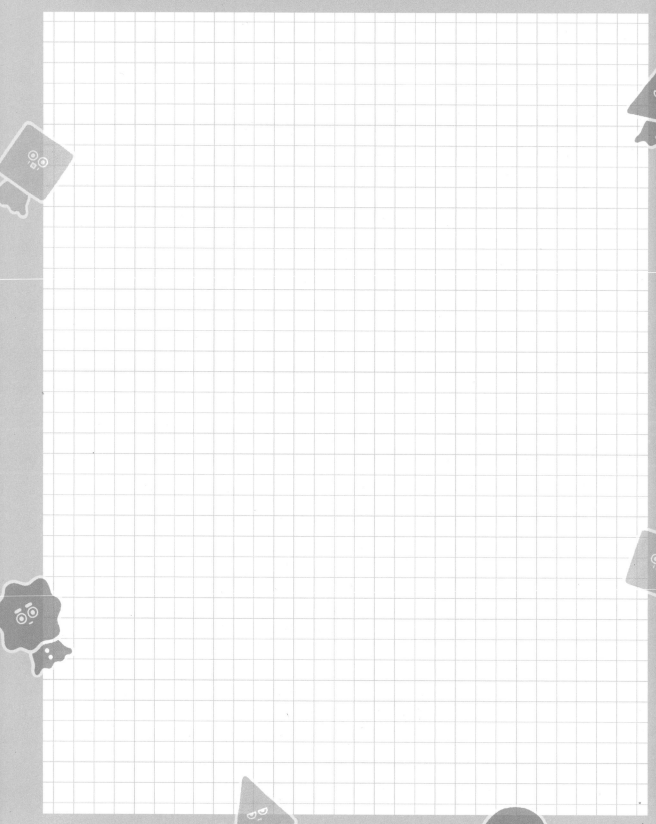

4쪽

단어 게임

주어진 모음과 자음을 사용해 단어를 완성하세요. 아래 그림이 힌트예요.

1	2
ㄹㅍㅕㄴㅣㅇ	ㄱㅈㅓㅈㄴㅏㅓ
연 필	자 전 거

3	4
ㄹㅏㄷㅅㅣㅏ	ㄲㅏㅅㄴㅣ
사 다 리	낚 시

5	6
ㄱㄲㅓㅗㄸㅇㅣㅂ	ㅁㅏㄴㅈㅕㅈㅇㅏ
떡 볶 이	자 장 면

8쪽

그림 퀴즈

그림을 보고 어르르는 단어를 찾아맞혀 보세요.

도 마 뱀   종 달 새

신 속 배 달   스 파 게 티

11쪽

상자는 몇 개일까?

택배가 와서 밖으로 나가 보니 상자가 쌓여 있네요.
상자는 모두 몇 개일까요?

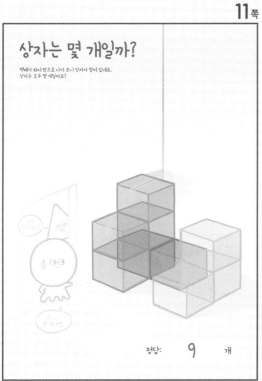

정답: 9 개

12쪽

모양 추리 게임

어떤 악기일까요? 제주 보고 있으면 마음마음 소리를 내는 어떤 물건이 모일 거예요.

1 정답: 피아노	2 정답: 탬버린
3 정답: 장구	4 정답: 하프
5 정답: 바이올린	6 정답: 꽹과리

13쪽

속담 퀴즈

그림이 설명하는 속담을 알아맞혀 보세요.

1. 계란으로 **바위 치기**
2. **다 된 밥에 재 뿌리기**
3. 미운 놈 떡 하나 더 준다.

속담 뜻풀이

1. **계란으로 바위 치기**

   매우 어려운 상황이거나 강한 상대여서
   맞서 싸워도 이길 수 없는 경우를 이르는 말.

2. **다 된 밥에 재 뿌리기(뿌린다.)**

   거의 다 된 일을 끝판에 망치게 되었다는 말.

3. **미운 놈(아이) 떡 하나 더 준다.**

   미워하는 사람일수록 더 잘 대해주고
   나쁜 감정을 쌓지 말아야 한다는 말.

15쪽

문어 낱말 퀴즈

문어가 청말으로 만들어 놓은 글자들을 나열해 빈칸을 내어 보세요.

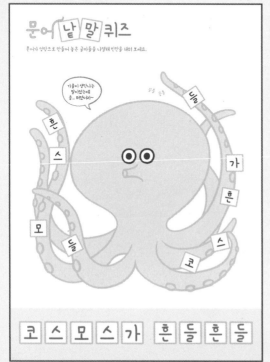

코 스 모 스 가 흔 들 흔 들

16쪽

⏰ 3초 퀴즈

세상에서 가장 쉬운 3초 퀴즈! 질문에 맞는 정답을 3초 안에 외쳐 보세요.
생각보다 쉽지 않을 걸요.

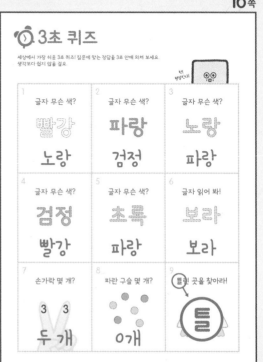

1 글자 무슨 색?	2 글자 무슨 색?	3 글자 무슨 색?
빨강 노랑	**파랑** 검정	**노랑** 파랑
4 글자 무슨 색?	5 글자 무슨 색?	6 글자 읽어 봐!
검정 빨강	**초록** 파랑	**보라** 보라
7 손가락 몇 개?	8 파란 구슬 몇 개?	9 틀린 곳을 찾아라!
3 3 두 개	0개	**틀**

17쪽

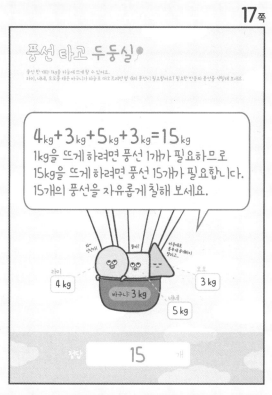

20쪽

26쪽

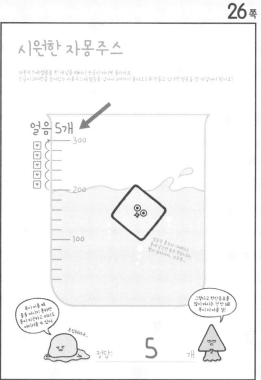

28쪽

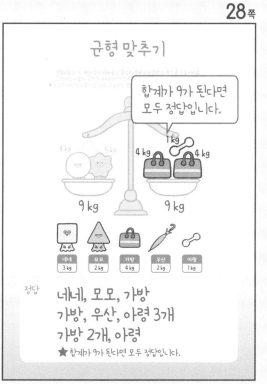

정답

쉿! 비밀이야

놀이터에서 친구와 만나기로 했는데, 몇 시에 만나는지 비밀이래요.
대신 비밀 쪽지를 주네요. 구구단의 3단과 6단을 모두 찾으면 약속 시간을 알 수 있대요.
구구단의 3단과 6단을 색칠해서 암호를 풀어 보세요.

8	3	25	5	24	18	30	0	47
13	12	101	7	14	19	1	6	16
43	9	55	10	22	10	5	36	23
2	27	5	11	4	29	21	73	67
26	6	70	20	35	24	100	38	59
44	21	19	13	12	32	98	88	31
17	18	20	76	42	22	46	74	61
82	15	80	62	12	48	27	54	77

정답: **12** 시

스피드 3단 퀴즈

추려진 문제를 최대한 빨리 풀어 보세요. 얼마나 걸리나요?

1. 개미 다리 개수는? **6** 개

2. 축구 선수는 모두 몇 명? **11** 명

3. 한 시간은 몇 분? **60** 분

모두 더하면 얼마? 👉 **77**

모양 찾기

빈 곳에 어떤 모양이 들어갈까요?

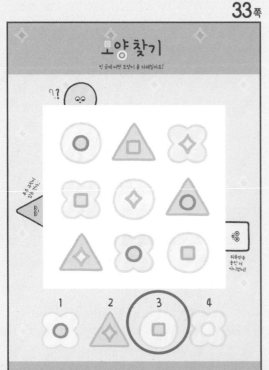

1   2   3   4

문구점에서..

동생에게 10,000원이 든 지갑을 주고 심부름을 시켰어요.
동생이 아래의 물건을 사서 돌아왔다면, 지갑에는 얼마가 남았을까요?

연필 500원 ×3=1,500

지우개 300원 ×2=600

마스킹 테이프 1,200원 ×2=2,400
(1+1 행사이므로 실제로 산 것은 2개)

10,000-(1,500+600+2,400)=

잔돈 **5,500** 원

35쪽

복불복 호빵 먹기

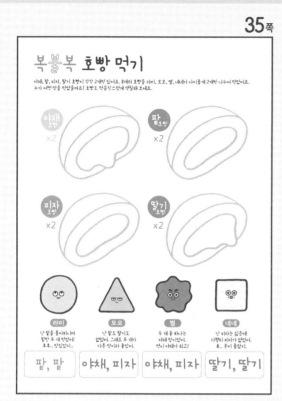

36쪽

어디일까요?

38쪽

알쏭달쏭 이모티콘

39쪽

태극기 그리기

40쪽

▲세모 아트

물병 속에는 여러가지 모양의 도형이 숨어 있어요.
세모만 찾아서 색칠해 보세요. 멋진 작품이 나타날 걸요?

42쪽

횡단보도 건너기

신호등의 색깔이 초록불로 변했어요. 아이가 어떻게 행동해야 횡단보도를 안전하게 건널까요?
아래의 보기에서 알맞은 말을 골라 빈칸을 채워 보세요.

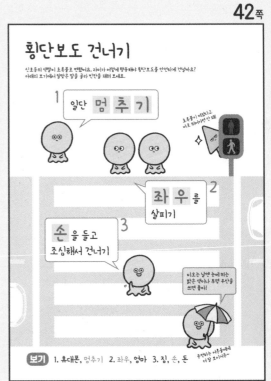

보기 1. 휴대폰, **멈추기** 2. **좌우**, 엄마 3. 집, **손**, 돈